SPRACHWISSENSCHAFTLICHE
STUDIENBÜCHER

ROLAND GLAESSER

Wege zu Cicero

Per Aspera ad Astra

Intensivkurs für Studierende
zur Vorbereitung
auf die Cicerolektüre

Zweite,
überarbeitete und erweiterte Auflage

Universitätsverlag
WINTER
Heidelberg

Bibliografische Information der Deutschen Nationalbibliothek

Die Deutsche Nationalbibliothek verzeichnet diese Publikation
in der Deutschen Nationalbibliografie;
detaillierte bibliografische Daten sind im Internet
über *http://dnb.d-nb.de* abrufbar.

ISBN 978-3-8253-5475-6

© 2008 Universitätsverlag Winter GmbH Heidelberg
Imprimé en Allemagne · Printed in Germany
Druck: Memminger MedienCentrum, 87700 Memmingen

Gedruckt auf umweltfreundlichem, chlorfrei gebleichtem
und alterungsbeständigem Papier

Den Verlag erreichen Sie im Internet unter:
www.winter-verlag-hd.de

VORWORT - EINLEITUNG

Der vorliegende Kurs ist für Studentinnen und Studenten gedacht, die an der Universität das Latinum nachholen.

In 20 Lektionen wird intensiv auf die Cicerolektüre, die Gegenstand des zweiten Teils des zweisemestrigen Sprachkurses ist, vorbereitet.
Das klare Ziel, nämlich die Fähigkeit, Ciceros politische Reden zu übersetzen, hat sowohl im Sprachlichen als auch thematisch eine Beschränkung zur Folge:
1) Auf einige Vokabeln, die sich in bewährten Lehrbüchern finden, aber später nicht mehr unbedingt nötig sind, wird in diesem Kurs, so weit es die Natur eines Lehrbuchs zulässt, verzichtet.
2) Daraus folgt auch die Konzentrierung auf nur wenige kulturelle und politische Themen. Neben Mythen (Europa, Minotaurus, Gründung Roms, Raub der Sabinerinnen) sind es zwei inhaltliche Ebenen, die diesen Kurs wie ein roter Faden durchziehen: Einmal die Ebene der Kinder und Sklaven, auf der, so hofft der Autor, einige lustige Szenen eingebaut sind, zum anderen die politisch-historische Dimension; hier werden Ereignisse und Personen, die für die Cicerolektüre relevant sind, dargestellt.

Historischer Ausgangspunkt ist die erste Phase der Regierung des Kaisers Augustus, der aber selbst im Hintergrund bleibt. Statt dessen spielt der Sohn Ciceros, M. Tullius Cicero, der die Proskriptionen des zweiten Triumvirats (43 v. Chr.) überlebt hatte und sogar später von Augustus mit Ämtern ausgezeichnet wurde, eine Rolle. Die Mitglieder seiner Familie sind fiktiv, wie auch die Ereignisse, die im Zusammenhang mit dieser Familie gezeigt werden.

Von dieser Zeit ausgehend, werden nun „Reisen in die Vergangenheit" unternommen, während derer auch wichtige Stationen des Lebens des berühmten Redners, Politikers und Philosophen Cicero skizziert sind. Auf diese Weise sollen die Studierenden bereits in der Phase des Spracherwerbs einen Einblick in die Zeit der untergehenden römischen Republik erhalten. Die Reden, die der Autor dabei den historischen Personen (Cicero, Caesar) in den Mund legt, sind in Sprache und Inhalt nachempfunden.

Zur Eigenart dieses Kurses:

1) Dieses Werk ist nicht zum Einsatz in der Schule bestimmt oder geeignet, da sehr konzentriert und in didaktischer Hinsicht nicht schulmäßig vorgegangen wird. Möglich wäre nach Ansicht des Autors allenfalls eine Verwendung als Wiederholung auf der Oberstufe (oder ab Klasse 10).
2) Im Gegensatz zu traditionellen Schulbüchern wird der Grammatikstoff nicht kleinschrittig und streng systematisch aufbereitet, sondern eher, wie er sich aus dem jeweiligen Text zu ergeben scheint.
3) Das bedeutet, dass die lateinische Grammatik nicht vollständig, sondern in Schwerpunkten behandelt wird, die für die spätere Lektüre von Bedeutung sind.
4) Auf jeden Lektionstext folgen zwar Erläuterungen zu Formenlehre und Syntax, aber das Hinzuziehen einer lateinischen Grammatik wird dennoch empfohlen.

Deshalb finden sich in der Übersicht des Grammatikstoffes Hinweise auf die betreffenden Paragraphen des Werkes von <u>Hermann Throm</u> (Cornelsen Verlag, 1994). Natürlich können auch andere Grammatiken benutzt werden.

5) Der „Anhang" enthält in Form einer Blättersammlung, die der Autor während seiner Unterrichtstätigkeit nach und nach angelegt hat, eine Darstellung und Vertiefung einiger besonders wichtiger grammatischer Gebiete. Eine solche Sammlung ist nicht als Kurzgrammatik, sondern als Ergänzung zu den Erläuterungen der Lektionstexte und zum Einsatz im nachfolgenden Lektürekurs gedacht.

6) Der Untertitel „Per aspera ad astra" (*etwa:* „Über raue Pfade..." *oder* „Durch harte Zeiten zu den Sternen") ist nicht aus Anfall eines Zynismus entstanden – denn ein solcher Sprachkurs, in dem man innerhalb eines Semesters das nachholen muss, wofür Schüler am Gymnasium mindestens drei Jahre Zeit haben, ist in der Tat hart und mit hohen Anforderungen verbunden. Vielmehr möchte der Autor mit diesem Untertitel seiner Überzeugung Ausdruck verleihen, dass das Erlernen der lateinischen Sprache ein Gewinn ist, der sich nicht nur in der besseren Beherrschung der „europäischen" Grammatik, der größeren Kenntnis der Fremdwörter, dem leichteren Zugang zu den romanischen Sprachen etc. niederschlägt, sondern auch seine Wirkungen zeitigt in einem gründlicheren Verständnis von Texten aller Art, einer größeren Allgemeinbildung und einem weiteren Horizont in philosophischer, kultureller, historischer und politischer Hinsicht – kurz: in einem Bewusstsein für Zusammenhänge, die für eine europäische Identität konstitutiv sein können.

<u>Zum Schluss ein Appell an die Studierenden:</u>

Klar ist: Das vorliegende Unterrichtswerk stellt an Sie eine Herausforderung dar, die Sie nicht nebenbei bewältigen können. Sie sollten genügend Zeit und Energie mitbringen, um über die steinigen Pfade der lateinischen Grammatik und Anforderungen dieses Unterrichtswerks hinweg zu den Elementen Ciceronischen Lateins gelangen zu können.

In diesem Sinn:
Begreifen Sie das Nachlernen der lateinischen Sprache nicht als eine lästige Pflicht, sondern als ein Angebot, von dem Sie auch für die Zukunft profitieren werden, selbst wenn Sie Latein in Ihren Studienfächern nicht unmittelbar anwenden müssen.

Roland Glaesser, Heidelberg, im Oktober 2005 / Februar 2007

Danksagung

In erster Linie möchte ich mich bei Herrn Professor Dr. Jürgen Paul Schwindt vom Seminar für Klassische Philologie der Universität Heidelberg für die freundliche Tätigkeit als Pontifex im wörtlichen Sinn bedanken, durch die mir der Kontakt zum Winter – Verlag möglich wurde.

Des weiteren bedanke ich mich bei Herrn Dr. Andreas Barth für die wohlwollende Aufnahme in die Reihe des Universitätsverlags Winter.

Bedanken muss ich mich natürlich auch bei den zahlreichen Studentinnen und Studenten der Latinums – Sprachkurse, die mich auf etliche, mitunter ärgerliche Druckfehler aufmerksam gemacht haben.

Mein Dank gilt nicht zuletzt Frau Roth, Frau Winter und Herrn Möst, die an einer Erprobungsphase des Unterrichtswerks mitwirkten und mir mit nützlichen Verbesserungsvorschlägen halfen, die Sache zu einem Ende zu bringen.

Roland Glaesser, Heidelberg im Februar 2007

Bemerkungen zur zweiten Auflage

Eine zweite Auflage bietet immer die Gelegenheit, Fehler und Irrtümer, die sich trotz allem Bemühen eingeschlichen haben, zu beseitigen. Möge es wenigstens zum großen Teil gelungen sein! Ganz herzlich danken möchte ich Herrn Möst, der mich auf Fehler und Ungenauigkeiten in den Tabellen, die als Lernhilfe auf die Lektionsvokabeln folgen, aufmerksam gemacht hat. Herr Professor G. Kloss vom Seminar für Klassische Philologie der Universität Heidelberg hat die lateinischen Texte dankenswerter Weise noch einmal gelesen. Meinem Kollegen Herrn Dr. Heinz möchte ich ebenfalls für einige Anregungen danken.

Die vorgenommenen Ergänzungen im Anhang dürften das Buch in mancher Hinsicht für den Benutzer attraktiver machen: Auszüge aus Ciceros Reden zeigen das Niveau des Latinums; die Erläuterungen zu einigen wichtigen Reden ermöglichen dem Leser / der Leserin einen tieferen Einblick in die Geschichte dieser Zeit; mit den Indices zu Formenlehre und Syntax wird die Orientierung im Buch erleichtert, während das Namensverzeichnis den informativen Teil stärkt.

Dem öfters geäußerten Wunsch nach Lösungen zu den Übungen und Übungssätzen (auch im Anhang) wurde gerne nachgekommen. Dies entlastet die Dozenten und ermöglicht zudem punktuell ein eigenständiges Arbeiten mit dem Werk.

R. G. im Dezember 2007

INHALT

Tradition verpflichtet. Auch im heutigen Rom finden sich (mitunter banale)
Hinweise auf die vergangene Größe:
Kanaldeckel mit der Aufschrift **S**(enatus) **P**(opulus) **Q**(ue) **R**(omanus)

Latein und Italienisch – gar nicht so weit voneinander entfernt. Plakat in Rom aus dem Jahr
2006.

Bevor Sie sich nun an das Lernen der lateinischen Sprache begeben, hier einige Informationen zur römischen Geschichte. Diese sollen Ihnen das Verständnis des Inhalts der Lektionen ein wenig erleichtern, wobei weitere Ausführungen der Kursleiterin bzw. des Kursleiters selbstverständlich nötig sind.

Es geht um die wichtigsten Ereignisse des ersten vorchristlichen Jahrhunderts, einer Zeit, die von Intrigen, inneren Unruhen, Auseinandersetzungen zwischen den beiden „Parteien" (Popularen und Optimaten) bis hin zu blutigen Bürgerkriegen geprägt war.

Neben den innenpolitischen sozialen Problemen war die Frage einer gerechten Verwaltung der Provinzen ungelöst. Die Statthalter behielten, da sie nicht besoldet wurden, einen Teil der nach Rom abzuführenden Steuern. Hier waren der Willkür und Habsucht alle Türen geöffnet. Das anschaulichste Beispiel ist C. Verres (Statthalter in Sizilien 73 – 71 v. Chr.), der durch die Anklage Ciceros einen zweifelhaften unsterblichen Ruhm erlangte.

Das erste vorchristliche Jahrhundert ist als eine krisenhafte Übergangzeit zu betrachten: Der Einzelne war sich mehr und mehr seiner Individualität bewusst geworden und begann nun, immer unverhüllter seine eigenen Interessen, auch gegen den Staat, durchzusetzen.

Hier seien nur Marius und Sulla, Crassus, Pompeius und Caesar genannt, die den Staat als Ganzes oder die Stellung des Senats erschütterten; in dieser Zeit lebte auch M. Tullius Cicero, der berühmte Redner und Philosoph, dessen Tragik wohl darin bestand, dass er sich zum Politiker berufen fühlte. Seine größte politische Leistung war die Aufdeckung der Verschwörung des Catilina (63 v. Chr.), den er mit einer feurigen Rede aus Rom vertreiben konnte. Auf diese Ruhmestat war er sein ganzes Leben stolz und ging mit den ständigen Lobreden über seine großartigen Leistungen für den Staat den Zeitgenossen reichlich auf die Nerven. Indes steht sein Ruhm als Meister des klassischen Lateins und seine Liebe zur res publica außer Frage. Er verstand sich als Mann des Ausgleichs und des Friedens. Seine Vermittlungsvorschläge, mit denen er Ende 50 v. Chr. einen Bürgerkrieg zwischen der von Pompeius angeführten Senatspartei und Caesar verhindern wollte, waren allerdings fruchtlos.

Es kam zum Bürgerkrieg, an dessen Ende die Diktatur Caesars stand. Dieser war mit seiner Versöhnungspolitik um einen Ausgleich der alten Gegensätze bemüht, setzte zahlreiche Reformen ins Werk, scheiterte aber schließlich an seinen Zeitgenossen, die noch nicht bereit waren, einen Alleinherrscher zu ertragen.

Was Caesar versagt geblieben war, nämlich die Konsolidierung des Staates durch die Errichtung einer Monarchie, gelang seinem Großneffen C. Octavius, den er in die Familie der Julier aufgenommen hatte; Octavius, der sich nach der Ermordung Caesars „Caesar, Sohn des Göttlichen" nannte, führte das Werk seines Adoptivvaters fort und konnte als erster Kaiser (mit dem Titel „Augustus") die Gegensätze zwischen republikanischer Freiheit und Alleinherrschaft ausgleichen durch die neue Staatsform, den Prinzipat.

Dieser Abriss soll hier genügen. Es sei auf weiterführende Literatur und die Zeittafel auf den folgenden Seiten hingewiesen.

EMPFOHLENE LITERATUR

Allgemein:

1) H. Bengtson, Römische Geschichte, Beck, München, 1975.
2) W. Dahlheim, Die griechisch-römische Antike, Bd. 2, Rom. Paderborn, 1994.
3) A. Giardina (Hrsg.), Der Mensch in der römischen Antike, Magnus, Essen, 1991.
4) H. J. Gehrke / H. Schneider (Hrsg.), Geschichte der Antike. Ein Studienbuch, Metzler, Stuttgart,
2000.
5) I. König, Vita Romana. Vom täglichen Leben im alten Rom, Theiss, Suttgart 2004.
6) H. Krefeld (Hrsg.), Res Romanae, Begleitbuch für die lateinische Lektüre, Cornelsen, Berlin, 1997.
7) Ph. Matyszak, Geschichte der Römischen Republik, Theiss, Stuttgart, 2004.
8) W. Schuller, Das Römische Weltreich, Theiss, Stuttgart, 2002.

Spezielles:

1) G. Fink, Who's who in der antiken Mythologie, dtv, München, 1993.
2) M. Giebel, Marcus Tullius Cicero, in Selbstzeugnissen und Bilddokumenten, Rowohlts Mono-
graphien, Reinbek (1977), 1997 (11. Aufl.).
3) M. Fuhrmann, Cicero und die römische Republik (Artemis & Winkler 1991), Patmos, Düsseldorf,
2006.
4) H. Oppermann, Iulius Caesar, in Selbstzeugnissen und Bilddokumenten, Rowohlts Mono-
graphien, Reinbek (1968), 1999 (17. Aufl.).
5) Chr. Neumeister, Das Antike Rom. Ein literarischer Stadtführer. Beck, München, 1993.
6) H. A. Stützer, Kunst und Leben im Antiken Rom, Dumont, Köln, 1994.

Romane:

1) Colleen McCullough, Günstlinge der Götter (Band I – III) Goldmann, 1997.
2) Colleen McCullough, Das Erbe Caesars, blanvalet, 2005.
3) Robert Harris, Pompeji, Heyne, 2003 (*aus der römischen Kaiserzeit, Untergang Pompejis*).
4) Steven Saylor, Das Lächeln des Cicero, Goldmann, 1995 (*Cicero unter der Diktatur Sullas*).
5) Robert Harris, Imperium, Heyne, 2006 (*Ciceros Leben bis zu seiner Wahl zum Konsul*).

Grammatiken:

1) Hermann Throm, Lateinische Grammatik, Cornelsen, 1994.
2) Rubenbauer – Hofmann, Lateinische Grammatik, Buchners Bamberg.
3) Josef Lindauer, Helmut Vester, Lateinische Grammatik. Wort. Satz. Text, Buchners Bamberg,
1996

ZEITTAFEL

146 v. Chr.	Zerstörung Karthagos – Roms Stellung im Mittelmeerraum ist nun unangefochten. Reichtum und Sklaven strömen als Beute nach Rom. Beginn des „Sittenverfalls" (Sallust).
133	Ermordung des Tib. Gracchus, der eine Agrarreform (Landneuverteilung zu Gunsten der Armen) durchführte. Herausbildung der beiden Parteiungen innerhalb der Nobilität: Optimaten und Popularen. Später auch Tod des C. Gracchus (121); Beginn des Zeitalters der Bürgerkriege.
106	Geburt Ciceros *und* 100: Geburt Caesars.
102 / 101	Siege des C. Marius über die Teutonen und Kimbern nach Schaffung einer Berufsarmee, die sich nicht mehr dem Senat, sondern dem Feldherrn verpflichtet fühlt.
91 – 89	Bundesgenossenkrieg; Ergebnis: Einwohner Italiens erhalten das römische Bürgerrecht. Gleichzeitig Streit zwischen Marius und Sulla um den Oberbefehl im Krieg gegen Mithridates (1. Mithridatischer Krieg 88 – 85 v. Chr.).
87 –84	Herrschaft des Marianers Cinna in Rom; Proskribierung der Anhänger Sullas.
82	Sullas Rückkehr nach Rom, Errichtung einer blutigen Diktatur (Proskriptionen): Sulla beseitigt alle seine Gegner, stellt die Herrschaft des Senats wieder her und tritt 79 von der Diktatur zurück.
73 – 71	Sklavenaufstand des Spartacus (niedergeschlagen durch Crassus und Pompeius). C. Verres ist Statthalter in Sizilien und beutet diese Provinz schamlos aus.
70	Prozess gegen Verres; Anklage durch Cicero (*Reden gegen Verres*), Verres geht freiwillig in Verbannung. Pompeius und Crassus sind Konsuln.
67	Pompeius erhält Kommando gegen die Seeräuber.
66	Pompeius erhält Kommando gegen Mithridates (im 3. Mithridat. Krieg), vgl. Ciceros Rede *De imp. Cn. Pompei*.
63	Geburt des C. Octavius, des späteren Kaisers Augustus; Cicero deckt als Konsul die Verschwörung des Catilina auf (*Reden gegen Catilina*); dieser flieht aus Rom. Verhandlung im Senat über die Bestrafung der in Rom verhafteten Catilinarier. Caesar setzt sich vergeblich für eine lebenslange Haft ein.
62	Tod Catilinas in der Schlacht von Pistoria. Pompeius kehrt nach der Neuordnung Kleinasiens nach Italien zurück, stößt auf Ablehnung des Senats und fühlt sich beleidigt.
60	So genanntes erstes Triumvirat (Pompeius, Crassus, Caesar); dadurch Schwächung des Senats.
59	Caesar ist Konsul; neue Gesetze zur Landverteilung gegen den Widerstand des Senats. P. Clodius tritt zur Plebs über, um sich zum Volkstribunen wählen zu lassen.

58 – 51	Caesar erobert Gallien und schafft sich eine starke Machtbasis gegen den Senat; Cicero wird (auf Betreiben Caesars) durch P. Clodius in die Verbannung geschickt, da er römische Bürger (die verhafteten Catilinarier) ohne Anhörung des Volkes zum Tode verurteilen ließ. Rückkehr im September 57. Nach dem Tod des Crassus (53) zunehmende Entfremdung zwischen Caesar und Pompeius. Streit um die Nachfolge Caesars in Gallien (50).
49 – 45	Caesar überschreitet den Rubico und eröffnet damit den Bürgerkrieg; zunächst Krieg gegen Pompeius, danach Aufenthalt in Ägypten (Kleopatra), Rückkehr nach Rom als Diktator, danach Feldzüge gegen die restlichen Republikaner in Afrika (Selbstmord Catos) und Spanien.
44	Ermordung Caesars an den Iden des März durch Brutus, Cassius und andere. Ausbruch neuer Machtkämpfe; Marcus Antonius will sich als „Nachfolger" Caesars etablieren. Cicero meldet sich nach längerer Zeit wieder zu Wort und bekämpft Mark Anton in seinen *Philippischen Reden*.
43	Bildung des zweiten Triumvirats durch M. Antonius, Lepidus und den Adoptivsohn Caesars, C. Octavius; Ziel: Rache an den Caesarmördern, Wiederherstellung einer staatlichen Ordnung. Es folgen blutige Proskriptionen, denen auch Cicero (und -eine Ironie des Schicksals- C. Verres in seinem Exil in Massilia) zum Opfer fällt.
42	Doppelschlacht bei Philippi; Niederlage und Tod des Cassius und Brutus.
41 – 32	Mehrere innenpolitische Auseinandersetzungen und Bürgerkriege; Teilung in Macht-bereiche der Triumvirn, Ausschaltung des Lepidus als Teilhaber der Macht. Wachsen-de Rivalität zwischen Octavian und M. Anton, der sich Kleopatra in Ägypten zuge-wandt hat.
31 – 30	Schlacht von Actium (Nordgriechenland) zwischen Octavian und M. Anton. Kleopatra und M. Anton fliehen nach Ägypten, wo sie sich den Tod geben. Ägypten wird römische Provinz.
27	Octavius legt die Gewalt des Triumvirn ab, erklärt die Republik für wiederhergestellt und erhält dafür ein prokonsularisches Imperium und den Ehrentitel Augustus; Beginn der Kaiserzeit (Prinzipat). Augustus regiert von 27 v. Chr. – 14 n. Chr. Unter seiner Herrschaft erlebt das Reich eine neue Blüte auf allen Gebieten (bedeutende Schriftsteller dieser Zeit: Horaz, Tibull, Properz, Vergil, Ovid, Livius).

14

Lektionen – Grammatikstoff im Überblick

Lektion	Formenlehre	F	‖	S	Syntax

1
Seite
17 – 20
	* o - Deklination
	* a - Deklination
	* Indikativ Präsens von esse
	* Ind. Präs. Aktiv u. Impera-
	  tive der
	  a-, e-, i- Konjugation
		§ 7
		§ 6
		§ 69
		§ 60
			‖
			‖
			‖
			‖
			‖
			‖
				§ 1 ff.
				§ 9 ff.
				
				§ 118
					* Aufbau des Satzes
					* Satzglieder (bes.: Attribut,
					  Prädikatsnomen, Adverbiale)
					
					* Verbbildung

2
Seite
21 – 24
	* o - Deklination, Fortsetzung
	* Indikativ Imperfekt Aktiv der
	  a -, e -, i - Konjugation und
	  von esse und posse
		§ 7,3
		§ 60
			‖
			‖
			‖
				§ 92	* Infinitiv als notwendige Er-
					  gänzung von Modalverben

3 Seite 25 – 26	* Indikativ Präsens von ire * v- und u- Perfekt	§ 74; § 72 § 59	‖ ‖ ‖	§ 140	* Perfektstamm – Personal- endungen * Fragepartikeln (s. Vokabeln)

4
Seite
27 – 32
	* Indikativ Präsens Aktiv der
	  konsonantischen Konjugation
	  und der mit i- Erweiterung
	* s - Perfekt, Dehnungsperfekt,
	  Perfekt ohne Veränderung des
	  Stammes, Reduplikation
	* Perfekt von ire
	* Konsonantische Deklination:
	  Neutra auf -us, -oris, -eris
		§ 60
		
		§ 59; 62
		
		§ 74
		§ 11
			‖
			‖
			‖
			‖
			‖
			‖
			‖
			‖
				§ 35
				§ 57 (ff.)
					* Dativus possessoris
					* Grundfunktionen des Ablativs

5
Seite
33 - 37
	* Reduplikationsperfekt
	* Futur I Aktiv der a - und e -
	  Konjugation und von esse,
	  posse und ire
	* Konsonant. Dekl.: neutra auf
	  -men, -minis;
	  masc. und fem. (z. B. labor)
	* Interrogativpronomen
		§ 59; 62
		
		§ 11
		
		§ 11; 12
		§ 44
			‖
			‖
			‖
			‖
			‖
			‖
				§ 123; 130
				
				§ F 44
					* Verbalaspekte des Imperfekts
					  und Perfekts
					* substantivischer Gebrauch des
					  Interrogativpronomens

6
Seite
38 - 43
	* Mischgruppe der dritten
	  Deklination
	* e -Deklination
		§ 15
		
		§ 10
			‖
			‖
			‖
				§ 64 ff.
				
				§ 93-96
				§ 98
					* Einige Funktionen des instru-
					  mentalen Ablativs
					* Der Accusativus cum Infinitivo
					  (AcI), Zeitverhältnisse im AcI

7 Seite 44 – 46	* Ind. Plusquamperfekt Aktiv * Partizip Perfekt Passiv * Ind. Perf. und Plusqpf. Passiv	§ 62 § 58, II § 63	‖ ‖		* Die Bildung der Verben im Präsens- und Perfektstamm

8
Seite
47 - 55
	* Passivformen des Präsens-
	  stamms
	* is, ea, id
	* Reflexivpronomen
	* Relativpronomen
		§ 61
		
		§ 38,3
		§ 38,3
		§ 45,1
			‖
			‖
			‖
				§ F 43
				§ 99
				§ 41 ff.
					* Verwendung von is, ea, id
					* Reflexivität (auch im AcI)
					* Einige semantische Funktionen
					  des Genitivs: subiectivus / ob-
					  iectivus und partitivus

9 Seite 56 – 61	* Dritte Deklination: i - Gruppe	§ 14	‖ ‖	§ 11	* Das Attribut (Füllungsarten) * Das Part. Perf. Pass. als Attribut

10
Seite
62 – 69
	* Demonstrativa: hic / ille
	* Adjektive der dritten Deklina-
	  tion
		§ 40
		§ 17
			‖
			‖
			‖
			„
				§ F 41
				§ 9,4; 107, II
				
				§ 104 ff.
					* Verwendung von hic und ille
					* Das Praedicativum (einige Fül-
					  lungsarten)
					* Participium coniunctum

Lektion	Formenlehre	F	S	Syntax
11 *Seite* *70 – 77*	* Partizip Präsens Aktiv	§ 18	§ 104 ff. § 104 ff.	* Partizip Präsens Aktiv als participium coniunctum * Ablativus absolutus * Nominaler ablativus absolutus

12
Seite
78 – 83
	* Superlativ des Adjektivs
	* Adverbbildung
	* Deklination der Pronominal-
	  adjektive
	* Konjunktiv Präsens
		§ 25; 26
		§ 31
		§ 47
		
		§ 60
			§ 97
			
			§ 136; 142;
			§ 145,2 + 4;
			§ 146,1 + 3;
			§ 148
				* Accusativus cum participio
				  (AcP)
				* Konjunktiv Präsens im Haupt-
				  satz

13 *Seite* *84 – 88*	* Konjunktiv Imperfekt * Konjunktiv Plusquamperfekt	§ 60 § 62	s.o. § 191 - 193	* Konjunktiv im Hauptsatz (Forts.) * Konditionalsätze (Indefinitus, Potentialis, Irrealis)

14
Seite
89 – 96
	* Konjunktiv Perfekt
	  (Futur II) Aktiv und Passiv
		§ 62
		§ 63
			§ 155;
			§ 169 – 177;
			
			§ 181; 183
			§ 178 – 180
			§ 156 (ff.)
			§ 213
				* Konjunktiv im Nebensatz:
				  innerlich abhängige Nebensätze
				  (Begehrs-, Final-, abhängige
				  Fragesätze) und Temporal- und
				  Konsekutivsätze
				* Consecutio temporum
				* Verschränkter Relativsatz (AcI)

15
Seite
97 – 102
	* Komparativ des Adjektivs
	  und Adverbs
		§ 25; 31	§ 75
			§ 63;
			§ 62
			
			§ 22
			
			§ 211
				* abl. limitationis
				* Sondergruppen des abl. separati-
				  vus: abl. comparationis, abl.
				  originis
				* Doppelter Akkusativ / doppel-
				  ter Nominativ
				* relativischer Satzanschluss

16 *Seite* *103-111*	* u – Deklination * Partizip Futur Aktiv * unregelmäßige Komparation * velle, nolle, malle	§ 9 § 58, II § 26; 27 § 75	§ 181 -183 § 163 § 74	* Nebensätze mit *cum* * Direkte und indirekte Reflexi- vität * ablativus mensurae
17 *Seite* *112-115*	* ferre u. Komposita * Gerundium (Bildung)	§ 71; 73 § 58, III	§ 111 - 112	* Gerundium (Verwendung)

18
Seite
116-122
	* Gerundivum (Bildung)	§ 58, III	§ 33; 37
			§ 91, 2 + 3
			
			§ 113 – 116
			§ 58,2
				* Dativus commodi u. finalis
				* Unpersönlich konstruierte Ver-
				  ben der Empfindung (*pudet* etc.)
				* Gerundiv (als Prädikatsnomen)
				* Besonderheiten des ablativus
				  separativus

19 *Seite* *123-128*	* Deponentien * Semideponentien	§ 67; 68	§ 112 – 114 s.o.	* Gerundiv (als Attribut) * Gerundium – Gerundiv in Kon- kurrenz

20
Seite
129-133
	* Futur II
	* ipse, a, um
	* fieri
		§ 62; 63
		§ 42
		§ 76
			§ 127
			
			§ 207 – 210
			
			§ 95, I,1
				* Verwendung des Futur II
				  in Konditionalsätzen
				* Relativsätze mit adverbialem
				  Nebensinn
				* NcI (*Nominativ mit Infinitiv*)

Die in diesem Verzeichnis aufgeführten Paragraphen beziehen sich auf die Grammatik von Hermann THROM, Cornelsen 1994; sie sind nach Formenlehre und Syntax (s. Spalten) geordnet. F verweist auf die Formenlehre, S auf die Syntax.

Polydorus Graecus est, et Romae multi Graeci servi sunt. Polydorus servus Marci est. Marcus Tullius Romanus est; multos servos et multas servas habet. Servi servaeque in villa urbana Marci Tullii laborant.

5 Mucia domina familiae est. Polydorum advocat: „Polydore, veni cito! Ubi es? Iam diu te exspecto." Polydorus clamat: „Venio statim, domina. Ecce, iam adsum! Semper appareo, cum me vocas, nam libenter dominae meae pareo. Non ignoro: Vos boni domini estis, Romani autem domini cunctorum populorum sunt; itaque domi-
10 nis mundi libenter pareo."

Mucia autem: „Neque orator[1] neque philosophus, sed servus es, tace proinde et audi!"

Polydorus: „Iure[2] me mones, domina. Ego servus sum, tu autem domina mea es. Quid mihi imperas?"

15 Mucia respondet: „Quid tibi impero? Non iam scio, sed ... mehercle[3] ... quid tandem[4] erat[5]? ... Ah, nunc scio. Paedagogus es, propera proinde cum filiis meis in scholam! Magister vos iam exspectat."

Polydorus: „Saepe nos exspectat, quod filii tui tam saepe cessant.
20 Sed nunc properamus in scholam. Venite, pueri! Ubi estis? Properate! Ecce, veniunt."

Tum tacet et filios tandem in scholam ducit[6].

1)	orator	der Redner
2)	iure	mit Recht, zu Recht
3)	mehercle	beim Hercules, zum Donnerwetter
4)	tandem	*in Verbindung mit einem Interrogativpronomen:* eigentlich
5)	erat	er, sie, es war
6)	ducit	er, sie, es führt

GRAMMATIK

I   FORMENLEHRE:

1)   Die Deklinationen: S. 58 im Grammatik - Ausdruck

Tragen Sie die im Text vorkommenden Formen in die Tabelle ein:

	a - Deklination			o - Deklination	
	Singular	*Plural*		*Singular*	*Plural*
Nom.	**serva**	servae	*Nom.*	**servus**	servi
Gen.	servae	servarum	*Gen.*	servi	servorum
Dat.	servae	servis	*Dat.*	servo	servis
Akk.	servam	servas	*Akk.*	servum	servos
Abl.	serva	servis	*Abl.*	servo	servis
Vok.	serva	servai	*Vok.*	serve	servi

Ablativ

↳ Vokativ.
Imperativ

Ablativ → -o mit dazu denken
mit auch „cum"

2)   Die Konjugationen:

Die Infinitive im Präsens Aktiv lauten: vocare, habere, audire.
Der lateinische Infinitiv von „sein" ist unregelmäßig: **esse.**

Ergänzen Sie die Formen in der Tabelle und tragen Sie die Formen von esse, *soweit sie im Text
vorkamen, ebenfalls ein.*

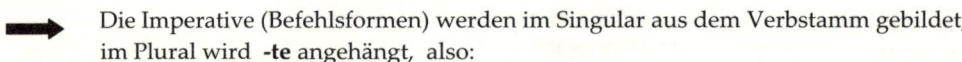 Die Personalendungen lauten: | **-o / -m, -s, -t, -mus, -tis, -nt** |

Personen	a - Konjugation	e - Konjugation	i - Konjugation	esse
1. Sing.	**voc** o	**habe** o	**audi** o	sum
2. Sing.	**voca** s	**habe** s	**audi** s	es
3. Sing.	**voca** t	**habe** t	**audi** t	est
1. Plur.	**voca** mus	**habe** mus	**audi** mus	samus
2. Plur.	**voca** tis	**habe** tis	**audi** tis	estis
3. Plur.	**voca** n t	**habe** n t	**audi** unt	sunt

➡ Die Imperative (Befehlsformen) werden im Singular aus dem Verbstamm gebildet,
im Plural wird **-te** angehängt, also:

Imperativ	a - Konjugation	e - Konjugation	i – Konjugation	esse
Singular	voca	habe	audi	es
Plural	vocate	habete	audite	este

II   SYNTAX:

1)   Die Satzglieder:

a)   abstrakt:

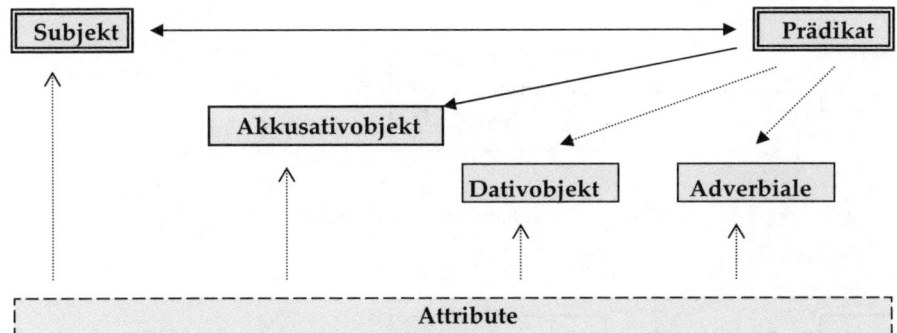

Die vertikale Anordnung dieser Skizze spiegelt die Wichtigkeit der einzelnen Satzglieder wider. Es empfiehlt sich also, vor allem bei längeren Sätzen, mit der Übersetzung des Prädikats zu beginnen und sich, von hier ausgehend, „durch den Satz zu fragen":
"WER" oder WAS?" → „WEN" oder „WAS?" → dann eventuell: „Wem" oder „welcher Sache?"
→ weiterhin: „Wo?", „Wie?", „Wann?", „Warum?" etc.
Die ATTRIBUTE sind keine eigenständigen Satzglieder, sondern Satzgliedteile, die an alle Satzglieder angeschlossen werden können außer an das Prädikat. Die gewöhnliche Wortstellung lautet: **SUBJEKT - OBJEKT – PRÄDIKAT**. Sie wird aber längst nicht immer eingehalten, da mit der Positionierung der Satzglieder Aussageinhalte verknüpft werden.

b)   einige Beispiele aus dem Text:

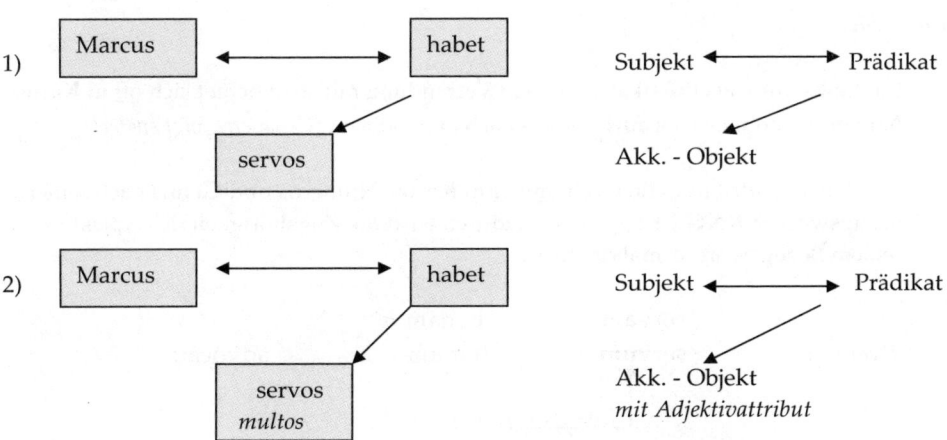

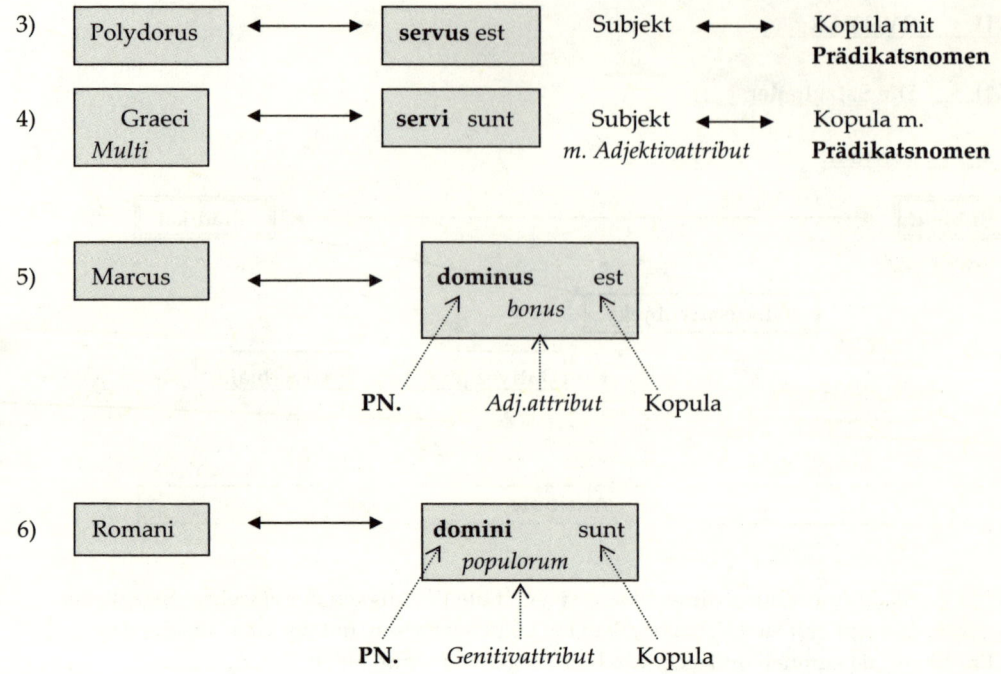

3) Polydorus ⟷ **servus** est — Subjekt ⟷ Kopula mit **Prädikatsnomen**

4) Graeci *Multi* ⟷ **servi** sunt — Subjekt m. Adjektivattribut ⟷ Kopula m. **Prädikatsnomen**

5) Marcus ⟷ **dominus** *bonus* est
   - PN.
   - Adj.attribut
   - Kopula

6) Romani ⟷ **domini** *populorum* sunt
   - PN.
   - Genitivattribut
   - Kopula

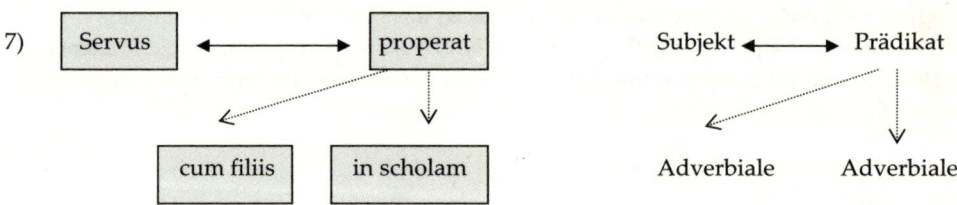

7) Servus ⟷ properat — Subjekt ⟷ Prädikat
   - cum filiis
   - in scholam
   - Adverbiale
   - Adverbiale

Beachten Sie:

1) Das Substantiv als Prädikatsnomen in Verbindung mit *esse* richtet sich <u>oft</u> in **K**asus, **N**umerus und meistens auch **G**enus nach dem Subjekt (*Genaueres folgt später!*).

2) Das Adjektivattribut richtet sich <u>immer</u> in **K**asus, **N**umerus und **G**enus nach seinem Bezugswort → **KNG** – Kongruenz; dadurch wird die Zugehörigkeit des Adjektivs zu seinem Bezugswort formal deutlich:

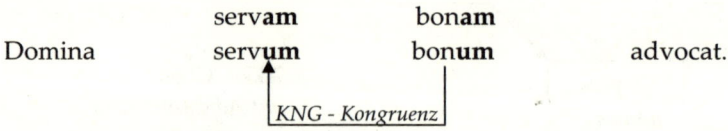

	serv**am**	bon**am**	
Domina	serv**um**	bon**um**	advocat.

KNG - Kongruenz

20

In schola magister pueris cunctas imperii Romani provincias in
tabula magna monstrare studet:„Hic Italiam, ibi Siciliam videmus.
Italia patria nostra, caput[1] Italiae Roma est. Itaque Romani sumus.
Sicilia insula maxima et copiosa est. Illinc[2] frumentum Romam
5   importare solebamus. Sicilia insula prima provincia populi Romani
est. Ante multa saecula Graeci et Poeni insulam habitabant. Diu
adversarii erant et de imperio Siciliae pugnabant. Nunc autem pax[3]
est, quod nos Romani domini sumus. Venimus ad Galliam. Gaudeo,
quod cuncti attenti estis. Gallia, ut scitis, erat divisa[4] in partes tres[5].
10 Tum imperator[6] noster, Divus Iulius, terram barbaricam multos
annos oppugnabat et multis magnisque proeliis[7] pacavit[8].
Ibi Hispaniam, paeninsulam maximam, videtis, hic Germaniam
vobis monstro. Germani ab initio adversarii nostri erant. Adhuc
quoque timemus viros feros, quod copias Romanas iterum atque
15 iterum superabant. Tum ad Rheni fluvii ripas castella firmabamus;
ita pax[3] esse poterat, sed quam diu...? Etiam Asia provincia saepe
magno in periculo erat. Vos multa et magna bella cum Mithridate[9]
gesta[10] non ignoratis. Ceterae provinciae sunt: Aegyptus, Africa, Bri-
tannia, Illyricum, Pannonia...:
20 Cunctas vobis enumerare possum, sed vos fatigare non cogito.“

1)	caput	Haupt; Hauptstadt
2)	illinc (Adv.)	von dort
3)	pax	Frieden
4)	divisus, a, um	geteilt
5)	in partes tres	in drei Teile
6)	imperator	Feldherr; Kaiser
7)	magnis proeliis	*Ablativ des Mittels; drücken Sie dies durch eine passende Präposition aus.*
8)	-vit	*3. Sing. Perf. Akt. von pacare –„den Frieden bringen“, unterwerfen*
9)	Mithridates	Mithridates, *im Text im Ablativ.*
10)	gestus, a, um	vollbracht, geführt (*auf* bella *zu beziehen*)

:) *Suchen Sie aus diesem Text alle Ihnen bekannten Attribute heraus (s. a. Anhang XI u. L. 9, Syntax.)*

GRAMMATIK

I   FORMENLEHRE:

1)   Deklinationen:

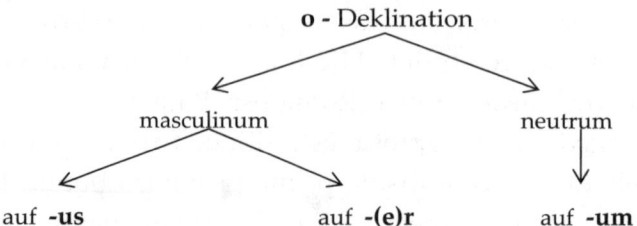

Femininum sind Bäume, Länder, Inseln und Städte auf –us; das Adjektivattribut eines solchen Bezugsworts erscheint dann konsequenterweise in den Formen der a - Deklination, z. B.:
Aegyptus magna *etc.* Weiterhin femininum ist *humus* (der Boden), während *vulgus* (das Volk) und *virus* (das Gift) neutrum sind.

Tragen Sie die Endungen in die Tabelle ein:

	o - Deklination auf -(e) r		o - Deklination auf -um	
	Singular	**Plural**	**Singular**	**Plural**
Nom.	puer us noster us	pueri nostri	vinum bonum	vina e bona e
Gen.	puer i nostr i	puer orum nostr orum	vin i bon i	vin arum bon arum
Dat.	puer o nostr o	puer is nostr is	vin o bon o	vin is bon is
Akk.	puer um nostr um	puer os nostr os	vin um bon um	vin as bon as
Abl.	puer o nostr o	puer is nostr is	vin o bon o	vin is bon is
Vok.	puer e noster e	pueri i nostri i	XXXXXXXXX	XXXXXXXXX

➡ In der Regel sind die Formen für die Nominative und Vokative identisch; Ausnahme ist der Vok. Sing. der o - Deklination auf -us: **-e**; bei Substantiven auf -ius: **-i**, *z. B.:* filius – fili; *merke besonders:* **mi fili** – mein Sohn!

➡ Bei den neutra sind jeweils der Nominativ und Akkusativ Singular identisch. Nominativ und Akkusativ Plural nahezu aller deklinierbaren Wörter enden auf **-a.**

➡ Dativ und Ablativ Plural haben in allen Deklinationen identische Formen.

2) Konjugationen:

Vervollständigen Sie die Formen in der Tabelle:

Die Tempuskennsilbe des Imperfekts lautet: **-ba**; sie tritt an den Präsensstamm des Verbs. In der **i** - Konjugation wird als Bindevokal ein **-e-** eingefügt, also:

⟶ Präsensstamm + **ba** + Personalendung = Imperfekt

Beim Imperfekt von *esse* entfällt das **-b-** der Tempuskennsilbe.

Imperf. Aktiv	a – Konj.	e – Konj.	i – Konj.	esse
1. Sing.	vocabam	habebam	audiebam	era
2. Sing.	vocabas	habebas	audiebas	era
3. Sing.	vocabat	habebat	audiebat	era
1. Plur.	vocabamus	habebamus	audiebamus	era
2. Plur.	vocabatis	habebatis	audiebatis	era
3. Plur.	vocabant	habebant	audiebant	era

⟶ Die Formen von **posse** (können) im Präsens und Imperfekt lauten:

> **possum, potes, potest, possumus, potestis, possunt**
> **poteram, poteras, poterat, poteramus, poteratis, poterant**

II   SYNTAX:

1)   Modalverben wie *solere* (gewohnt sein zu tun), *cogitare* (beabsichtigen zu tun), *posse* (können) erfordern den Infinitiv. Mit ihm zusammen bilden sie das Prädikat:

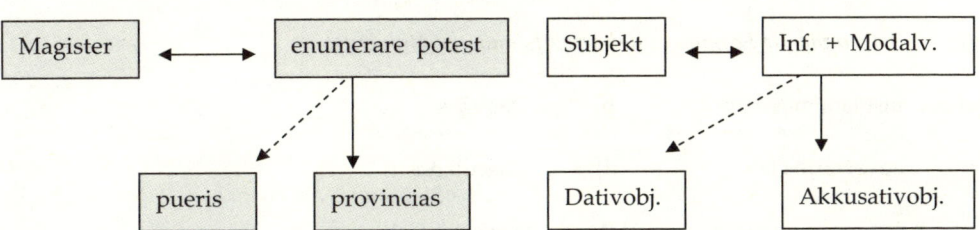

**Bei einem solchen zusammengesetzten Prädikat ist der Infinitiv ein Objekt des Modalverbs.

III   ÜBUNGEN:

Jungen

×1)   *Ergänzen Sie die fehlenden Endungen in dem Lückentext:*

Sie sehen 1. auf der Karte ✓ *Ablativ*   1.   *ist d. Heimat d. Römer*

Pueri Itali**am** in tabul**a** vide**nt**. Itali**a** patr**ia** Roman**orum** est.   Magister puer**is**

Der Lehrer zeigt den Jungen alle Provinzen.   Aber die Schüler sind nicht aufmerksam

cunct**as**   provinci**es**   monstr**are** cogit**at**. Sed pueri attent**i** non su**nt**.

Die Römer waren die Herren vieler Länder.

Roman**i**   domin**i**   multa**rum**   terra**rum**   er**ant**. Sed German**os** timeb**ant**,

quod German**i** Roman**os** saepe superab**ant**.

Aber die Germanen werden gefürchtet (passiv), weil die Germanen
die Römer häufig besiegten.

2)   *Verwandeln Sie in die angegebenen Formen:*

a)   habitare → 2. Sg. Präs. Akt. → 1. Sg. Präs. Akt. → 1.Sg. Imperf. Akt. → 3. Pl.
     Imperf. Akt. → 3. Pl. Präs. Akt. → 2. Sg. Präs. Akt.

b)   habere →

c)   esse   →   } Verfahren Sie entsprechend.

d)   posse   →

e)   scire   →

3)   *Bestimmen Sie die folgenden Substantive nach Kasus, Numerus und Geschlecht:*

a)   domina (3)   b) servae (4)   c) proelii   d) proelia (2)

×4)   *Setzen Sie die Formen in den jeweils anderen Numerus:*

a)   insulam magnam   b)   castellis — *Dativ/Ablativ*
     insulas magnas   castello *ist nicht einer so*

c)   adversarios feros d)   saeculi nostri
     adversarium ferum   *saeculorum nostrorum*

Neutrum des-
wegen e) △ saeculum nostrum f)   virorum ferorum   *Genitiv Sgl.*
A   *saecula nostra*   *viri feri des wilden Mannes*

g)   insulae magnae   h)   viris feris   *viro fero*
     insula /arum/   *viro fero*
24   *is magna /arum/*
     is

Auf dem Heimweg

3

Tandem magister tacet et horam° finit. Nunc pueri laeti sunt, nam
magister verbis suis cunctos fatigavit.

Polydorus autem Marcum et Lucium, filios Marci Tullii, in via
exspectat et domum ire studet. At pueris in animo est forum visi-
5 tare, ubi multa et magnifica aedificia videre possunt.

„Quo is, Polydore?", Marcus rogat. „Domum eo." Sed Lucius: „I
nobiscum in forum, ubi multa et mira monumenta videre possumus!" „I in forum, eamus[1] in forum! In forum! In forum!"

„Tacete, pueri, tacete! Videte, iam in forum imus."

10 Ac profecto Polydorus et pueri in forum eunt. Iam aedificio magno
appropinquant. Servus pueris narrat: „Hic summi viri rem publicam[2] administrabant, de bello et de pace[3] consultabant, provincias
tribuebant[4]. Sed de provinciis imperii Romani satis audivistis,
quod magister vobis cuncta bene explicavit. Fuistisne attenti?
15 Marce, nonne fuisti attentus? Quis vestrum[5] attentus non fuit?"

Primo Marcus respondere dubitat, deinde: „Certe", inquit, „ attentus fui, cuncta audivi, semper attenti fuimus - sed mihi narra:
Quando Romani pulchra monumenta templaque aedificaverunt?
Num nobis explicare potes?" Polydorus statim respondet:
20 „Nonnulla aedificia perantiqua sunt, multa autem Imperator[6]
Augustus aedificavit, velut templum Apollinis[7] in Palatio situm,
etiam multa alia templa deorum dearumque.

Sed nunc domum ire debemus. Eamus, eamus[1]!"

0)	hora	*hier:* Schulstunde (*über Schulstunden in unserem Sinn ist nichts bekannt*)
1)	eamus	wir wollen gehen, lasst uns gehen!
2)	res publica	der Staat, die Republik
3)	de pace (*Ablativ*)	über (den) Frieden
4)	tribuere	zuteilen, geben
5)	quis vestrum	wer von euch
6)	imperator	Imperator, Kaiser
7)	Apollo, inis m.	Apoll

GRAMMATIK

I   FORMENLEHRE:

1)   Konjugationen: *Füllen Sie die Tabellen aus:*

pot esse

	ire	posse		
	Indikativ Präsens	Ind. Präsens	Ind. Imperfekt	Ind. Perf. (s. u.)
1. Sing.	eo	possum	poteram	potui
2. Sing.	is	potes	poteras	potuisti
3. Sing.	it	potest	poterat	potuit
1. Plur.	imus	possumus	poteramus	potuimus
2. Plur.	itis	potestis	poteratis	potuistis
3. Plur.	eunt	possunt	poterant	potuerunt

Zum Perfekt: Zunächst lernen Sie das **v -** und das **u - Perfekt** kennen. An diese und alle anderen Perfektstämme (*s. Lekt. 4*) treten folgende Personalendungen:

einmalige
also abgeschlossene
Handlung in
der Vergangenheit

-i, -isti, -it, -imus, -istis, -erunt

Indikativ Perfekt Aktiv				
	vocare	**habere**	**audire**	**esse**	**posse**
1. Sing.	vocav i	habu i	audiv i	fu i	potu i
2. Sing.	vocav isti	habu isti	audiv isti	fuisti	potuisti
3. Sing.	vocav it	habu it	audiv it	fuit	potuit
1. Plur.	vocav imus	habu imus	audiv imus	fuimus	potuimus
2. Plur.	vocav istis	habu istis	audiv istis	fuistis	potuistis
3. Plur.	vocav erunt	habu erunt	audiverunt	fuerunt	potuerunt

Der *Infinitiv Perfekt Aktiv* endet auf **-isse** (*Er wird in Lektion 6 in Erscheinung treten!*)

II   ÜBUNGEN:

Bilden Sie von den folgenden Formen das jeweilige Imperfekt und dann das Perfekt:

a) vocamus   b) possumus   c) possunt   d) sunt   e) sumus   f) vocatis

g) habetis   h) habeo   i) potestis   j) habent   k) finis   l) finiunt

26

Forum Romanum pueris valde placet, itaque dicunt: „Forum iam
nunc relinquere et domum redire non cupimus. Fortasse aliquid de
principiis populi Romani dicere potes."
„Estne tempus? - Quod paulum temporis nobis est, vobis unum
5   dico: Tempora antiqua minime iucunda, sed aspera erant; vestri
quoque oppidi principia parva fuerunt. Primi Romani non solum
viri boni et fidi erant, ut semper auditis, sed etiam scelera varia
committebant, velut Romulus in Remum fratrem[1] et postea in
Sabinos finitimos. At nunc satis dixi. - Si autem liberi domini mei
10   aliquid discere cupiunt, me reprehendere non potest. Nam saepe
me reprehendit, cum imperia non feci[2]. Etiam fugere nonnum-
quam cupiebam; ita enim est: Reprehendunt domini servos, interdum caedunt, quin etiam eos[3] necant, cum peccaverunt[2] vel aliud
scelus commiserunt[2]. Misera est servorum fortuna!
15   Nobis servis profecto misera fortuna est, itaque mihi quoque
misera fortuna est. O me miserum[4]! Priusquam servus fui, multa et
clara facinora feci."
Pueri rident: „O miser paedagoge! - Quid dixisti? Bonum dominum
habes! Numquam te vexavit aut cecidit[5], sed interdum etiam donis
20   parvis delectavit. At tu... desine de temporibus praeteritis[6] narrare
et fatigare nos tuis querellis." Polydorus: „Non gaudeo, quod me
risistis et reprehendistis. Proinde domum eamus[7]! Cito, cito!"

1)	frater, fratris m.	der Bruder
2)	feci, peccaverunt, commiserunt	*Übersetzen Sie diese Formen mit Präsens.*
3)	eos	*Akkusativ Plural:* sie
4)	o me miserum!	Ach, ich Armer!
5)	cecidit	*Reduplikationsperfekt zu caedere (vgl. L. 5, Grammatikteil I 1a.)*
6)	praeteritus, a, um	vergangen
7)	eamus!	Lasst uns gehen!

27

GRAMMATIK

I   FORMENLEHRE:

1)   Konjugationen:

Die Formen der konsonantischen und der kurzvokalischen **i** - Konjugation im
Indikativ Präsens und Imperfekt Aktiv: *Vervollständigen Sie diese Tabelle:*

	konsonantische Konjugation		kurzvokalische i - Konjugation	
	Präsens	Imperfekt	Präsens	Imperfekt
	reprehendere	*reprehendere*	*cupere*	*cupere*
1. Sing.	reprehend	reprehende	cupi	cupie
2. Sing.	reprehend	reprehende	cupi	cupie
3. Sing.	reprehend	reprehende	cupi	cupie
1. Plur.	reprehend	reprehende	cupi	cupie
2. Plur.	reprehend	reprehende	cupi	cupie
3. Plur.	reprehend	reprehende	cupi	cupie

Die **Perfektbildungen**: Es gibt **sechs** Perfektstammbildungen im Lateinischen:

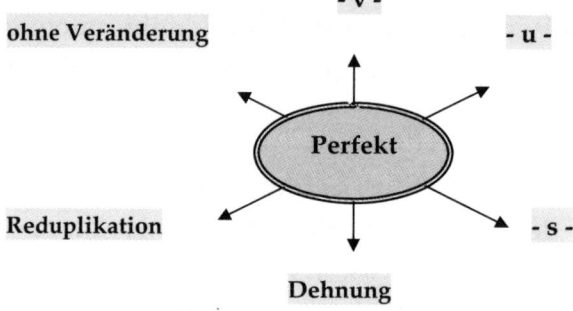

Aufgabe: *Im Vokabular zu dieser Lektion erfahren Sie die jeweilige Perfektklasse der Verben:
Vesuchen Sie von cupere, ridere, dicere, fugere, relinquere, caedere, facere und reprehendere die
Perfektformen zu bilden.*   **Beachten Sie hierbei:**

g, c (Auslaut des Präsensstamms)   + s   = x
d   + s   = s   } - s - Perfekt
tt   + s   = s

Stammvokal **a** wird zu **e** (Vokalabschwächung),   } Dehnungs-
Nasalerweiterung (**-n-**) entfällt beim Perfekt.   perfekt

*In den kommenden Lektionen erscheint im Vokabular die jeweilige Perfektform.

28

➤ Das Perfekt von **ire** lautet: | **ii, iisti (isti), iit, iimus, iistis(istis), ierunt**

2)   Deklinationen:

Die **konsonantische** Deklination ist ein Teil der so genannten **dritten** Deklination:

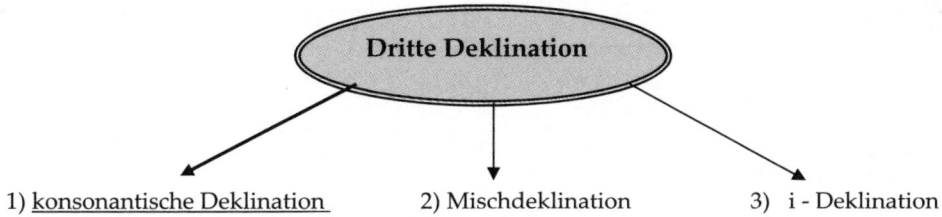

1) <u>konsonantische Deklination</u>   2) Mischdeklination   3) i - Deklination

Diese drei Gruppen unterscheiden sich nicht wesentlich voneinander (*dazu mehr später*).

Die **konsonantische** Deklination besitzt keine spezielle Kasusendung für den <u>Nominativ Singular</u>. Den Wortstamm gewinnt man durch Bildung des Genitivs Singular und Abstreichen der Genitivendung **-is**. Also: *tempus, tempor**is***. Der Stamm dieses Substantivs ist demnach **tempor-**. An ihn treten dann die jeweiligen Kasusendungen. Alle drei grammatischen Geschlechter sind in dieser Gruppe vertreten.

Die Kasusendungen lauten:

---	-is	-i	-em / ---*	-e	*SINGULAR*
-es / -a*	**-um**	**-ibus**	**-es / -a***	**-ibus**	*PLURAL*

* Die Endung **-em** gilt für den Akkusativ Singular <u>masculinum</u> und <u>femininum</u>. Nominativ und Akkusativ Plural <u>masculinum</u> und <u>femininum</u> enden auf **-es**, **-a** gilt für die <u>Neutra</u>.

In dieser Lektion lernen Sie die <u>Neutra</u> der konsonantischen Deklination auf **-us** kennen:

<u>Neutra auf</u>:

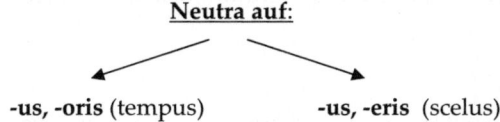

-us, -oris (tempus)   **-us, -eris** (scelus)

Füllen Sie diese Tabelle aus:

	tempus		scelus	
	Singular	*Plural*	*Singular*	*Plural*
Nominativ	tempus		scelus	
Genitiv				
Dativ				
Akkusativ				
Ablativ				
Vokativ				

II   SYNTAX:

☆   Bei der Betrachtung der Kasus unterscheidet man zwischen **syntaktischer** (Funktion als Satzglied) und **semantischer** Funktion (Frage nach der inhaltlichen Ebene).

1)   *Der Dativ:*

Neben der Funktion als **Objekt** kann der Dativ auch als **Prädikatsnomen** in Verbindung mit einer Form von **esse** erscheinen.
Hierbei ist für das Verständnis des Satzes allerdings die semantische Ebene wichtiger:
Als Prädikatsnomen kann der Dativ den Besitzer ausdrücken (= **dativus possessoris**):

Marcus   villam   habet / possidet.   Marcus hat / besitzt eine Villa.

Villa   **Marco**   est.   (Dem) Marcus gehört eine Villa.
                                = Marcus hat / besitzt eine Villa.

Non cuncti Romani villas habent / possident.

Villae   non **cunctis Romanis**   sunt.   Nicht alle Römer besitzen Villen.

**Nur kurz sei hier auf den genitivus partitivus hingewiesen: Er erscheint besonders nach Ausdrücken der Quantität, wie z. B. satis, also satis vini – genug des Weins = genug Wein; paulum temporis – „wenig Zeit", wie Polydorus in Lektion 4, Zeile 4, sagt.
Im Allgemeinen bezeichnet dieser Genitiv das Ganze, die Gesamtmenge, von der ein Teil besonders hervorgehoben wird (d*azu später mehr*).

2)   *Der Ablativ:*

Der Ablativ ist in erster Linie der Kasus des Adverbiales. Auf der <u>semantischen</u> Ebene erweist sich der Ablativ als ein Mischkasus. Er vereinigt drei alte Grundfunktionen in sich:

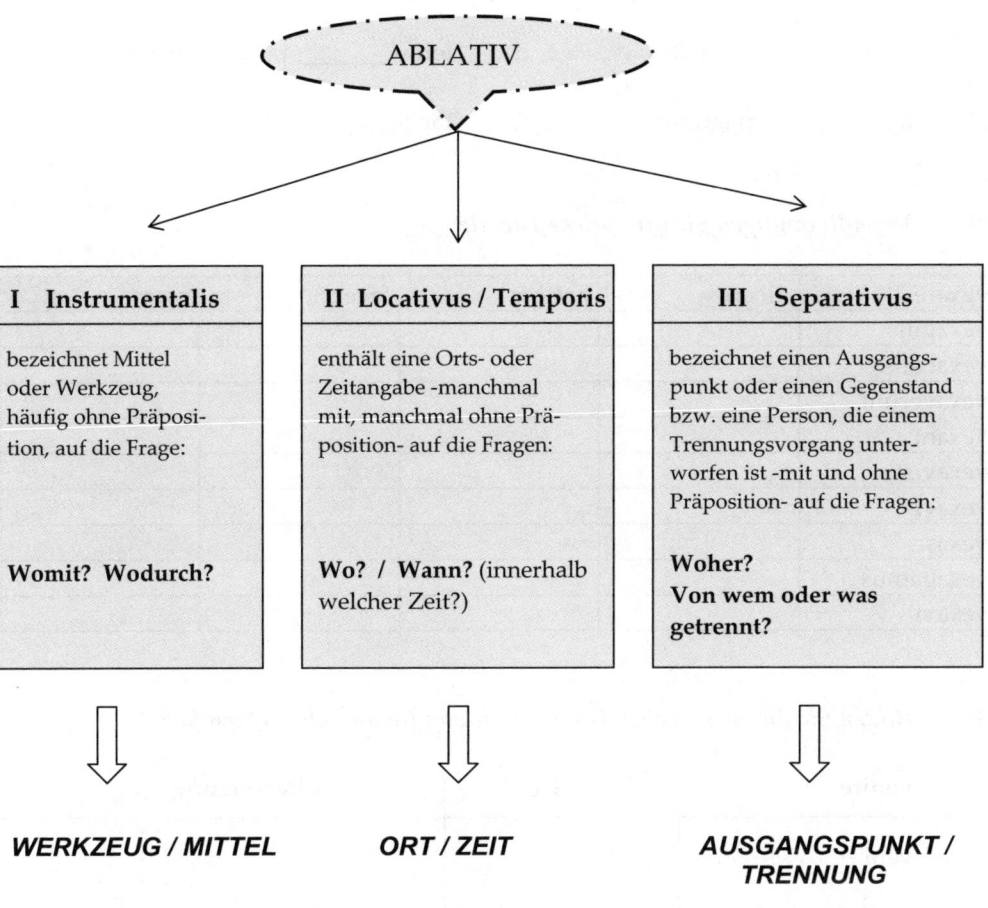

I Instrumentalis	II Locativus / Temporis	III Separativus
bezeichnet Mittel oder Werkzeug, häufig ohne Präposition, auf die Frage:	enthält eine Orts- oder Zeitangabe -manchmal mit, manchmal ohne Präposition- auf die Fragen:	bezeichnet einen Ausgangspunkt oder einen Gegenstand bzw. eine Person, die einem Trennungsvorgang unterworfen ist -mit und ohne Präposition- auf die Fragen:
Womit? Wodurch?	**Wo? / Wann?** (innerhalb welcher Zeit?)	**Woher?** **Von wem oder was getrennt?**

WERKZEUG / MITTEL   **ORT / ZEIT**   **AUSGANGSPUNKT / TRENNUNG**

Diese drei Großgruppen lassen sich genauer spezifizieren. Der Instrumentalis weist hierbei die meisten Untergruppen auf (*dazu mehr im Verlauf des Kurses*).

Aufgabe:
Die Ablative kamen seit Beginn des Kurses bereits vor: Suchen Sie diese aus den Lektionen heraus und bestimmen Sie deren semantische Funktion.

II ÜBUNGEN:

1) *Ergänzen Sie die passende Endung:*

a) scel_____ magni

b) temp_____ praeteritis

c) scel_____ magno (2)

d) temp_____ praeteritorum

e) facin____ magnum

f) facin_____ magni

2) *Vervollständigen Sie bitte diese Tabelle:*

vexare	dicere	habere	facere	esse
vexamus				
vexabatis				
vexaverunt				
vexant				
vexavistis				
vexavi				
vexas				
vexabamus				
vexavit				

✳ 3) *Bilden Sie die entsprechenden Formen von ire und übersetzen Sie:*

	venire	ire	Übersetzung
a)	veni !		
b)	veniebant		
c)	vēni		
d)	veniunt		
e)	veniebam		
f)	venistis		
g)	venerunt		

Aus der Frühgeschichte Roms I

(Narratio Polydori)

„Romulus Remusque fratres, postquam avum suum Albam
Longam reduxerunt, novum oppidum condere cogitabant. Magna
fratrum controversia erat diuque verbis certabant: „Quis nostrum
rex oppidi erit? Cui fundamenta iacere[1] licebit? Cuius nomen
5   oppido novo erit? Quem nostrum dei adiuvabunt? Regnum enim
dividere perniciosum est.“
Ita dicebant nec consilium capere poterant. Tandem fratribus deos
consulere placuit. Remus Aventinum, Romulus Palatium colles
ascendit. Ibi caelum observabant avesque exspectabant.
10 Subito Remus sex aves vidit, sed Romulo fratri duodecim aves
apparuerunt. Hoc modo[2] dei in certamine iudicaverunt, et Romulus rex fuit.
Quamquam cum fratre oppidum condere studebat, tamen Remus
id[3] negavit, quod regno fratris invidebat.
15 Iam Romulus oppidum aratro designabat, cum Remus fratrem
irrisit: „Num istis[4] muris adversarios arcebis et populum serva-
bis?“ Dixit et fossam transsiluit[5]. Tum Romulus iratus gladium
cepit fratremque necavit. Post mortem fratris solus oppidum condi-
dit et ei[6] nomen suum dedit.“

1)	fundamenta iacere	den Grund legen, die Fundamente anlegen
2)	hoc modo	auf diese Weise
3)	id	das, dies
4)	iste, ista, istud	dieser, diese, dieses da
5)	transsilire	überspringen
6)	ei	*Personalpronomen, auf* oppidum *bezogen:* ihr

GRAMMATIK

I FORMENLEHRE:

1) Konjugationen:

a) **Reduplikationsperfekt**: Seine Bildung erfolgt meistens durch <u>Verdoppelung</u> der anlautenden Silbe, z. B.:

currere – laufen   → **cu**curri – ich bin gelaufen

In anderen Fällen tritt bei der Bildung des Perfekts die **Vokalabschwächung** ein:

dare – geben   → **de**di – ich habe gegeben   (a > e)
condere – gründen → con**di**di   (e > i)

Die <u>Komposita</u> der meisten Verben weisen keine Reduplikation auf:

cucurri   *aber*: concurri   (keine reduplizierte Silbe!)

b) **Futur:**

In dieser Lektion haben Sie Formen des Futurs Aktiv kennen gelernt. Das Futur bezeichnet die noch nicht eingetretene oder zu erwartende Handlung. Im Lateinischen wird es häufiger als im Deutschen verwendet.

⟹   In der **a -** und **e -** Konjugation und beim Verb **ire** lautet die Tempussilbe:

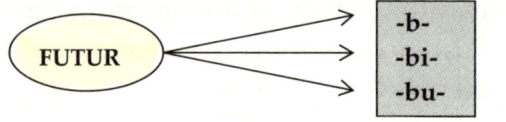

FUTUR	-b-	1. Pers. Singular
	-bi-	die übrigen Personen
	-bu-	3. Pers. Plural

Die Ihnen bekannten Personalendungen treten hinzu.

➡   Bei **esse** und Komposita entfällt in allen Personen das **-b-**.
In den restlichen Konjugationsgruppen gelten andere Bildungsgesetze.

Futur I Aktiv	vocare	habere	esse	posse	ire
1. Pers. Sg.	vocab	habeb	er	poter	ib
2. Pers. Sg.	vocab	habeb	er	poter	ib
3. Pers. Sg.	vocab	habeb	er	poter	ib
1. Pers. Pl.	vocab	habeb	er	poter	ib
2. Pers. Pl.	vocab	habeb	er	poter	ib
3. Pers. Pl.	vocab	habeb	er	poter	ib

2) Deklinationen:

Konsonantische Deklination, *Fortsetzung*

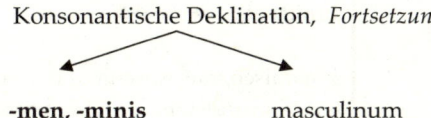

neutrum auf **-men, -minis**   masculinum

Füllen Sie die Tabelle aus:

	Singular	Plural	Singular	Plural	Singular	Plural
Nom.	nomen	nomin	frater	fratr	rex	reg
Gen.	nomin	nomin	fratr	fratr	reg	reg
Dat.	nomin	nomin	fratr	fratr	reg	reg
Akk.	nomen	nomin	fratr	fratr	reg	reg
Abl.	nomin	nomin	fratr	fratr	reg	reg
Vok.	nomen	nomin	frater	fratr	rex	reg

Das **(substantivische) Interrogativpronomen** (Wer? Was?) wird dekliniert:

Quis, Quid	Wer? Was?
Cuius	Wessen?
Cui	Wem?
Quem, Quid	Wen? Was?
A quo, Quo	Von Wem? Durch was?

↦ *welch ?*

{ Es gibt auch das **adjektivische** Interrogativpronomen. Es wird wie das Relativpronomen (*s. dazu Grammatikteil L. 8*) dekliniert:
qui vir – welcher Mann, quae femina – welche Frau, quod oppidum – welche Stadt. }

II   SYNTAX:

In der Lektion 4 hatten Sie das Perfekt kennen gelernt und im Deutschen wörtlich
(also mit Perfekt) übersetzt. Dieses Tempus besitzt dort den Tempusaspekt oder die
Aktionsart einer **Feststellung** oder **Beurteilung** (aus dem Blickwinkel der aktuellen Zeit).
Ein solches Perfekt heißt **konstatives** oder **konstatierendes Perfekt**.

Im Text der Lektion 5 wird das Perfekt in seiner häufigsten Aktionsart vorgestellt:
dem **narrativen** oder (*vgl. Throm*) **historischen** Aspekt. Das Perfekt wird verwendet bei Erzählungen einmaliger, abgeschlossener Handlungen in der Vergangenheit, die ohne Bezug zur Gegenwart stehen.

Da auch das **Imperfekt** ein Tempus der Vergangenheit ist, erfolgt eine Gegenüberstellung
des narrativen Perfekts und der Verwendungsarten des Imperfekts:

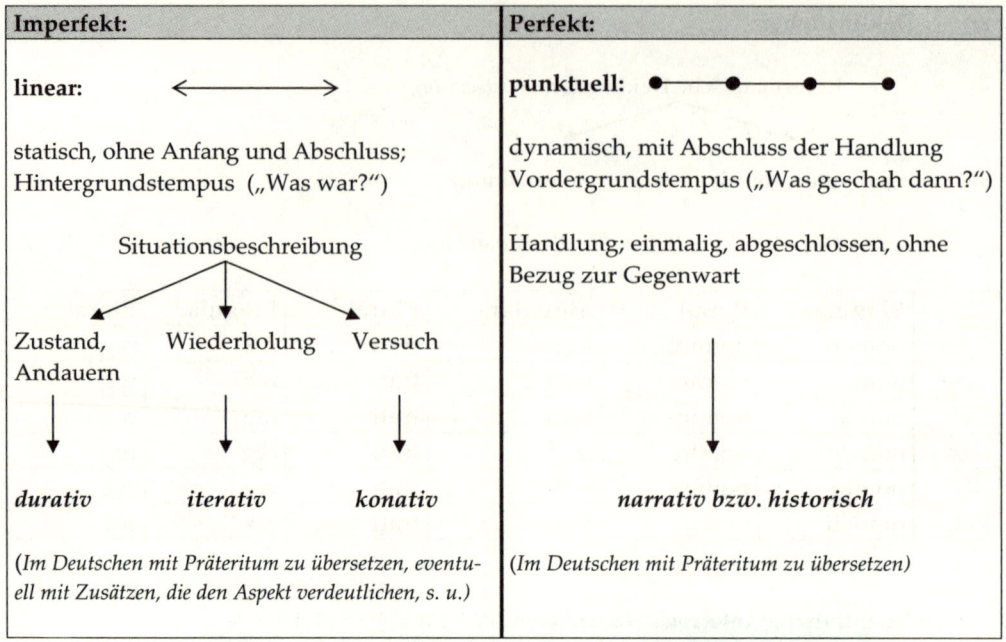

Imperfekt:	Perfekt:
linear: ⟵⟶	**punktuell:** ●——●——●——●
statisch, ohne Anfang und Abschluss; Hintergrundstempus („Was war?")	dynamisch, mit Abschluss der Handlung Vordergrundstempus („Was geschah dann?")
Situationsbeschreibung Zustand, Andauern Wiederholung Versuch	Handlung; einmalig, abgeschlossen, ohne Bezug zur Gegenwart
durativ *iterativ* *konativ*	*narrativ bzw. historisch*
(Im Deutschen mit Präteritum zu übersetzen, eventuell mit Zusätzen, die den Aspekt verdeutlichen, s. u.)	*(Im Deutschen mit Präteritum zu übersetzen)*

Übersetzungsmöglichkeiten des Imperfekts:

Romulus dice**bat**...

Romulus sagte   **gerade, dauernd, gewöhnlich**
Romulus sagte   **immer wieder**
Romulus **versuchte** zu sagen

{ *Im Normalfall reicht die usuelle Übersetzung („R. sagte") aus; man sollte jedoch auf das Imperfekt besonders dann achten, wenn es im Wechsel mit dem Perfekt erscheint.* }

III   ÜBUNGEN:

1)   Ordnen Sie die Adjektive den Substantiven formal zu:

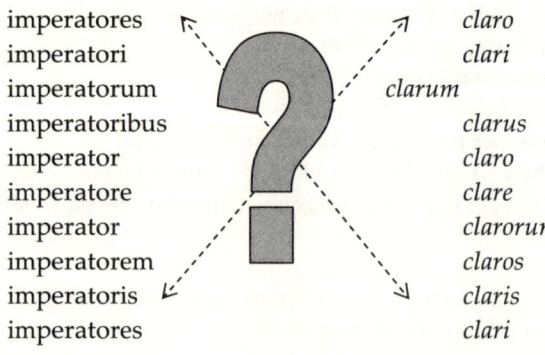

imperatores	*claro*
imperatori	*clari*
imperatorum	*clarum*
imperatoribus	*clarus*
imperator	*claro*
imperatore	*clare*
imperator	*clarorum*
imperatorem	*claros*
imperatoris	*claris*
imperatores	*clari*

2) _Vervollständigen Sie bitte die Tabelle:_

rogare	monere	dare	posse	redire
rogabo				
	mones			
		datis		
			possunt	
				redibis
			potuit	
		dabunt		
	monebamus			
rogavistis				

* 3) _Ergänzen Sie bitte den Lückentext und übersetzen Sie:_

1) Romulus et Remus av___ su___ Albam Longam reduxerunt.

2) Tum autem fratr_____ magna controversia erat.

3) Romulus rogav___: „Quis nostr____ popul____ imperab____?
Cu____ populus pare_____? Quis rex Romano_____ er____?"

4) Itaque av_____ consul_____.

5) Quamquam Remus primus (_als erster_) aves vid_____, Romulus rex fu____,
nam ei (_ihm_) duodecim av_____ appar_____.

6) Itaque rex fu_____ et cum Rem_____ fratr_____ novum oppid_____ aedific_____
stude_____.

7) Sed Remus fratr_____ invideb_____ et Romulum irris_____.

8) „Adversari_____ istis mur_____ arcere non poter___!"

9) Postquam fossa_____ transsiluit, Romul_____ irat_____ fratr___ gladi_____
necav_____.

Lectio sexta — Aus der Frühgeschichte Roms II — 6

(Narratio Polydori)

„Postquam Romulus Romae fundamenta iecit[1] urbemque muris firmavit primasque casas aedificavit, undique turbae hominum moribus legibusque diversis Romam concurrebant. Rex igitur videbat urbem novam crescere et gaudebat eam[1] tam celeriter[2]
5 crevisse.

At paulatim incolae intellegebant unam rem deesse ad vitam beatam: Plerique incolae scilicet[3] viri erant, nam feminae talem vitam agere paratae non erant.

Itaque cives Romulum regem adierunt et dixerunt: „Nos quidem
10 scimus te magnas res magna cum prudentia gessisse et bonum regem esse. Sed nunc auxilio tuo egemus, nam una re non contenti sumus: Nobis feminae non sunt, sine feminis sine prolis[4] spe vivimus. Considera, te rogamus: Quem finem[5] populus noster habebit? Quam[6] perniciem fortuna nobis parabit?"

15 Romulus autem: „Mihi quoque notum est nos feminarum penuria laborare. Sed dolo Romanos curis liberabo. Iubeo vos ludos magnificos parare et finitimos cum filiis invitare. Nobis feminas dare debebunt!"

Constituto[7] die Sabini finitimi cum uxoribus filiisque Romam con-
20 currerunt. Omnes hospites ludos summo cum gaudio spectabant, cum subito iuvenes Romani accurrerunt, Sabinorum virgines ceperunt, in suas casas abduxerunt. Id[8] facinus hospitum animos ira complevit, domum redierunt, arma paraverunt."

1)	iecit	*Perfekt zu iacere (s. Lektionstext 5, Z. 4)*
2)	eam	*ist Akkusativ Singular femininum des Personalpronomens:* sie
3)	celeriter	*Adverb:* schnell
4)	scilicet	(„es ist erlaubt zu wissen") natürlich
5)	proles, is f.	die Nachkommen; *hier gen. obiectivus:* auf Nachkommen
6)	quem finem	welches Ende (quem Akk. Sing. masc. des adjektivischen Interrogativums)
7)	quam	*Akk. Sing. fem. des adjektivischen Interrogativpronomens*
8)	constitutus, a, um	festgelegt, festgesetzt
9)	id	dieses

GRAMMATIK

I   FORMENLEHRE:

1)   Deklinationen: *Die Mischgruppe und die e - Deklination*

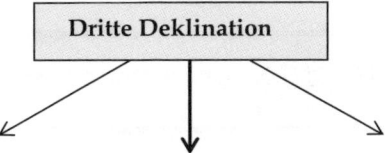

1) konsonantische Deklin.   2) Mischgruppe   3) i - Deklination

Nach einigen Beispielen der konsonantischen Deklinationsgruppe lernen Sie in dieser
Lektion die **Mischgruppe** kennen:

- Die Mischgruppe unterscheidet sich von der konsonantischen nur durch ein zu-
  sätzliches **-i-** im Genitiv Plural; dieser endet also auf **-ium** (statt auf -um):
  urb**ium** – der Städte

Zur Mischgruppe gehören:

a) gleichsilbige Substantive, die im Nominativ auf **-es** oder **-is** enden:
   civis, civis m. – der Bürger
b) ungleichsilbige, deren Stamm auf zwei Konsonanten endet,
   mons, montis m. – der Berg; *urbs, urbis f.* – die Stadt

- *Ausnahmen:* Zur konsonantischen Gruppe gehören (im Gegensatz zu der obigen
  Regel) *iuvenis, iuvenis m.* (junger Mann); *senex, senis m.* (alter Mann); *canis, canis m. / f.*
  (Hund / Hündin); *sedes, is f.* (Wohnsitz)
  (Darüber hinaus gibt es bei einigen anderen Substantiven einzelne Abweichungen, s. RU-
  BENBAUER – HOFMANN, § 40; THROM, F 15)

- *Genus – Regel:* Die Substantive der Mischgruppe sind im Allgemeinen femininum.

  Ausnahmen: *finis, is* (Grenze, Ende), *collis, is* (Hügel), *mensis, is* (Monat), *orbis, is* (Kreis),
  mons, ntis (Berg), *fons, ntis* (Quelle), *pons, ntis* (Brücke), *piscis, is* (Fisch),
  dens, ntis (Zahn), *fascis, is* (Rutenbündel), *ensis, is* (Schwert),
  civis, is (Bürger), *hostis, is* (Feind) sind **masculinum**!

- *Aufgabe:* *Suchen Sie aus den Vokabeln der Lektionen 5 und 6 die Substantive der Mischdeklination heraus.*

Die vierte oder e – Deklination:

- Sie behält das **-e-** durchgehend im Stamm. Alle Substantive dieser relativ kleinen Gruppe sind femininum außer **dies, ei m.** – der Tag. Im femininum bedeutet **dies** der Termin.
- Die Substantive der **e** - Deklination haben selten Pluralformen, abgesehen von z. B. **res** (Sache, Ding) und **dies** (Tag, Termin).

SING.: res, rei, rei, rem, re, res *PLUR.:* res, rerum, rebus, res, rebus, res

---

II   SYNTAX:

1)   Einige Details des Ablativs:

Der **ablativus Instrumentalis**, einer der drei großen Kategorien (*vgl. L. 4*), weist acht Untergruppen auf; hier erscheinen die ersten fünf, aufgelistet nach semantischer und syntaktischer Funktion:

semantische Funktion	Charakterisierung	Frage	syntaktische Funktion
abl. instrumenti (ohne Präposition)	Bezeichnung des Werkzeugs oder Mittels	Womit? Wodurch?	Adverbiale
abl. sociativus (Präp.: cum)	Bezeichnung der Person in Begleitung oder Gemeinschaft	Mit wem?	Adverbiale
abl. modi (Präp. cum oder ohne Präposition)	zur Bezeichnung der Art und Weise oder des Begleitumstands	Wie? Auf welche Weise? Was geschieht dabei?	Adverbiale
abl. qualitatis (ohne Präposition)	zur Bezeichnung der Eigenschaft einer Person oder Sache	Wie beschaffen?	Attribut / Prädikatsnomen
abl. causae (ohne Präposition)	zur Bezeichnung des Grundes oder des Anlasses bei Ausdrücken des inneren und äußeren Zustands	Warum? Wodurch? Woran? Worüber? Worauf?	Adverbiale / Attribut

*Nach Ausdrücken des Anfüllens, Beladens, Versehens mit steht der abl. instrumenti.

Aufgabe: *Suchen Sie alle im Text vorkommenden Ablative heraus und bestimmen Sie deren semantische Funktion.*

2)   Der Akkusativ mit Infinitiv (Accusativus cum Infinitivo = A c I):

- Der AcI ist eine satzwertige Konstruktion, deren Inhalt einem mit „dass" eingeleiteten Behauptungs- oder manchmal Aufforderungssatz entspricht.

- Dieser satzwertige Teil steht als Subjekt, häufiger als Objekt, in Abhängigkeit von Verben, die mit der menschlichen Sinnestätigkeit zusammenhängen („Verben, die aus dem Kopf kommen"), es handelt sich um:

> ➢ Verben des Mitteilens   (verba dicendi)
> ➢ Verben der Wahrnehmung und des Denkens   (verba sentiendi)
> ➢ Verben der Gemütsbewegung   (verba affectus)
> ➢ manche Verben der Willensäußerung   (z. B. verhindern, veranlassen, befehlen, wollen, begehren)**
> ➢ außerdem unpersönliche Ausdrücke (es steht fest, es ist nötig, es ziemt sich etc.)

- Zwei ursprünglich selbstständig zu denkende Sätze werden zu einem Satz mit einer AcI – Konstruktion vereint:

Audio: Avis cantat. Ich höre: Ein Vogel singt.

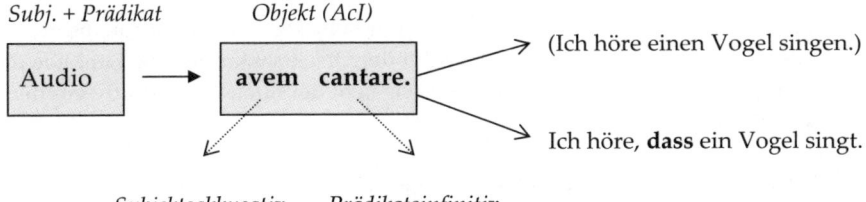

Subj. + Prädikat   *Objekt (AcI)*

Audio ⟶ **avem   cantare.**

(Ich höre einen Vogel singen.)

Ich höre, **dass** ein Vogel singt.

Subjektsakkusativ   *Prädikatsinfinitiv*

**** Ausblick:**

Verben wie z. B. „wollen" (velle) stehen dann im AcI, wenn der Wunsch eine andere Person einbezieht, also : „Ich will, dass **du** mir hilfst." Ansonsten, bei Subjektsgleichheit, steht der Infinitiv: "Ich will dir helfen."

Wenn bei **iubere** die Person nicht genannt wird, von der etwas verlangt wird, dann tritt der AcI ins Passiv, also: Romulus iubet Romanos ludos **parare** (*AcI im Aktiv*). – Romulus befiehlt, dass die Römer Spiele vorbereiten (*oder:* ...den Römern, Spiele vorzubereiten).
   aber: Romulus ludos **parari** (*Inf. Präs. Pass.*) iubet. – Romulus befiehlt, dass Spiele vorbereitet werden *oder:* Romulus lässt Spiele vorbereiten.

- Ein AcI besteht mindestens aus einem Subjektsakkusativ, d. h. dem Satzglied, das das Subjekt des AcI ist, und einem Prädikatsinfinitiv.

Untersuchen Sie, ob folgender Satz einen AcI enthält oder nicht:

Romulus ludos parare cogitat.

- Erscheint innerhalb des AcI ein Prädikatsnomen, so richtet dieses sich (meistens) in Kasus, Numerus, und Genus nach dem Subjektsakkusativ:

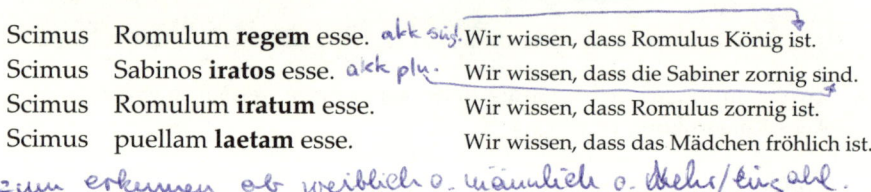

Scimus	Romulum **regem** esse.	*akk sing.*	Wir wissen, dass Romulus König ist.
Scimus	Sabinos **iratos** esse.	*akk plu.*	Wir wissen, dass die Sabiner zornig sind.
Scimus	Romulum **iratum** esse.		Wir wissen, dass Romulus zornig ist.
Scimus	puellam **laetam** esse.		Wir wissen, dass das Mädchen fröhlich ist.

zum erkennen ob weiblich o. männlich o. Mehr/Einzahl.

- Häufig erscheint die AcI – Konstruktion mit Subjekts- **und** Objektsakkusativ. So wie Ersterer das Subjekt des AcI ist, so erfüllt der Objektsakkusativ die Funktion eines Objekts <u>innerhalb</u> des AcI. Der Regel nach steht der Subjektsakkusativ **vor** dem Objektsakkusativ *(usuelle Wortstellung):*

Wir wissen, dass   Romulus   Remus   tötet / getötet hat.

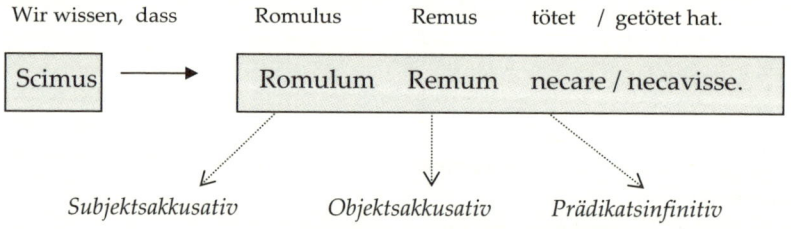

Scimus → Romulum   Remum   necare / necavisse.

Subjektsakkusativ   Objektsakkusativ   Prädikatsinfinitiv

- Die Infinitive besitzen hierbei **keine** eigene **Zeitstufe**, sondern kennzeichnen ein **Zeitverhältnis** zu dem den AcI regierenden Prädikat. Man muss dies bei der Übersetzung berücksichtigen. Es gibt Vor-, Gleich- und Nachzeitigkeit:

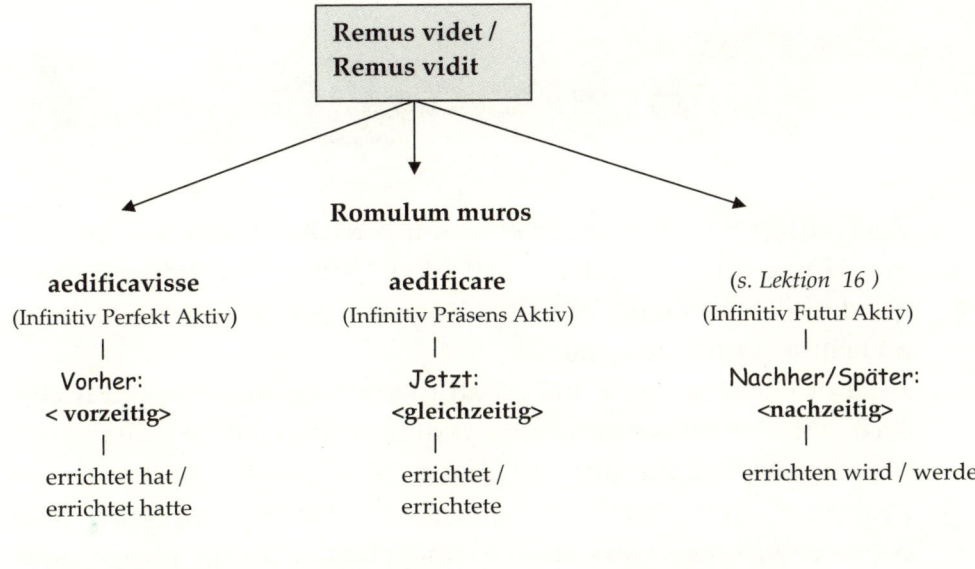

	Remus videt / Remus vidit	

Romulum muros

aedificavisse	**aedificare**	(s. *Lektion 16*)
(Infinitiv Perfekt Aktiv)	(Infinitiv Präsens Aktiv)	(Infinitiv Futur Aktiv)
Vorher: < vorzeitig>	Jetzt: <gleichzeitig>	Nachher/Später: <nachzeitig>
errichtet hat / errichtet hatte	errichtet / errichtete	errichten wird / werde

---

** *Zum Infinitiv Futur als Infinitiv der Nachzeitigkeit s. Lektion 16, Grammatikteil, S. 104 f.*

 III   ÜBUNGEN:

Übersetzen Sie folgende Sätze:

1) Scimus Remum fratrem Romuli fuisse.
2) Remus autem dolebat Romulum solum urbem novam condidisse.
3) Scimus quoque Romulum Remum fratrem necavisse.
4) Polydorus narrat multos homines diversis moribus Romam concurrisse.
5) Audimus quoque Romanis unam rem ad beatam vitam deesse.
6) Romulus rex audivit Romanis feminas ad beatam vitam deesse.
7) Romulus dolebat feminas Romam adhuc non venisse.
8) Itaque Romanos dolum adhibere (*anwenden*) debere intellexit.

Achten Sie auf die Akkusative: Sind sie Subjekts- oder Objektsakkusativ?
Denken Sie daran, die durch die Prädikatsinfinitive signalisierten Zeitverhältnisse
auch im Deutschen entsprechend wiederzugeben.

Pueri diligenter audiverant et domum redibant, sed servum pergere iusserunt. Is[1] autem: „Ut dixi, Sabini ira impleti erant, quod ius hospitii tam perfide[2] a Romanis laesum erat. Itaque arma ad bellum parari[3] iusserant.

5 Aliquot mensibus post, ubi parati fuerunt, ad Romanorum urbem accesserunt et filias suas postulaverunt. At Romani id[4] negaverunt. Iam ingens bellum inter finitimos instabat, iam hostium acies instructae erant, iam proelii signum datum erat, cum filiae Sabinorum, quae[5] viros suos adamaverant, crinibus passis[6] inter

10 acies provolaverunt atque patribus et maritis suis natos natasque ostenderunt. Magna voce exclamaverunt: „Pugnare desinite, bellum impium inter soceros et generos finite!"
Hoc facto[7] et Romani et Sabini valde permoti ac reconciliati sunt.

15 Quin etiam ambo[8] populi coniuncti et eorum[9] regna consociata sunt."

1)	is	dieser
2)	perfide (*Adv.*)	falsch, treulos
3)	parari	*ist Infinitiv Präsens Passiv.*
4)	id	dies, das
5)	quae	die (*als Relativpronomen, auf* filiae *zu beziehen*)
6)	crinibus passis	mit aufgelösten Haaren
7)	hoc facto	durch diese Handlung, Tat
8)	ambo	beide
9)	eorum	ihre

negare = sagen, dass nicht ...

zurückweisen

GRAMMATIK

I   FORMENLEHRE:

1)   Konjugationen: Das Plusquamperfekt Aktiv:

- Das Plusquamperfekt **Aktiv** gehört, wie das Perfekt Aktiv, zu den Tempora, die mit dem Perfektstamm gebildet werden. Man erhält das Plusquamperfekt, indem man die Personalendungen des Perfekts (-i, -isti, -it, -imus, -istis, -erunt) durch die des Plusquamperfekts ersetzt:

> **-eram, -eras, -erat, -eramus, -eratis, -erant**

Bilden Sie bitte das Plusquamperfekt Aktiv von den in der Tabelle eingetragenen Verben:

(Indikativ) Plusquamperfekt Aktiv					
	vocare	*habere*	*dicere*	*facere*	*esse*
1. Sg.					
2. Sg.					
3. Sg.					
1. Pl.					
2. Pl.					
3. Pl.					

2)   Perfekt und Plusquamperfekt Passiv:

- Die Passivformen der Verben des Perfektstamms (Perfekt, Plusquamperfekt, Futur II**) sind, wie im Deutschen, zusammengesetzt, nämlich aus dem **Partizip Perfekt Passiv (= P. P. P.)** und einer Form von **esse**.

- Diese Partizipien des Perfekt Passiv, z. B. **impletus – „erfüllt",** haben - im Gegensatz zum Deutschen! - immer die Bedeutung des Passivs.

- Sie gehören der o - und a - Deklination an (impletus, a, um) und enden im Nominativ Singular auf **-tus, a, um ; -sus, a, um;** oder **-xus, a, um,** z. B.:

amare	→	amatus, a, um	geliebt *oder* einer *etc.* , der geliebt worden ist / war
audire	→	auditus, a, um	gehört *oder* einer *etc.* , der gehört worden ist / war
iubere	→	iussus, a, um	befohlen *oder* einem, dem befohlen worden ist / war

*** Die Formen des Futur II werden hier noch nicht genannt.*

Bei den Formen des Passivs der Tempora des Perfektstamms (Perfekt, Plusquamperfekt und Futur II) richtet sich das Partizip in Kasus, Numerus und Genus nach dem Subjekt (*im Gegensatz zum Deutschen, wo das Partizip unverändert bleibt*), also:

zufall   O – Deklination

Romul**us** ira implet**us** est / erat.   Romulus ist / war von Zorn erfüllt (worden).
Sabin**i** ira implet**i** sunt / erant.   Die Sabiner sind / waren von Zorn erfüllt (worden).
Matr**es** ira implet**ae** sunt / erant.   Die Mütter sind / waren von Zorn erfüllt (worden).
Bell**um** finit**um** est / erat.   Der Krieg ist / war beendet worden.
Bell**a** finit**a** sunt / erant.   Die Kriege sind / waren beendet worden.

> Der <u>narrative</u> Aspekt des Perfekts wird mit <u>Präteritum</u> wiedergegeben: *Die Kriege <u>wurden</u> beendet.*

- Die Formen im Einzelnen:

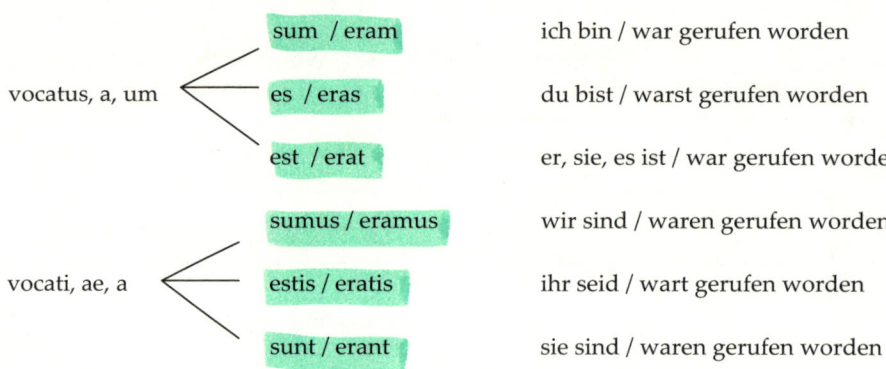

vocatus, a, um	sum / eram	ich bin / war gerufen worden
	es / eras	du bist / warst gerufen worden
	est / erat	er, sie, es ist / war gerufen worden
vocati, ae, a	sumus / eramus	wir sind / waren gerufen worden
	estis / eratis	ihr seid / wart gerufen worden
	sunt / erant	sie sind / waren gerufen worden

Die Bildung der lateinischen Verben:

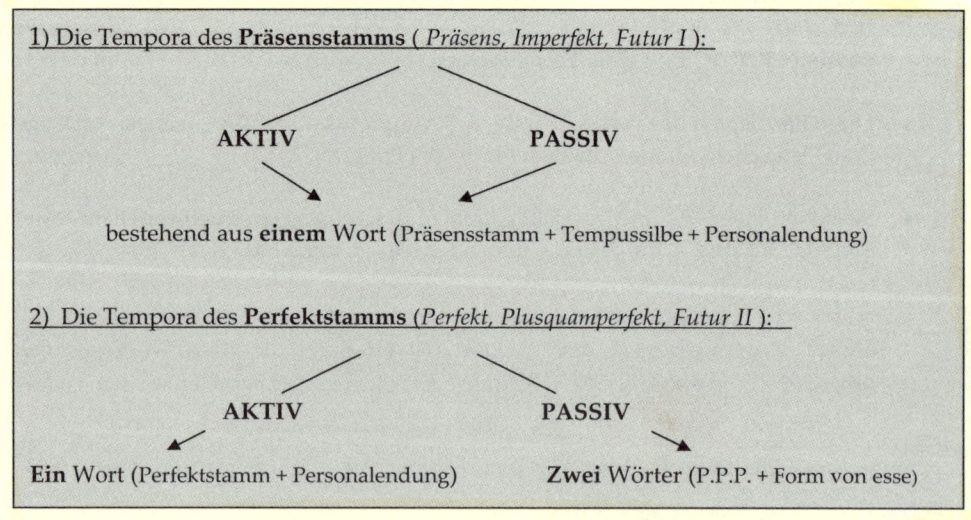

1) Die Tempora des **Präsensstamms** (*Präsens, Imperfekt, Futur I*):

AKTIV   PASSIV

bestehend aus **einem** Wort (Präsensstamm + Tempussilbe + Personalendung)

2) Die Tempora des **Perfektstamms** (*Perfekt, Plusquamperfekt, Futur II*):

AKTIV   PASSIV

Ein Wort (Perfektstamm + Personalendung)   **Zwei** Wörter (P.P.P. + Form von esse)

A Diu pueri, qui narratione de rebus a Romanis gestis delectabantur, tacebant; tandem Marcus dixit: „Iure commemoravisti scelera a maioribus nostris commissa esse. Tamen tua narratio libenter a nobis audiebatur, verbis tuis delectabamur, quin etiam nos semper

5 a te et delectari et doceri constat. Ceterum, credo, scelera interdum committi oportet, nam exitus acta probat[1]!"
Tum Polydorus ridens[2]: „Es profecto sapiens puer, qui talia verba tamquam ex oraculo dixisti! Fortasse etiam alia fabula delectabimini. Audite de summo deo, qui a nobis Graecis Zeus nominatur.

10 Is quoque deus multas res gesserat, quas nonnulli non laudant. - Europam de Europa puella nominari certe scitis."
Tum Lucius: „Certe statim a te docebimur."

---

1)	exitus acta probat	*frei:* Der Zweck heiligt die Mittel.
2)	ridens	lächelnd, lachend

Iuppiter bei seiner Lieblingsbeschäftigung

B Polydorus: „Aliquando Iuppiter de Olympo monte conspicit
pulchram puellam, cuius forma pulchritudineque movetur. Statim
amore puellae capitur atque incenditur. Itaque secum cogitat: „Eam
puellam habere debeo, ea a me amabitur, ut postea a nullo iam
5 diligetur. Sed... quo modo ei appropinquare possum? Nam timida
est et facile terretur. Praeterea a Iunone, cui amores mei non grati
sunt, conspici et detegi nolo[1]. Hmm... nunc mihi in mentem venit:
Formam meam mutari necesse est. Id faciam.“
Ita in formam tauri mutatur perque auras terram celeriter petit
10 adque Asiae oras pervenit. Filia autem Agenoris regis, cuius nomen
Europa est, cum amicis in litore pila ludit. Subito puellae inter
multos tauros, quos ibi pastores pascunt, taurum candidum eximia
pulchritudine conspiciunt. Is paulatim gregem relinquit et puellis
appropinquat. Nunc omnes amicae, quae conspectu[2] animalis ter-
15 rentur, confugiunt. Europa sola, quam is taurus non terret,
manet et eum adit. Putat enim eum sibi non nocere, sed placidum
esse. Itaque etiam tergum eius ascendere audet. At – eheu[3]! Subito
taurus contendere incipit in mare et eam secum celeriter rapit.
Frustra puella misera lacrimas fundit et gemit. Quod nemo eam
20 adiuvare potest, in Cretam insulam abducitur. Ibi deus formam
tauri deponit et puellae dicit: „Tu eris dilecta[4] summi dei, tu a me
amaberis atque diligeris, tu mater gentis ingentis eris, ex qua magni
reges exsistent.“

1)	nolo	ich will nicht
2)	conspectus (*u – Dekl., s. L. 16*)	der Anblick (conspectu *ist Ablativ!*)
3)	eheu!	ach, o weh!
4)	dilectus, a, um	geliebt; *substantiviert*: der, die, das Geliebte

a /ab → von

nach „ich will“
↳ Infinitiv

48

GRAMMATIK

I   FORMENLEHRE:

1)   Konjugationen -- <mark>Passiv des Präsensstamms:</mark>

- Sie kennen bereits das <u>Aktiv</u> der Tempora des Präsensstamms; um das <u>Passiv</u> zu bilden, werden die Personalendungen (-o / -m, -s, -t, -mus, -tis, -nt) durch die Personalendungen des Passivs ersetzt. Sie lauten:

```
-(o)r,  -ris,  -tur,  -mur,  -mini,  -ntur
```

➡   In der <u>zweiten Person Singular Präsens</u> ändert sich bei der konsonantischen und kurzvokalischen i - Konjugation der Bindevokal (-i- wird **-e-**).

Ergänzen Sie folgende Tabelle:

	vocare	habere	audire	dicere	capere
	(Indikativ) Präsens Passiv				
1.Sg.	voco	habe	audio	dico	capio
2.Sg.	voca	habe	audi	dic**e**	cap**e**
3.Sg.	voca	habe	audi	dici	capi
1.Pl.	voca	habe	audi	dici	capi
2.Pl.	voca	habe	audi	dici	capi
3.Pl.	voca	habe	audiu	dicu	capiu
	(Indikativ) Imperfekt Passiv				
1.Sg.	vocaba	habeba	audieba	diceba	capieba
2.Sg.	vocaba				
3.Sg.	vocaba				
1.Pl.	vocaba				
2.Pl.	vocaba				
3.Pl.	vocaba				
	Futur I Passiv				
1. Sg.	vocabo	habebo	audia	dica	capia
2.Sg.	vocabe	habebe	audiē	dicē	capiē
3.Sg.	vocabi	habebi	audiē	dicē	capiē
1.Pl.	vocabi				
2.Pl.	vocabi				
3.Pl.	vocabu				

➡   Im Futur der konsonantischen und der beiden i - Konjugationen entfällt die Tempussilbe -b-; dafür tritt sowohl im Aktiv als auch Passiv in der ersten Person Singular **-a-**, in den übrigen **-e-** vor die Personalendungen!

- Die **Infinitive** des Präsens Passiv werden gebildet, indem man bei der
  a -, e - und **i -** Konjugation den letzten Buchstaben des Infinitivs Präsens
  Aktiv (das **-e**) durch ein **-i** ersetzt, während bei den übrigen beiden Konjugationen
  das **-i** direkt an den Stamm tritt, also:

vocare → vocari	(gerufen werden)	dicere → dici (genannt werden)
habere → haberi	(gehalten werden)	capere → capi (gefangen werden)
audire → audiri	(gehört werden)	

> Im AcI bezeichnen die Infinitive des Präsens Akt. und Pass. die **Gleichzeitigkeit**
> zum Prädikat.

- Die Infinitive des **Perfekts Passiv** setzen sich zusammen aus dem **P.P.P.** und *esse*.
  Im AcI richtet sich das P.P.P. nach dem Subjektsakkusativ in KNG – Kongruenz.

> Im AcI bezeichnen die Infinitive des Perfekt Akt. und Pass. die **Vorzeitigkeit**
> zum Prädikat (*zu den Zeitverhältnissen der Infinitive s. a. Syntax zu L. 6*).

2)   Deklinationen: Das Pronomen *is, ea, id* und das reflexive Personalpronomen

- Das reflexive Personalpronomen der dritten Person Singular und Plural lautet:

> **-   sui** (Gen.)   **sibi** (Dativ)   **se** (Akk.)   **a se, secum, se** (Abl.)

- *sui* (Gen.) wird meistens mit „seiner", „sich", „an sich", *sibi* mit „sich", „für sich", *se*
  mit „sich", die Ablative *secum* „mit, bei sich" und *a se* „von sich" übersetzt, wenn sie
  im gleichen Satzabschnitt wie das zu ihnen gehörige Subjekt erscheinen:

  Romulus **secum** cogitabat. – Romulus überlegte bei sich.

  (Weitere Erläuterungen im Abschnitt „Syntax".)

- Das Pronomen *is, ea, id* gehört zur Pronominaldeklination und hat deshalb
  im Genitiv Singular für alle drei Genera die Endung **-ius** und im Dativ Singular
  entsprechend **-i** (*vgl. das Interrogativpronomen Quis, Quid*).
  Die Formen lauten:

SINGULAR			PLURAL		
masc.	*fem.*	*neutr.*	*masc.*	*fem.*	*neutr.*
is	ea	id	ii (ei)	eae	ea
eius			eorum	earum	eorum
ei			eis (iis)		
eum	eam	id	eos	eas	ea
eo	ea	eo	eis (iis)		

Verwendungsmöglichkeiten von *is, ea, id*:

Dieses Pronomen hat vier Funktionen; es kann erscheinen als

1) **Demonstrativpronomen** in der Funktion eines Attributs, das sich in KNG – Kongruenz nach seinem Bezugswort richtet, z. B.:

is rex - **dieser** König	**ea** urbs - **diese** Stadt
Iuppiter **eam** urbem servat.	Iuppiter schützt **diese** Stadt.

2) **nicht reflexives Personalpronomen** der dritten Person, wenn es allein, ohne Bezugswort erscheint **, z. B.:

Iuppiter puellam pulchram amat; itaque **ei** appropinquat.
Iuppiter liebt das schöne Mädchen; also nähert er sich **ihr**.

Taurus maximus in litore stat; Europa **eum** conspicit.
Ein gewaltiger Stier steht am Strand; Europa erblickt **ihn**.

> Erscheint *is, ea, id* im Nominativ am Satzanfang, kann es auch als Demonstrativpronomen übersetzt werden.

3) **nicht reflexives Possessivpronomen** im Genitiv Singular und Plural:

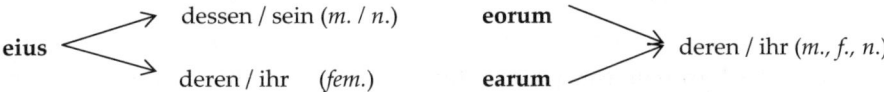

Iuppiter Europam conspicit et pulchritudine **eius** inceditur.
Iuppiter erblickt Europa und wird von **deren / ihrer** Schönheit entflammt.

**Die Begriffe „reflexiv" und „nicht reflexiv" werden im Abschnitt „Syntax" erläutert.*

4) **auf einen Relativsatz vorausdeutend:**

Is deus, **qui** Europam rapuit, Iuppiter fuit .
Derjenige Gott, **der** Europa raubte, ist Iuppiter gewesen.

➡ Häufige Verbindungen sind **ii, qui** – diejenigen, die… ;
ea, quae… (*neben fem. Sing. häufiger neutrum Pl.!*) das(jenige), was…
oder: diejenigen Dinge, die… .

Das Relativpronomen:

Die Deklination des Relativpronomens, das Ihnen in einigen Formen in dieser Lektion begegnet ist, lautet vollständig:

Nom. Sg.	qui	quae	quod	*Nom. Pl.*	qui	quae	quae (!)
Gen. Sg.		cuius		*Gen. Pl.*	quorum	quarum	quorum
Dat. Sg.		cui		*Dat. Pl.*		quibus	
Akk. Sg.	quem	quam	quod	*Akk. Pl.*	quos	quas	quae (!)
Abl. Sg.	(a) quo	(a) qua	quo	*Abl. Pl.*		(a) quibus	

II   SYNTAX:

1)   Die Reflexivität bei Pronomina:

- Ein **nicht reflexives** Personal- *bzw.* Possessivpronomen weist **nicht** auf das Subjekt zurück.

- Ein **reflexives** Personal- *bzw.* Possessivpronomen weist auf das Subjekt des gleichen Satzes *bzw.* Satzabschnitts zurück. Es wiederholt inhaltlich dieses Subjekt.

BEISPIELE:

a) Iuppiter **Europam** conspicit; statim **deus** pulchritudine **eius** incenditur.

Eius weist nicht auf das Subjekt des Satzes, in dem es erscheint, zurück; mit
eius ist nicht *deus* gemeint, sondern die vorher genannte *Europa.*

Iuppiter multas **puellas** amavit, quod pulchritudine **earum** incendebatur.
Iuppiter liebte viele **Mädchen**, weil er (immer wieder) von **deren / ihrer** Schönheit
entflammt wurde.

b) Sollte Iuppiter von seiner eigenen Schönheit begeistert gewesen sein, was trotz
   seiner Eitelkeit hier eher unwahrscheinlich ist, müsste das <u>reflexive</u> Possessivpronomen verwendet werden:

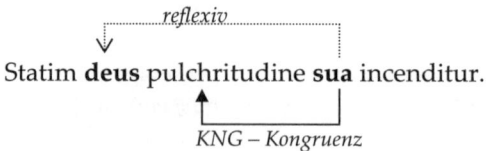

Statim **deus** pulchritudine **sua** incenditur.

Der Gott wird sofort von **seiner** (eigenen) Schönheit entflammt.

Das Reflexivpronomen (sowohl als Possessiv- als auch als Personalpronomen) erscheint häufig auch im **AcI** mit inhaltlichem Bezug zum Subjekt des Satzes, in den der AcI eingebettet ist („AcI – Reflexivität"). In diesem Fall wird es, unter Angleichung an das Subjekt des Verbs, das den AcI regiert, als Personalpronomen (er, sie, es *etc.*) übersetzt.

 Se kann sowohl Subjekts- als auch Objektsakkusativ im AcI sein!

Iuppiter non ignoravit **se** formam suam mutare debere.
Iuppiter wusste genau, dass **er** seine Gestalt ändern musste.

Iuppiter se ab Europa puella amari putavit.
Iuppiter glaubte, dass **er** von dem Mädchen Europa geliebt wurde (werde).

Europa amicas **se** reliquisse vidit.
Europa sah, dass die Freundinnen **sie** verlassen hatten.

Nunc **puella** taurum **sibi** appropinquare vidit.
Nun sah das Mädchen, dass der Stier sich **ihr** näherte.

Romani sciebant **se** scelus commisisse.
Die Römer wussten, dass **sie** ein Verbrechen begangen hatten.

Romani Sabinos contra **se** bellum parare audiverunt.
Die Römer hörten, dass die Sabiner den Krieg gegen **sie** vorbereiteten.

Romulus valde doluerat et **sibi** et amicis **suis** feminas deesse.
Romulus hatte sehr bedauert, dass (damals) sowohl **ihm** als auch **seinen** Freunden Frauen fehlten (*zum Ausdruck der Gleichzeitigkeit in der Vorvergangenheit –doluerat– genügt im Deutschen das Präteritum*).

Abschließende Übersicht:

nicht reflexiv		*reflexiv*	
Personal-	Possessivpronomen	Personal-	Possessivpronomen
Formen von **is, ea, id**	Genitive **eius, eorum, earum** von *is, ea, id*:	**sui, sibi, se, a se, secum, se**	Formen von **suus, a, um**

2)   Der Relativsatz:

Die Einleitung des Relativsatzes -das Relativpronomen- richtet sich mindestens in <u>Numerus</u> und <u>Genus</u> nach seinem im übergeordneten Satz stehenden Bezugswort; der <u>Kasus</u> ist von der Funktion dieses Pronomens im Relativsatz abhängig:

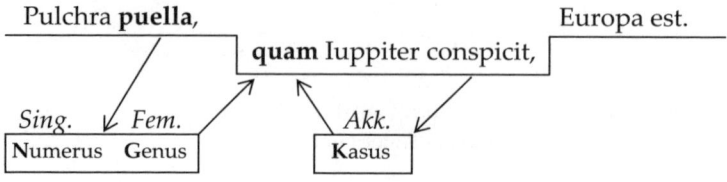

** *vgl. auch Syntaxteil zu L. 9, S. 60.*

3)   Der Genitiv, einige syntaktische und semantische Funktionen:

- Der Genitiv besitzt in den meisten Fällen die syntaktische Funktion eines Attributs, d. h. er erläutert ein Substantiv.

- Wichtiger für die Übersetzung ins Deutsche ist die Frage nach der <u>semantischen</u> Funktion.

- Neben der semantischen Funktion als genitivus possessivus (Anzeige des Besitzers, der Zugehörigkeit) stellt der Genitiv die semantische Funktionen des **genitivus subiectivus** und **genitivus obiectivus** nach Substantiven der Gemüts-bewegung und einigen Adjektiven, die im weiteren Sinne eine Gemütsbewegung ausdrücken.
  Es entstehen auf diese Weise doppeldeutige Verbindungen, über deren Über-setzung der Kontext entscheidet.

- So kann amor **puellae** „die Liebe des Mädchens" (*gen. subiectivus*) oder „die Liebe zum Mädchen" (*gen. obiectivus*) bedeuten.

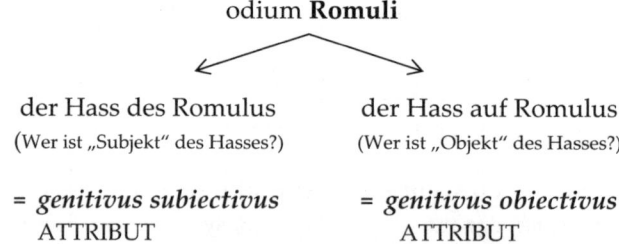

- Der genitivus obiectivus wird in den meisten Fällen mit Präpositionen („auf", "gegen", „über", „zu") zum Ausdruck gebracht.

- Hier nun etwas genauer zum **genitivus partitivus:**
  Dieser erscheint, wie gesagt (*vgl. L. 4*), nach Quantitätsadjektiven im neutrum,
  Quantitätsadverbien (z. B. *satis*), nach Superlativen (*s. L. 9 A, Z. 9 f.*), aber auch
  nach Pronomina, um den Gesamtbereich zu bezeichnen, aus dem ein Teil
  hervorgehoben wird (*s. vollständig RUBENBAUER- HOFMANN, § 130*):

Multum **vini** bibi.	Ich habe viel Wein getrunken.
Quis **Romanorum?**	Wer von den Römern?
Nemo **Romanorum**	Niemand von den Römern

Wichtig:	Quid **novi** (est)? – Was gibt es Neues?

Häufig erscheint der genitivus partitivus nach Superlativen (*s. L. 9, Text*):
Atrocissimum **omnium animalium** – das grausamste **aller Lebewesen**

Sonderformen der Personalpronomina der 1. u. 2. Pers. Plural:		
nostrum:	Quis nostrum	– Wer von uns
vestrum:	Quis vestrum	– Wer von euch

III   ÜBUNGEN:

Verwandeln Sie bitte folgende Formen in das Futur I:

PRÄSENS	FUTUR I	PRÄSENS	FUTUR I
delectatur		delectat	
rideris		rides	
reprehenduntur		reprehendunt	
monemini		monetis	
conspiceris		conspicis	
videris		vides	
audior		audio	
audimur		audimus	
diceris		dicis	
reprehendor		reprehendo	

A Tum Lucius, qui narratione Polydori servi gaudio magno impletus est, clamat: „Itaque Europa terra ab ea puella in Cretam abducta nomen suum traxit. Nunc intellego id verbum „Exitus acta probat[1]": Etiam e rebus neque bene neque iuste factis bona prosperaque evenire possunt."

5 „Recte id dixisti, mi Luci, nam Europa mater magnorum regum fuit; filio eius, Minoi regi, multae nationes subactae, inter quas Athenienses, vectigalia tribuere debebant."

Lucius autem rogat: „Mihi quidem Minotaurus notus est, illud[2] monstrum ex animali homineque compositum. Omnium anima-

10 lium, de quibus audivi, ille[2] Minotaurus atrocissimus[3] ac crudelissimus[3] fuit. Sed quis erat Minos? Num pater eius?"

1)	exitus acta probat	*frei*: der Zweck heiligt die Mittel.
2)	illud; ille	jenes; jener
3)	Formen auf -issimus	*Superlativ*: der grässlichste *und* der grausamste; *hier als neutrum zu übersetzen.*

Wer war Minotaurus?

B Polydorus ridet: „Non ita est, mi Luci; fortasse Minotaurus Minois
uxorem matrem suam esse poterat negare, sed taurum ab ea amatum patrem esse nimis apparuit."

„Non intellego. Quo modo id factum esse potuit?", Lucius rogat.

5 Tum Marcus: „Nonnulla sunt, quae audire tibi non licet.
Veniamus[1] tandem ad Minotaurum! Scio ego illud[2] animal in turri
magna captum esse. Minos rex illam[3] turrim construi iussit."
Polydorus autem: „Quamquam saepe prudens eras, nunc erras: Non

10 turris, sed ingens aedificium, nomine labyrinthus, a Daedalo con-
structum est. Nunc autem me omnia ordine narrare oportet."

1) veniamus   lasst uns kommen zu...
2) illud   jenes
3) illam   jene

GRAMMATIK

I   FORMENLEHRE:

1)   Deklinationen:

In Lektion 6 hatten Sie die Mischdeklination, d. h. die zweite Gruppe der dritten Deklination, kennen gelernt; in diesem Text finden sich nun einige Wörter der **i - Deklination**; doch zunächst noch einmal der Überblick mit den Abweichungen innerhalb der dritten Deklination:

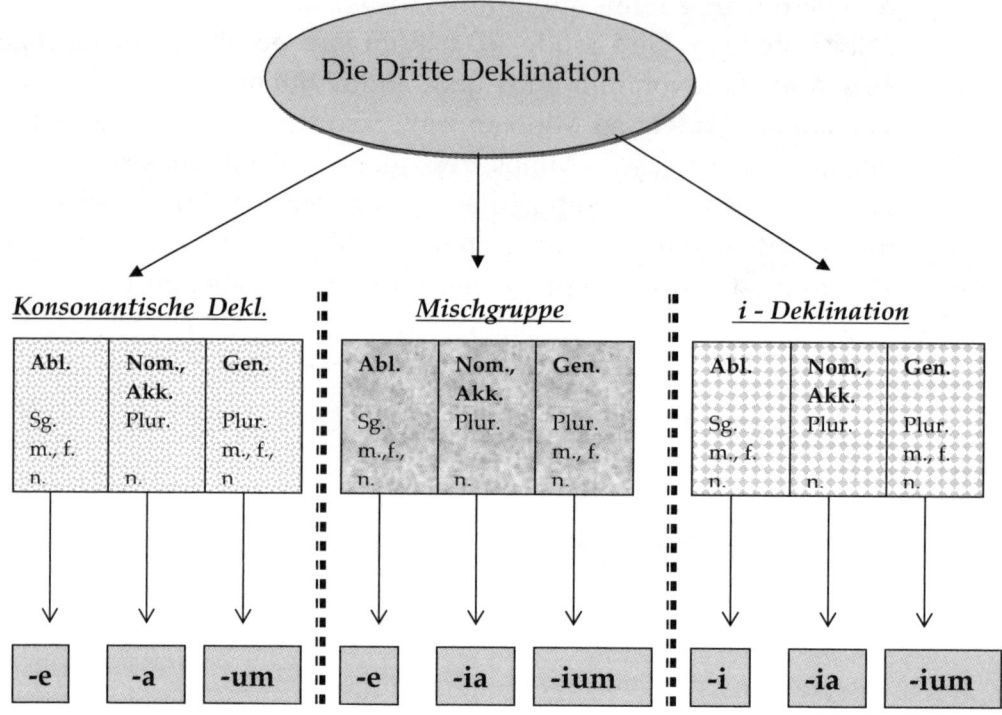

Eine weitere Besonderheit der **i -** Deklination ist der Akkusativ Singular bei maskulinen und femininen <u>Substantiven</u>: → **-im** *(aber:* Adjektive auf **-em**, *s. u.)*

- Die **i -** Deklination besteht aus wenigen Substantiven, die zumeist femininum sind, einigen Neutra und zahlreichen Adjektiven.

- Während die Substantive *(masc. und fem.)* den Akkusativ Singular auf **-im** bilden, behalten die Adjektive die Endung **-em**.

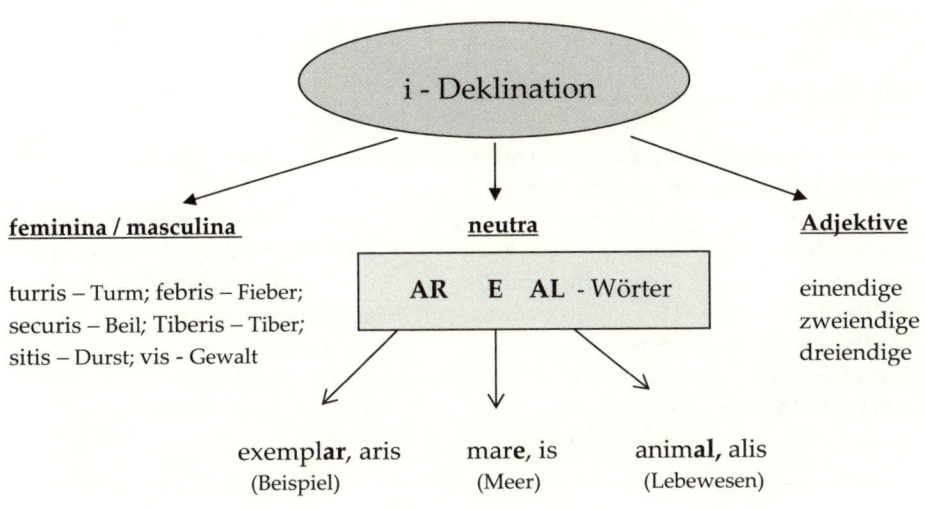

i - Deklination

feminina / masculina

turris – Turm; febris – Fieber;
securis – Beil; Tiberis – Tiber;
sitis – Durst; vis - Gewalt

neutra

AR   E AL - Wörter

exemplar, aris
(Beispiel)

mare, is
(Meer)

animal, alis
(Lebewesen)

Adjektive

einendige
zweiendige
dreiendige

Füllen Sie bitte diese Tabelle zur i - Deklination aus:

neutrum

Nom. Sg.	animal is	magnum	Nom. Sg.	turris	magna
Gen. Sg.	animal	magn	Gen. Sg.	turr	magn
Dat. Sg.	animal	magn	Dat. Sg.	turr	magn
Akk. Sg.	animal	magnum	Akk. Sg.	turr	magn
Abl. Sg.	animal	magn	Abl. Sg.	in turri	magn
Nom. Pl.	animal	magn	Nom. Pl.	turres	magn
Gen. Pl.	animal	magn	Gen. Pl.	turr	magn
Dat. Pl.	animal	magn	Dat. Pl.	turr	magn
Akk. Pl.	animal	magn	Akk. Pl.	turres /is	magn
Abl. Pl.	animal	magn	Abl. Pl.	turr	magn

** *Zur dritten Deklination s. a. Übersicht im Anhang VI.*

II   SYNTAX:

1)   Die Attribute:

Ein Attribut ist ein Satzgliedteil, der alle Satzglieder außer dem Prädikat erläutern kann. Attribute können gestellt werden durch:

➢ *ein Substantiv***	Minos **rex**	**der König** Minos
➢ *ein Adjektiv*	Minotaurus **crudelis**	der **grausame** Minotaurus
➢ *ein Partizip*	Minotaurus **necatus**	der **getötete** Minotaurus***
➢ *ein Pronomen*	**id** monstrum	**dieses** Ungeheuer
➢ *einen Genitiv*	uxor **regis**	die Frau **des Königs**
➢ *einen Relativsatz*	femina, **quae**	die Frau, **die** die Mutter
	mater Minotauri fuit,...	**des Minotaurus war,** ...

** Tritt zu dem substantivischen Attribut eine Erläuterung hinzu, so bezeichnet man diese Wortgruppe auch als Apposition: Minos, rex Cretae,... *oder*: Minotaurus, bestia crudelis,... Eine Apposition ist somit eine in Kommata gesetzte Beifügung in dem gleichen Kasus, in dem ihr Bezugswort steht.

*** Das Attribut, das durch ein Partizip gestellt wird, lässt sich auch durch einen Relativsatz wiedergeben. *Dazu mehr s. u.*   (*Über die Attribute im Überblick s. Anhang VIII.*)

Die Attribute, die durch Substantiv, Adjektiv, Partizip oder Pronomen gestellt werden, richten sich in **K**asus, **N**umerus und **G**enus nach ihrem Bezugswort (KNG – Kongruenz).

Das Relativpronomen richtet sich immer in **N**umerus und **G**enus nach seinem Bezugswort (NG – Kongruenz) im übergeordneten Satz; der Kasus ist davon abhängig, welche syntaktische Funktion das Relativpronomen einnimmt. (*vgl. o. zu L. 8, Syntaxteil*).

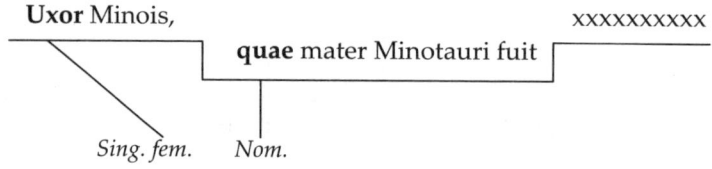

Uxor Minois,   xxxxxxxxxx
quae mater Minotauri fuit

Sing. fem.   *Nom.*

{ Die hier zufällige KNG – Kongruenz liegt daran, dass **quae** im Relativsatz Subjekt ist. }

Aber: **Rex, quem** Athenienses timebant,...   **Der König, den** die Athener fürchteten,...

{ **Quem** ist Akkusativ, weil es Objekt (*zu* timebant) im Relativsatz ist. }

2) Das attributive Partizip Perfekt Passiv:

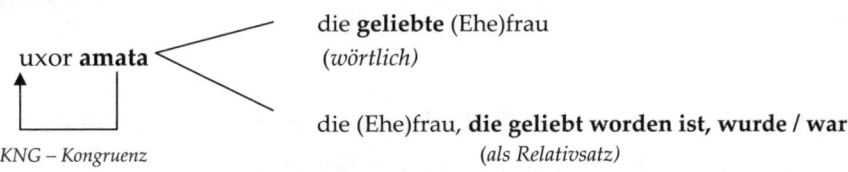

uxor **amata**

KNG – Kongruenz

die **geliebte** (Ehe)frau
(*wörtlich*)

die (Ehe)frau, **die geliebt worden ist, wurde / war**
(*als Relativsatz*)

- Die Übersetzung mit einem Relativsatz empfiehlt sich aus stilistischen Gründen dann, wenn das Partizip mehrere Erläuterungen besitzt, also statt: „*Das von Daedalus mit großer Kunstfertigkeit in Kreta erbaute Labyrinth*" besser: „*Das Labyrinth, das von Daedalus mit großer Kunstfertigkeit in Kreta erbaut worden ist, wurde / war.*"

- Wie der Infinitiv besitzt auch das Partizip keine absolute **Zeitstufe** (in diesem Fall also etwa das Perfekt), sondern signalisiert ein **Zeitverhältnis** zum Prädikat desselben Satzabschnittes. Dies muss bei der Übersetzung mit einem Relativsatz berücksichtigt werden:

1) Uxor a rege **amata** Pasiphae <u>vocatur</u>. → *Präsens*

Zeitverhältnis: vorzeitig

Die Frau, die vom König geliebt worden ist / wurde, wird „Pasiphae" genannt.

2) Uxor a rege **amata** Pasiphae <u>vocata est</u>. → *Perfekt*

Zeitverhältnis: vorzeitig

Die Frau, die vom König geliebt worden war, wurde „Pasiphae" genannt.

3) Übersetzungsmöglichkeiten des Passivs:

Neben der üblichen (wörtlichen) Übersetzung des Passivs sind, je nach Kontext, auch andere möglich:

Servus Polydorus **vocatur**.

Der Sklave wird Polydorus genannt. (*wörtlich*)
Man nennt den Sklaven Polydorus. (*man + Aktiv*)
Der Sklave nennt sich Polydorus. (*reflexiv*)
Der Sklave lässt sich Polydorus nennen. (*fakultativ*)
Der Sklave heißt Polydorus. (*intransitiv, frei*)

<u>Übungsaufgabe:</u> Untersuchen Sie bitte einige Passivformen, die seit Lektion 8 vorkommen, auf die verschiedenen Übersetzungsmöglichkeiten.

Lectio decima

Grässliches allzu Grässliches

10

A „Nunc audite fabulam multa saecula ab hominibus iterum atque iterum narratam! Postquam Minos regnum Cretae occupavit, uxor eius fatali amore tauri capta Daedalum artificem adiit his verbis: „Volo[1] te me adiuvare. Regina felix, sed femina infelix sum. Nam
5 dei a nobis neglecti me hac poena puniverunt: Amore tauri nefario uror, sed nullo modo hic ignis exstingui potest. Si hunc taurum amare non possum, actum est de me[2]. Te amicum, te artificem oro, a te auxilium peto! Tu solus arte tua me servare, tu solus morbum furoremque sanare poteris.“

10 Daedalus his feminae infelicis verbis permotus eam adiuvare constituit.

Ita arte Daedali ambo[3] corporibus iungi potuerunt, et fructus[4] huius amoris ille Minotaurus natus erat, de quo supra memoratum est. Sed Minos rex conspectu[5] Minotauri territus Daedalum laby-
15 rinthum aedificare et bestiam hoc aedificio occultare iussit. Ibi vitam agere coacta fame carnis et sanguinis siti vexabatur. Huic monstro Athenienses septem pueros puellasque quotannis tradere debebant.“

„Haec, quae modo audivimus, nimis atrocia et incredibilia sunt!“,
20 pueri territi exclamant.

1)	volo (*m. AcI*)	ich will, möchte
2)	actum est de me	es ist um mich geschehen
3)	ambo	beide
4)	fructus (*u - Deklination, s. L. 16*)	Frucht, Ergebnis
5)	conspectus (*u - Deklination, s. L. 16*)	Anblick (conspectu *ist Ablativ.*)

B Sed Polydorus ridet: „Haec fabula nondum finita est. Athenienses
enim lege a Minoe imposita valde dolebant. Nam illi monstro liberos suos immolare debebant, si pacem cum rege Cretae factam
servari volebant[1].

5 Cives omni salutis spe deiecti totam urbem lacrimis querellisque
complebant, cum Theseus, filius Aegei, qui rex Athenarum erat, eis
haec fere dixit: „O cives, quot dolores tolerare, quot lacrimas
fundere debuistis! At nunc tamen nolite desperare, cives! Celeriter
vos agere oportet; sinite me navigare in Cretam et illud monstrum
10 necare! Illo atroci fatalique monstro liberati tandem beati et timore
liberi erimus."

Omnes hanc orationem laeti acceperunt et hunc iuvenem lau-
daverunt. Theseus autem navem celeriter cum iuvenibus delectis
ascendit et per maria in Cretam navigavit. Ibi Ariadne, filia Minois,
15 amore iuvenis capta ei filum dedit.

Hoc enim filo Theseus, postquam labyrinthum intravit et Minotaurum occidit, exitum[2] huius aedificii invenire potuit. Tum incolumis Cretam reliquit et in patriam rediit."

1) volebant (*mit AcI*)   sie wollten
2) exitus (*u – Deklination, s. L. 16*)   Ausgang

GRAMMATIK

I   FORMENLEHRE:

1)   Die Demonstrativpronomina hic und ille:

In diesem Text finden sich die beiden Demonstrativpronomina *hic, haec, hoc*, dieser, diese, dieses und *ille, illa, illud*, jener, jene, jenes.
Diese gehören, wie *is, ea, id*, der Pronominaldeklination an (Genitiv auf **-ius** und Dativ auf **-i**). Die Formen lauten:

Nom. Sg.	hic	haec	hoc	Nom. Pl.	hi	hae	haec
Gen. Sg.		huius		Gen. Pl.	horum	harum	horum
Dat. Sg..		huic		Dat. Pl.		his	
Akk. Sg.	hunc	hanc	hoc	Akk. Pl.	hos	has	haec
Abl. Sg.	hoc	hac	hoc	Abl. Pl.		his	
Nom. Sg.	ille	illa	illud	Nom. Pl.	illi	illae	illa
Gen. Sg.		illius		Gen. Pl.	illorum	illarum	illorum
Dat. Sg.		illi		Dat. Pl.		illis	
Akk. Sg.	illum	illam	illud	Akk. Pl.	illos	illas	illa
Abl. Sg.	illo	illa	illo	Abl. Pl.		illis	

➡ Diese Demonstrativpronomina können allein, ohne Bezugswort (=**substantivisch**), und mit Bezugswort (=**adjektivisch**) erscheinen, also *ille vir* – jener Mann und *ille* - jener. (*Zur Verwendung der beiden Pronomina s. den Syntaxteil zu dieser Lektion.*)

2)   Die Adjektive der dritten Deklination (*vgl. a. L. 9*)

- Ihre Formen entsprechen denen der **i** - Deklination mit Ausnahme des Akkusativs im Singular (masculinum und femininum); dieser endet, wie bei der konsonantischen Deklination auf **-em**.

- Es gibt drei-, zwei- und einendige Adjektive:

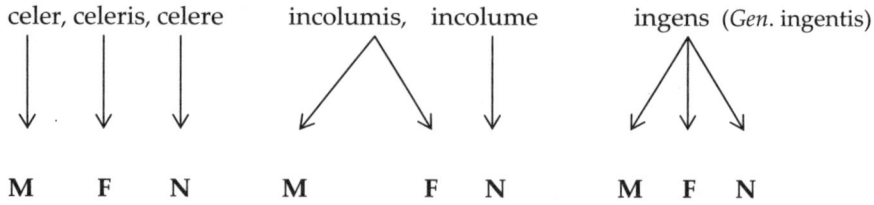

celer, celeris, celere   incolumis, incolume   ingens (*Gen.* ingentis)

M   F   N   M   F   N   M   F   N

64

II   SYNTAX:

1)   Verwendung von hic und ille:

- *Hic, haec, hoc* bezeichnen im örtlichen und zeitlichen Sinne etwas, das in unmittelbarer Beziehung zum Sprecher steht:

* hic vir	- dieser Mann (hier)
* haec uxor	- diese (meine) Frau
* haec	- diese Dinge (hier bei mir)
* haec tempora	- diese (meine, unsere, jetzigen) Zeiten

- *Ille, illa, illud* beziehen sich sowohl örtlich als auch zeitlich auf etwas weit Entferntes, nicht Anwesendes:

* ille vir	- jener (jetzt und hier nicht anwesende) Mann
* illa tempora	- jene (vergangenen) Zeiten

  ➡ *In diesem Zusammenhang kann ille etc. eine positive Konnotation gewinnen:*
                           ille Homerus - jener (berühmte) Homer

- In einem fortlaufenden Text können **hic, haec, hoc** sowohl vorausdeutende als auch zurückweisende Funktion haben.
  - a) zur Einleitung direkter und indirekter Reden:
           hoc / haec dixit: ...   - er sagte **Folgendes**: ...
  - b) auf etwas vorher Genanntes zurückweisend:
           Roma a **Romulo** condita est. **Hic** primus rex Romanorum fuit.
           Rom wurde **von Romulus** gegründet. **Dieser** war der erste König der Römer.

- Erscheinen Formen von *hic* und *ille* nebeneinander im Text, so bezieht sich *hic* auf das zuletzt Genannte, während *ille*, seiner oben skizzierten Eigenart gemäß, weiter zurückgreift, also:

  Romulus et **Remus** fratres erant; **hic** ab **illo** necatus est.

  Romulus und Remus waren Brüder; dieser (Remus) wurde von jenem (Romulus) getötet.

2) Das Satzglied praedicativum (s. a. Satzgliedmodell im Anhang XII und XIII):

- Das Satzglied **praedicativum** wird gestellt von Adjektiven, Substantiven, Partizipien und anderen Nomina.
- Im Gegensatz zum Prädikatsnomen ist es eine <u>nicht</u> notwendige, also weglassbare Ergänzung: Der Satz bleibt ohne praedicativum als syntaktische Einheit bestehen.
- Das praedicativum vereinigt in sich die Eigenschaften von Attribut und Adverbiale: In **formaler** Hinsicht verhält es sich wie ein Adjektivattribut (mit der KNG - Kongruenz), **inhaltlich** hat es die gleiche Funktion wie das Adverbiale, nämlich die Erläuterung der durch eine Verbform ausgedrückten Handlung:

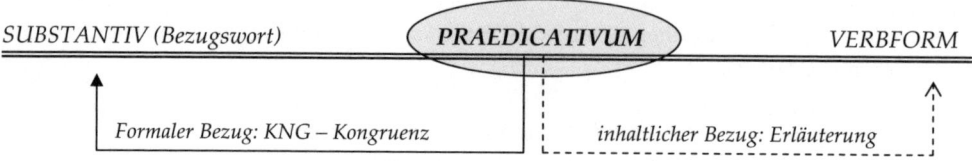

SUBSTANTIV (Bezugswort)   PRAEDICATIVUM   VERBFORM

Formaler Bezug: KNG – Kongruenz   inhaltlicher Bezug: Erläuterung

A) Das Adjektiv als praedicativum:

Beispiel: Cives **laeti** verba Thesei audiverunt.

In diesem Satz ist *laeti*, auf syntaktischer Ebene betrachtet, doppeldeutig. Es könnte sowohl Attribut als auch praedicativum sein. Diese Doppeldeutigkeit trifft auf alle praedicativa zu. Es entscheidet der inhaltliche Zusammenhang.

attributive Übersetzung: Die fröhlichen Bürger hörten die Worte des Theseus.

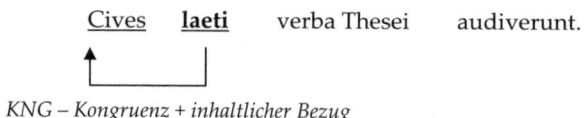

Cives   **laeti**   verba Thesei   audiverunt.

KNG – Kongruenz + inhaltlicher Bezug

(Es besteht **kein** inhaltlicher Zusammenhang zwischen der Stimmung der Bürger und ihrer Tätigkeit des Zuhörens.)

prädikative Übersetzung: Die Bürger hörten (als fröhliche) fröhlich die Worte des Theseus.

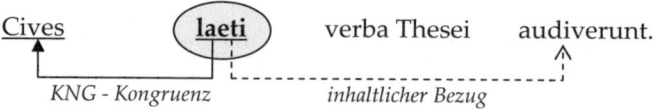

Cives   **laeti**   verba Thesei   audiverunt.

KNG - Kongruenz   inhaltlicher Bezug

(Es besteht ein inhaltlicher Zusammenhang zwischen der Stimmung der Bürger und ihrem Zuhören: Im Augenblick des Zuhörens sind die Bürger froh.)

66

- Prädikativ gebraucht werden häufig Adjektive, die eine Gemütsbewegung ausdrücken, und Ordinalzahlen (*primus, secundus etc.*); Übersetzung mit „als" + X
  oder mit einem Adverb.

Remus aves **primus** conspexit.   Remus erblickte **als** erster (zuerst) die Vögel.

(*Und nicht:* Der erste Remus erblickte die Vögel!)

- Ein adjektivisches praedicativum steht – das als Indiz - häufig näher an der Verbform, also: Cives verba Thesei **laeti** audiverunt.

B)   Das Substantiv als praedicativum:

Das substantivische praedicativum kommt nicht allzu häufig vor; hier ein Beispiel:

Romulum **regem** laudamus, sed **fratrem**, quod Remum necavit, damnamus.
Wir loben Romulus **als König**, aber **als Bruder** verurteilen wir ihn, weil er Remus
umgebracht hat.

C)   Das Partizip (Perfekt Passiv) als praedicativum:

- Dies ist die häufigste Erscheinungsform des praedicativum. Wird ein Partizip
  prädikativ gebraucht, nennt man diese Konstruktion **participium coniunctum**.

- Während das **attributive** Partizip mit einem Relativsatz (der ja ein Attribut ist)
  übersetzt werden kann (*s. o. L 9*), muss das **prädikative** Partizip seiner inhaltlichen
  Funktion als Adverbiale entsprechend mit einem adverbialen Nebensatz wiedergegeben werden (*zu anderen Übersetzungsmöglichkeiten später mehr!*).

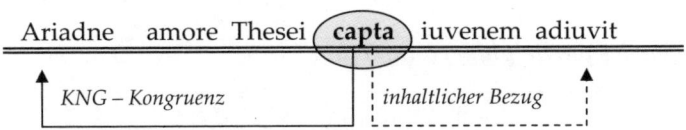

- Auch diesen Satz könnte man zunächst attributiv auffassen und übersetzen:
  "Die von Liebe zu Theseus ergriffene Ariadne" *oder:* „Ariadne, die von Liebe zu
  Theseus ergriffen worden war, half dem Jüngling."

Bei genauerem Hinsehen erweist sich der Abschnitt *amore capta* als der inhaltliche
Hintergrund, vor dem die Hilfe der Ariadne geschieht: *capta* ist die Ursache für
adiuvit oder das Motiv, das ihre Hilfe bewirkt, also:

„Weil Ariadne von Liebe zu Theseus ergriffen worden war, half sie dem Jüngling“. („Ariadne half, weil sie von Liebe zu Theseus ergriffen worden war, dem Jüngling“.)

- **Allgemein formuliert:** Das participium coniunctum (= das prädikativ verwendete Partizip) vertritt einen adverbialen Nebensatz, dient also im Lateinischen der Ersparnis und Prägnanz:

        Ariadne, quod amore capta erat, iuvenem adiuvit
=   Ariadne   amore capta   iuvenem adiuvit.

- Das Partizip Perfekt Passiv ist das Partizip der <u>Vorzeitigkeit</u>; das von ihm bezeichnete Ereignis geschieht **vor** der Handlung des Prädikats desselben Satzabschnitts.

Nun noch ein Schritt weiter: Wie festgestellt, haben wir es bei einem Satz, der ein participium coniunctum enthält, mit **zwei** Handlungen oder Geschehnissen zu tun.
Das Prädikat liefert die Haupthandlung, während das Partizip die Nebenhandlung beiträgt. Prädikat und Partizip sind gewissermaßen Pole, sie bilden Bezirke, denen die übrigen Ergänzungen zuzuordnen sind. So ist *amore* eine Erläuterung zu ***capta***, nicht aber zu ***adiuvit***, während *iuvenem* (Objekt zu ***adiuvit***) syntaktisch und inhaltlich nichts mit ***capta*** zu tun hat.

Das Bezugswort des Partizips, in unserem Fall Ariadne, ist immer Teil **beider** Bezirke, es <u>verbindet</u> beide Bezirke (→ „**Bindewort**“):

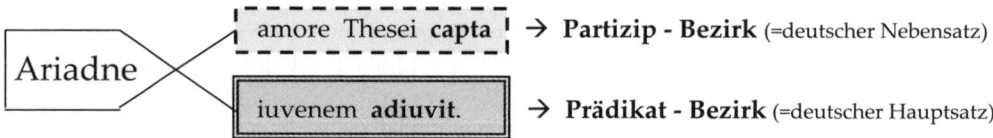

Das **Bindewort** wird, gleichgültig, in welchem Kasus es im Satz erscheint, immer als **Subjekt** des deutschen <u>Nebensatzes</u> übersetzt. Im deutschen <u>Hauptsatz</u> wird es seiner syntaktischen Funktion entsprechend wiedergegeben.

Die Sinnrichtungen des participium coniunctum:

➢ Temporalsatz	(als, nachdem)**
➢ Kausalsatz	(weil, da)
➢ Konzessivsatz	(obwohl, obgleich)
➢ Konditionalsatz	(wenn, falls; immer wenn, sooft)
➢ Modalsatz	(dadurch dass, indem; wobei)***

**   Bei einem Partizip der Gleichzeitigkeit muss der Temporalsatz mit „während“ übersetzt werden (*dazu mehr im Verlauf des Kurses*).

***   Der Modalsatz passt als Übersetzungsmöglichkeit eher zum Partizip Präsens Aktiv.

III   ÜBUNGEN:

1)   Ergänzen Sie in den folgenden Sätzen das Relativpronomen:

1)   Polydorus servus, _____ pueri semper delectantur, novam narrationem incipit.

2)   Minos, _____ Minotaurus valde terruit, labyrinthum aedificari iussit.

3)   Pasiphae, ____ taurus placebat, a Daedalo auxilium petivit.

4)   Athenienses, _____ liberi Minotauro immolari debebant, doloribus vexabantur.

5)   Omnia, _____ Polydorus pueris de Creta narraverat, atrocia fuerunt.

2)   Ergänzen Sie die passenden Endungen:

1)   illa animal__   2) ill_____ viri (2)   3) turrim ingent____

4)   cum ill__ homin__ 5) nave celer___   6) cum host___ crudel___(Sing.)

7)   regum crudel____ 8) virum crudel____   9) a viro crudel____

3)   Übersetzen Sie die Partizip - Bezirke mit adverbialen Nebensätzen:

1)   Daedalus misericordia[1] permotus uxorem Minois adiuvit.

2)   Daedalus misericordia[1] permotus uxorem Minois **non** adiuvit.

3)   Minos Minotaurum a sua uxore natum in labyrinthum portari iussit.

4)   Athenienses Minotauro liberati vitam beatam agere poterunt / potuerunt.

5)   Polydorus pueros narrationibus delectatos libenter in scholam ducit.

---

1)   misericordia, ae f. - Mitleid

Weitere Übungssätze s. Anhang XIV.

A Polydorus narrationem finivit. Statim pueri: „Nos libenter tibi
aures praebuimus, sed nunc domum ire tempus est. Famem
sitimque habemus. Praeterea mater nos iam diu exspectans curis
certe vexatur." Itaque omnes celeriter domum contendunt.

5 Eos advenientes mater irata his verbis salutat: „Ubi fuistis? Te,
Polydore, schola finita cum pueris statim domum redire iussi. At
mea iussa non fecisti. Quid vos impedivit aut quid tam diu egistis
schola iam sexta hora finita? – Ah! Nunc intellego: Tu illa antiqua
de Graecis narrans pueros retinuisti et tempus perdidisti. Malum

10 tibi dabo!" Dominae plura[2] addere verba paranti Polydorus explicare studet:
„Hoc unum concedo: Officium meum neglexi; at fabulas non so-
lum Graecas, sed etiam Romanas filiis tuis narravi. His exop-
tantibus per forum ambulavimus et nos per forum euntes multa

15 aedificia templaque conspeximus, de quibus pauca quidem[5] narrare cogebar. Tum... "

Tum domina id non iam ferens[3] clamat: „Tace aliquando[4]; iterum
iterumque te multa verba faciente et semper alias res excogitante
ego quidem[5] non iam parata sum audaciam tuam tolerare."

1)	plura	*neutrum Plural:* mehrere...
2)	ferre	ertragen
3)	aliquando	*hier:* endlich
4)	quidem	*hier:* wenigstens

O Tempora, O Mores !

B Ita Polydorus servus numquam antea punitus virgis caeditur, sed poena non nimis severa est, quod Xenophanes, alius servus Graecus, eum leniter tantum[1] caedit. Hoc Polydorum caedente domina secum cogitat: „Quod servi saepe tam inviti pigrique sunt
5 et officia sua neglegunt, nobis molestiae parantur. Multi domini Romani magnis in difficultatibus erunt servis non laborantibus. Nihil procedet, nullus labor agetur. Quid porro facere poterimus, servis non iam imperiis dominorum parentibus? Ita res etiam in bello se habuit:
10 Multis annis ante Lucullo duce milites contra Mithridatem pugnare non parati erant, quod ille eos paulum severe duxerat. Itaque Lucullo invito bellum intermissum erat. Ei tum successerat novus imperator Pompeius, ille nebulo[2]. O di immortales[3]! Ubi est disciplina nostra, quae vivis maioribus nostris ab exteris
15 nationibus et laudabatur et timebatur? Quibus virtutibus populos orbis terrarum regemus?"

Talia Mucia secum cogitante Lydia serva apparet et clamat: „Domina, cena parata est, amici a te invitati iam diu te exspectant!"

1) tantum (*nachgestellt*)   nur
2) nebulo, onis m.   Angeber, Windbeutel
3) O di immortales!   Oh, ihr unsterblichen Götter!

GRAMMATIK

I   FORMENLEHRE:

1)   Das Partizip Präsens Aktiv:

- Das Partizip Präsens Aktiv gehört zur <u>Mischgruppe</u> der dritten Deklination (*vgl. L. 9, Grammatikteil*).
- Es ist **ein**endig (*aber:* Nominativ und Akkusativ Plural neutrum auf **-ia**).
- Die Bildung erfolgt durch Hinzufügen eines **-ns** (*Gen.* **-ntis**) an den Präsensstamm des Verbs (**-e-** *ist Bindevokal bei der i -, der konsonantischen und kurzvokalischen i - Konjugation):*

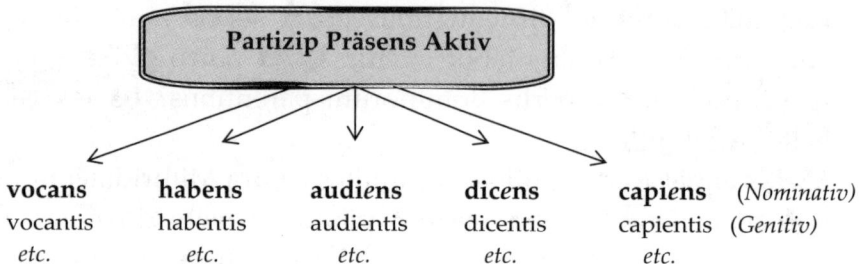

vocans	**habens**	**audiens**	**dicens**	**capiens**	(*Nominativ*)
vocantis	habentis	audientis	dicentis	capientis	(*Genitiv*)
etc.	*etc.*	*etc.*	*etc.*	*etc.*	

- (*wörtliche Übersetzung:* vocans – rufend *oder* einer, der ruft /rief   → *attributiv*)
- **esse** hat im Klassischen Latein kein Partizip.
- **ire** bildet iens, **euntis** (**e-** bleibt in den restlichen Kasus erhalten).

II   SYNTAX:

1)   Das Partizip Präsens Aktiv als participium coniunctum:

- Das Partizip Präsens Aktiv (**P.P.A.**) wird ebenfalls häufig für die Partizipialkonstruktion des participium coniunctum verwendet; es signalisiert dann nicht, wie das P.P.P., die Vorzeitigkeit, sondern die **Gleichzeitigkeit** zum Prädikat desselben Satzabschnitts (**P.P.A. = Partizip der Gleichzeitigkeit**).

- Bei der Übersetzung der durch ein P.P.A. gebildeten Partizip - Bezirke kann man auf die gleichen Nebensatzarten wie beim P.P.P. zurückgreifen.
  Temporalsätze werden allerdings dann nicht mehr mit „nachdem", sondern mit „als" oder „während" eingeleitet.

    Amici villam **intrantes** Muciam **salutant.**   **Während** die Freunde das Haus betreten, **grüßen** sie Mucia.

- Steht das Prädikat in einem Tempus der <u>Vergangenheit</u>, muss der Partizip - Bezirk mit Präteritum übersetzt werden.

Amici villam **intrantes** Muciam **salutaverunt.**   **Während/ als** die Freunde das
Haus betraten, **grüßten** sie Mucia.

- *weitere Beispiele:*

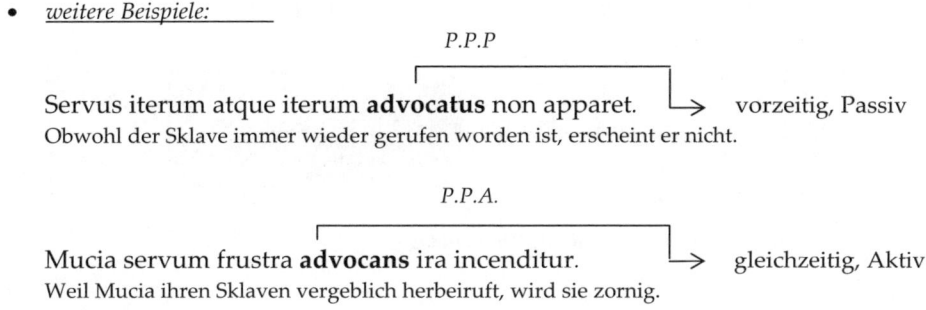

P.P.P

Servus iterum atque iterum **advocatus** non apparet. ⟶ vorzeitig, Passiv
Obwohl der Sklave immer wieder gerufen worden ist, erscheint er nicht.

P.P.A.

Mucia servum frustra **advocans** ira incenditur. ⟶ gleichzeitig, Aktiv
Weil Mucia ihren Sklaven vergeblich herbeiruft, wird sie zornig.

## 2)	Die zweite Partizipialkonstruktion: Der ablativus absolutus

- Wie das participium coniunctum bezeichnet auch der **ablativus absolutus** eine Nebenhandlung; deshalb kann man ihn mit den gleichen Nebensätzen wiedergeben.

- Der ablativus absolutus hat zwei notwendige Bestandteile:
  a) ein Partizip im Ablativ (P.P.P. oder P.P.A),
  b) ein Nomen im Ablativ (als Bezugswort des Partizips).

- Wie beim participium coniunctum bilden Nomen und Partizip den Partizip - Bezirk. Im Unterschied zum participium coniunctum ist beim ablativus absolutus das Bezugswort des Partizips nicht gleichzeitig Bestandteil des Prädikat - Bezirks; deshalb wird es nur **einmal** übersetzt und zwar als <u>Subjekt</u> des deutschen Nebensatzes, dem der lateinische Partizipbezirk entspricht.

Beispiele:

1) participium coniunctum:

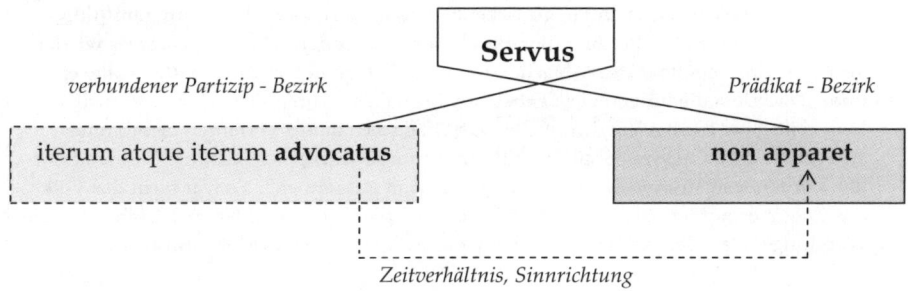

73

2) ablativus absolutus:

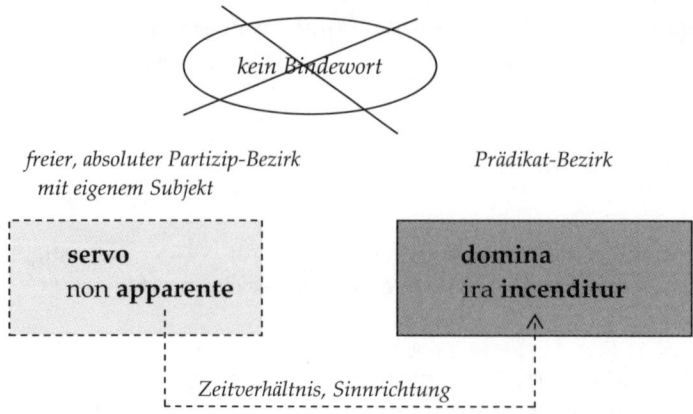

freier, absoluter Partizip-Bezirk
mit eigenem Subjekt

Prädikat-Bezirk

servo
non **apparente**

domina
ira **incenditur**

Zeitverhältnis, Sinnrichtung

zu 1) Obwohl der Sklave immer wieder gerufen worden ist / wurde, erscheint er nicht.
zu 2) Da der Sklave nicht erscheint, wird die Herrin zornig („wird sie vom Zorn entflammt").

weitere Beispiele:

1) **Gallia subacta** Caesar iterum consul creari voluit. (subigere – unterwerfen, *s. L. 14*)
    Nachdem Gallien unterworfen worden war, wollte Caesar wiederum zum Konsul gewählt
    werden (*oder:* Nach der Unterwerfung Galliens...).
2) **Hannibale** apud Zamam **devicto** Romani Carthaginienses timebant.
    Obwohl Hannibal bei Zama völlig besiegt worden war, fürchteten die Römer die Karthager.
3) **Servis** officia **neglegentibus** Mucia ira incenditur.
    Weil / wenn die Sklaven ihre Pflichten nicht erfüllen, wird Mucia von Zorn entflammt.
4) **Servis** officia **neglegentibus** labores non aguntur.
    Wenn die Sklaven ihre Pflichten vernachlässigen, werden die Arbeiten nicht erledigt.
5) **Servis** cibos **apportantibus** convivae vinum bibunt.
    Während die Sklaven Speisen herbeibringen, trinken die Gäste Wein.
6) **Multis fabulis auditis** pueri domum redeunt.
    Nachdem viele Fabeln gehört worden sind, kehren die Jungen nach Hause zurück.

> Wird der ablativus absolutus mit einem Partizip <u>Perfekt Passiv</u> gebildet, so ist, wie
> man an den Beispielen 1) und 6) gut erkennen kann, auch eine Übersetzung im <u>Aktiv</u>,
> bei der das Subjekt des Prädikat-Bezirks als Subjekt des deutschen Nebensatzes wieder-
> gegeben wird, möglich, also: „Nachdem Caesar Gallien unterworfen hatte, wollte er..."
> und: „Nachdem die Jungen viele Fabeln gehört haben, kehren sie nach Hause zurück."
> Man sollte aber hierbei Vorsicht walten lassen, da sich dieses Verfahren nicht immer
> anwenden lässt: Caesare necato populus in forum concurrit. – „Nachdem Caesar ermor-
> det worden war, strömte das Volk auf dem Forum zusammen". Es war nicht das Volk,
> das Caesar ermordet hatte, also passt nur die wörtliche passive oder auch präpositionale
> Wendung („Nachdem Caesar ermordet worden war.../ Nach der Ermordung Caesars...")

3)   Der nominale ablativus absolutus:

Der nominale ablativus absolutus ist eine Variante des ablativus absolutus:
An die Stelle des Partizips tritt ein Substantiv, Adjektiv oder Pronomen (also ein weiteres Nomen). Es besteht immer Gleichzeitigkeit zum Prädikat desselben Satzabschnitts.

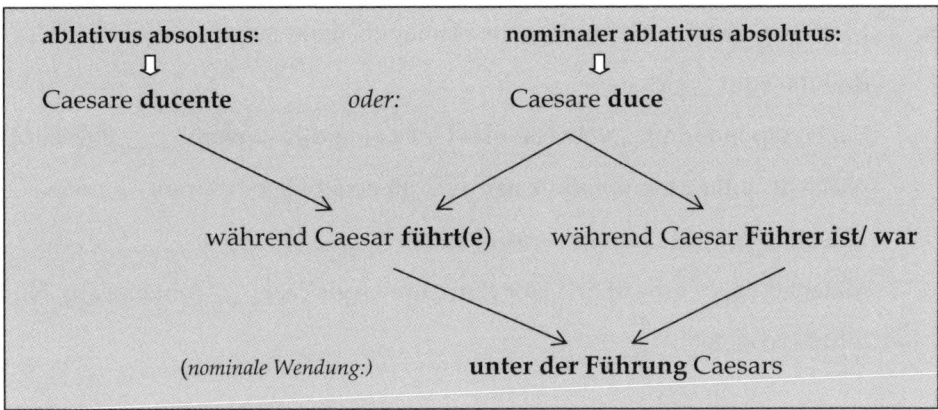

Die nominale Wendung ist häufig die beste Übersetzungsmöglichkeit für den nominalen ablativus absolutus. Auch als Übersetzung des participium coniunctum und „normalen" ablativus absolutus ist eine nominale Wendung möglich (s. o.). Zunächst jedoch sollte man an den Nebensätzen festhalten.

Weitere Beispiele für nominale ablativi absoluti:

Cicerone consule	unter dem Konsulat Ciceros
Augusto imperatore	während der Herrschaft des Augustus
patre vivo	zu Vaters Lebzeiten
nobis invitis	gegen unseren Willen
me auctore	auf meine Veranlassung
(auctor – der Förderer, Veranlasser)	

** Zu participium coniunctum und ablativus absolutus vgl. a. Anhang XIV.

III   ÜBUNGEN:

1)   Ergänzen Sie die Endungen der Partizipien und übersetzen Sie:

1)   Pueri domum advenient____ matrem irat____ viderunt.

2)   Mater eos iam diu exspect_____ exclamavit: „Quid tam diu egistis

domum eunt____?"

3)   Pueri responderunt: „Nobis fabulas Graecas audire cupient_____ Polydorus

multa de antiquis temporibus narravit. Et eo tam bene narrant____ non

sensimus tempus domum ire affuisse."

4)   Mater ad haec verba dixit: „Hoc Polydoro virgis caes____ contenta ero. Nunc

intrate tandem!"

2)   Ordnen Sie die Adjektive den entsprechenden Substantiven zu:

1)   hostium   a)   felicem

2)   fabulae   b)   felici

3)   virum   c)   crudelium

4)   cum rege   d)   incredibilis

5)   legum   e)   celeribus

6)   dominarum   f)   grato

7)   liberis   g)   atrocium

8)   cum homine   h)   laetorum

3)   Ergänzen Sie die Tabelle:

amare	terrere	rapere	subigere	deponere
amari				
amatur				
amavisse				
amabimini				
amati erant				
amaveras				

4)   Bestimmen und übersetzen Sie folgende Formen:

1)	cupient	2)	cupienti	3)	regem	4)	reges (3)
5)	regam (2)	6)	regis (2)	7)	recti (4)	8)	regi (2)
9)	regent	10)	regentem	11)	rege (2)	12)	regibus (2)

5)   Verwandeln Sie die vorgegebenen Formen in die folgenden Tempora:

Präsens	Imperfekt	Perfekt	Futur I	Plusquampf.
raperis				
subigunt				
movetur				
instruuntur				
doces				
provolas				
habemini				
regimus				
amatis				
incendis				
coniungor				
addo				

6)   Polydorus beherrscht das Lateinische nicht perfekt: Welche Fehler finden Sie?

1)   diligi - diliga - deligo - diliges - diliger - deligeris - diligunt - diligent - deligi

2)   maris - mari - marem - mare - marum - mara - maribus - maria - mares

3)   salutem - saluta - saluto - saluti - salutam - salute - salutas - salutis - salutos

4)   incredibile - incredibilo - increbili - incredibilia - incredibiles - incredibilis

5)   coniungi - possi - posso - ama - possa - potueras - accipi - accepi - posse

A Mucia, quam celerrime ad triclinium properat, ubi convivas de
antiquis temporibus narrantes videt. Tullius autem: „Tandem ades,
mea Mucia; te exspectantes de illis rei publicae temporibus dispu-
tavimus." Ad haec Mucia: „Veniam mihi detis, cari amici, quod
5 cessavi. Et tu mihi ignoscas, si scias me variis officiis occupatam
esse. Nam modo[1] servum quendam puniri iussi. Semper habeo
molestias. Quid porro faciam? Ille Polydorus, aut potius dicam,
Polylalos[2] interitum mihi parabit. Aliquando..." „Taceas, mulier, de curis! Et nos omnes curas dimittamus; laeti
10 simus et gaudeamus cibisque vinoque sermonibusque! Di nos
adiuvent, semper laeti prosperique simus! Ne quid[3] durius[4] nobis
accidat! Etiam noster felicissimus Imperator Augustus valeat et nos
servet, ut antea, et urbem Romam custodiat!"

1)	modo	gerade eben, soeben
2)	Polylalos	„der Vielredner", Schwätzer
3)	quid	= aliquid
4)	durius	*Komparativ im neutrum von* durus, a, um – hart, schlimm

Widerspruch !

B Tum Marcus Gallius, unus de convivis, qui diu tacuit, dicere
incipit: „Ut filius illius eloquentissimi oratoris et defensoris rei
publicae acerrimi verba dixisti, quae a sententiis patris tui longe
abhorrent. Ille quidem potius vitam suam dare quam dominati-
5 onem unius viri tolerare voluit. At tu laudas, quod nobis invitis iste
carnifex[1] regnum occupavit."

1)	carnifex, icis m.	Schlächter, Mörder (*gemeint ist Augustus.*)

GRAMMATIK

I   FORMENLEHRE:

1)   Der Superlativ des Adjektivs:

Er ist die höchste Steigerungsform des Adjektivs, kann aber auch als so genannter Elativ
eine besonders hohe Qualifikation unterstreichen.

Superlativ: Der fleißigste Sklave   **Elativ:** Ein sehr fleißiger Sklave.

- Gebildet wird der Superlativ (Elativ) zumeist mit dem

> **Wortstock + -issimus, a, um**

  z. B.:   long**issimus, a, um**; sapient**issimus, a, um**
  audac**issimus, a, um**; brev**issimus, a, um**; nobil**issimus, a, um**
  (audax – kühn, verwegen; brevis – kurz; nobilis – edel, adlig)

- **-rimus, a, um** haben Adjektive, deren Nominativ Singular masculinum auf **-er**
  endet, unabhängig davon, ob sie zur o- oder der dritten Deklination gehören:

  z. B.:   pulcher (o - Deklination)   →   Superlativ: pulcher**rimus, a, um**
  celer (dritte Deklination)   →   Superlativ: celer**rimus, a, um**

- Einige wenige Adjektive der dritten Deklination auf **-ilis, is, e** enden im Superlativ
  auf **-limus, a, um**

  z. B.:   facilis (leicht)   →   facil**limus, a, um**
  difficilis (schwierig)   →   difficil**limus, a, um**

  <u>In diesem Sinne:</u> humilis (niedrig): humillimus, a, um; similis (ähnlich) und
  dissimilis (unähnlich, ungleich): simillimus, a, um; dissimillimus, a, um.

- Der Superlativ des Adverbs endet auf **-e**: longissim**e**, brevissim**e**, celerrim**e**,
  facillim**e**.

2)   Das Adverb des Adjektivs:

Im Verlauf dieses Kurses begegneten Ihnen immer wieder Adverbien. Nun soll deren
Bildung systematisch dargestellt werden:
Neben solchen, die einfach als Vokabeln gelernt werden oder erstarrte Akkusative
bzw. Ablative sind (diu, statim, raro *etc.*) gibt es Folgendes zu beachten:

Adjektive der **o** - / **a** - Deklination	Adjektive der **dritten** Deklination

Adverb endet auf: Adverb endet auf:

-e	-(i)(t)er

longus, a, um → long**e**   celer, is, e → cele**riter**
apertus, a, um → apert**e**   brevis, is, e → brev**iter**
pulcher, ra, rum → pulchr**e**   acer, cris, cre → ac**riter**
bonus, a, um → **bene**   ferox, ferocis → feroc**iter**

aber: audax, acis → audac**ter**
weiterhin: Adjektive   sapiens, -ntis → sapien**ter**
auf -ns: prudens, -ntis → pruden**ter**

3)   Das Indefinitpronomen quidam, quaedam, quoddam:

- Dekliniert wird es wie das Relativpronomen qui, quae, quod; dazu tritt die
  Endung **-dam**. Aus lautlichen Gründen wird aus **-m** vor der Endung **-dam**
  -n; also: quendam, quandam   –   quorundam, quarundam.
  (Das Pronomen idem, eadem, idem (*s. L. 18*) verhält sich eben so: eundem *usw.*)

- Dieses Pronomen kann, wie auch das Interrogativpronomen, sowohl adjektivisch
  (quidam, quaedam, quoddam – ein gewisser, ein bestimmter ...) als auch
  substantivisch (quidam, quaedam, quiddam – jemand, etwas) gebraucht werden,
  also:

  quidam molestias mihi paravit. (*substantivisch*)   Jemand hat mir Ärger bereitet.
  servus quidam ... (*adjektivisch*)   Ein gewisser Sklave hat mir Ärger bereitet.

- Der Gebrauch dieses Pronomens signalisiert, dass der Sprecher sehr wohl weiß,
  wovon er spricht, während es dem Zuhörer unklar bleibt:
  Mucia meint ihren Sklaven Polydorus, während Tullius höchstens eine Anspielung
  zu erkennen vermag.
  Im Plural kann quidam auch die Bedeutung „einige" haben: quidam homines

***Einen Überblick über die wichtigsten Indefinitpronomina finden Sie im Anhang XVI.*

4)   Deklination der Pronominaladjektive:

unus, a, um; solus, a, um; totus, a, um haben im Genitiv Singular **-ius**,
im Dativ Singular **-i** (wie die Pronomina für alle drei Genera),
also: un**ius** , un**i**; sol**ius**, sol**i**; tot**ius**, tot**i**.

Dazu kommen noch: alius, alia, aliud – ein anderer (<u>aber</u> *Gen*.: **alterius**, *Dativ*: alii, alteri)
ullus, a, um – irgendein; nullus – kein; uter, utra, utrum – wer von beiden,
alter, a, um – der eine, der andere (von beiden); uterque, utraque, utrumque – jeder (von
beiden); neuter, neutra, neutrum – keiner (von beiden).

5)   Der Konjunktiv Präsens:

Bildung:

Kennvokal des Konjunktivs Präsens für <u>alle</u> Konjugationsgruppen
(außer für die **a - Konjugation**) ist:

> **-a-**

Der Kennvokal **-a-** tritt zwischen Stamm und die Personalendungen
(-m, -s, -t, -mus, -tis, nt ; -r, -ris, -tur, -mur, -mini, -ntur).

In der **a - Konjugation** wird der Stammvokal **-a-** ersetzt durch:

> **-e-**

<u>Also</u>: am**e**m (ich möge, soll lieben), vid**ea**m, aud**ia**m, cap**ia**m, dic**a**m.

Der Konjunktiv von **esse** lautet: **sim, sis, sit, simus, sitis, sint**

II   SYNTAX:

1)   Der Accusativus cum Participio (A c P):

Diese Konstruktion steht nach Verben der sinnlichen Wahrnehmung als Alternative zum
AcI. Sie sei hier nur beiläufig erwähnt:

AcI: Videmus gladiatores **pugnare.**   Wir sehen, **dass** die Gladiatoren **kämpfen.**

*Betonung der Aussage liegt auf der **Tatsache** an sich.*

AcP: Videmus gladiatores **pugnantes.**   Wir sehen, **(wie)** die Gladiatoren **kämpfen.**

*Betonung der Aussage liegt auf dem **Vorgang**.*

## 2)	Der Konjunktiv:

Im Gegensatz zum Indikativ, der als Tatsachenbehauptung zur Vollendung gelangende oder vollendete Ereignisse oder auch objektiv erscheinende Wertungen (z. B.: „Du bist ein Schuft!") ausdrückt[1], ist der Konjunktiv der Modus des Gedachten, der Vorstellung, des Wollens, des Möglichen und des Nichtwirklichen.

Übersetzung und Gebrauch des Konjunktivs Präsens:
Als Standardübersetzung gilt die Verwendung der Modalverben „mögen" oder „sollen". Dicam – ich soll sagen, ich möge, möchte sagen.

Der Konjunktiv Präsens kann ausdrücken:

- *einen abgemilderten Befehl* (an die 3. Person gerichtet):
  Servus pareat! – Der Sklave soll gehorchen!   (*Negation*: ne)

  iussivus

- *eine Aufforderung* (an die 1. Person Plural):
  In triclinium eamus! – Lasst uns ins Triclinium gehen! (*Negation*: ne)

  hortativus

- *einen erfüllbar gedachten Wunsch:*
  (Utinam) dei te adiuvent! – Mögen die Götter dir helfen! (*Negation*: ne)

  optativus[2]

- *eine als möglich gedachte Annahme:*
  Hoc periculum facile vitem. – Dieser Gefahr könnte ich leicht
  ausweichen.   (*Negation*: non)
  Nonnulli dicant – Einige könnten sagen

  potentialis[3]
  (d. Gegenwart)

- *eine Überlegung oder einen Zweifel:*
  Quid dicam? – Was soll ich sagen? (*Negation*: non)

  dubitativus

- *ein Verbot:*
  (wird in der Regel mit Konjunktiv Perfekt als verneinter Imperativ gebildet.)

  prohibitivus

---

1)	Die anderen Aspekte des Indikativs bleiben in diesem Kurs unberücksichtigt (*dazu RUBEN-BAUER – HOFMANN, § 214*)

2)	Auch für unerfüllbar gedachte Wünsche lautet der Terminus „optativus".

3)	Der potentialis der Gegenwart kann auch, ohne Bedeutungsveränderung, mit Konjunktiv Perfekt gebildet werden. – *Zum potentialis der Vergangenheit s. RUBENBAUER - HOFMANN § 216.*

4)	Zum Gebrauch des Konjunktivs insgesamt s. a. Anhang XXV – XXVII.

III   ÜBUNGEN:

1)   *Bilden Sie von folgenden Formen die entsprechende Form des Konjunktivs Präsens:*

a)   voco

b)   condor

c)   capio

d)   audiris

e)   ades

f)   dicimini

g)   occupatur

h)   abhorrent

i)   defendunt

j)   dimittit

2)   *Bilden Sie bitte von folgenden Adjektiven die Adverbien:*

a)   pulcher

b)   bonus

c)   certus

d)   severus

e)   celer

f)   sapiens

g)   iustus

h)   crudelis

Diese Aufgabe auszudelen

3)   *Ergänzen Sie die Lücken bei den Pronomina:*

a)   h_ius_ animalis — *dieses Tieres*

b)   qu_ae_dam animalia — *Nom.*

c)   qu_orum_dam animalium — *Gen. plural* — *mancher Tiere*

d)   qu_en_dam hominem — *Akku. Sing.* — *einen Menschen*

e)   h_orum_hominum — *Gen. plural*

f)   h_orum_curarum

g)   ill___verba

h)   h_____verba

i)   ___dem vinum

j)   _____dem imperatorem

k)   ____dem rex

l)   _____dem reges

m)   qu____dam reginam

n)   _____dem regis

o)   ill_____ regis

p)   ill_____ regi

q)   ill_____ civium

r)   ill____ temporibus

s)   h_____ civem

t)   h_____ sitim

83

Haec autem Tullius aegre ferens: „Nisi tu", inquit, „amicissimus mihi esses, nisi ius hospitii a dis diligenter servaretur, statim mea domo[1] te dimitterem".

Sed alius conviva animos iratos placare studens dicit: „Utinam
5   litigare desinatis! Controversiam gravem celerrime componamus, amici! Nominetur auctoritas Augusti dominatio unius viri, nominetur potestas eius regnum, tamen hoc negare non possumus: Nisi Augustus fuisset, nisi virtus eius rei publicae maximis in cladibus succurrisset, populi Romani nomen exstinctum esset et
10   barbari omnium gentium victores in ruinis Romae nunc exsulta-rent.

Nam si Marcus Antonius illa pugna Actiaca vicisset, nos omnes servi essemus reginae Aegypti, illius monstri fatalis. Sed vicit Augustus et rem publicam humi iacentem sustulit et civibus mores
15   restituit.

Fortasse Imperatore Augusto pristina libertas amissa est, sed pro ea nunc habemus concordiam, pacem, salutem."

Postremo M. Tullius: „Non omni in re tecum consentio, sed ego quoque obsequium cum pace et otio praefero libertati cuidam, ex
20   qua discordiae civiliaque bella nascuntur[2]".

---

1)   mea domo   - aus meinem Haus
2)   nasci   - geboren werden, entstehen

GRAMMATIK

I   FORMENLEHRE:

1)   Bildung der Konjunktive des Imperfekts und Plusquamperfekts:

Es lassen sich, stark vereinfachend, folgende Merkregeln für <u>alle</u> Verben formulieren:

- Konjunktiv Imperfekt :

> **Infinitiv Präsens Aktiv + Personalendungen**

amare + **-m, -s, -t,**...   <u>im Passiv</u>: amare + **-r, -ris, -tur** *etc.*
(ich würde lieben *usw.*;   <u>im Passiv</u>: ich würde geliebt werden *usw.*)
esse + **m, -s, -t** *etc.*   (ich würde sein, ich wäre... *usw.*)

- Konjunktiv Plusquamperfekt Aktiv:

> **Infinitiv Perfekt Aktiv + Personalendungen**

amavisse + **-m, -s, -t**...   (ich hätte geliebt... *usw.*)
dixisse + **-m, -s, -t**...   (ich hätte gesagt... *usw.*)
fuisse + **-m, -s, -t**...   (ich wäre gewesen... *usw.*)

- Konjunktiv Plusquamperfekt Passiv:

> **Partizip Perfekt Passiv + essem, esses** *etc.*

amatus, a, um essem, esses, esset   ich wäre geliebt worden... *usw.*
amati, ae, a   essemus, essetis, essent   wir wären geliebt worden... *usw.*

2)   Übung:

Bilden Sie die 3. Sg. und 3. Plural der oben behandelten Konjunktive von:

Form	audire	ducere	vincere	posse
3. Sg. Imp. Akt.				
3. Pl. Imp. Akt.				
3. Sg. Imp. Pass.				XXXXXXX
3. Pl. Imp. Pass.				XXXXXXX
3. Sg. Plus. Akt.				
3. Pl. Plus. Akt.				
3. Sg. Plus. Pass.				XXXXXXX
3. Pl. Plus.Pass.				XXXXXXX

II SYNTAX:

1) Konjunktiv im Hauptsatz (Ergänzung):

Der **concessivus** räumt, wie der Name sagt, eine Tatsache ein, der im nachfolgenden Hauptsatz eine korrigierende Feststellung *(im Indikativ)* entgegengehalten wird:

z. B.: Sit Cicero orator eloquentissimus, rem publicam servare non potest.
Mag Cicero ein ausgezeichneter Redner sein, den Staat kann er nicht retten.
Fuerit *(Konj. Perf. s. L. 14)* Cicero orator eloquentissimus, rem publicam servare non potuit.
Mag Cicero ein ausgezeichneter Redner gewesen sein, den Staat konnte er nicht retten.

2) Der Konjunktiv im Konditionalsatzgefüge:

In einem Konditionalsatzgefüge wird eine Bedingung formuliert, deren Folge im Hauptsatz genannt wird.
Für die Bestimmung des Konditionalsatzes ist die Stellungnahme des Sprechers zu der von ihm aufgestellten Bedingung maßgeblich; hierbei gibt es drei Varianten:

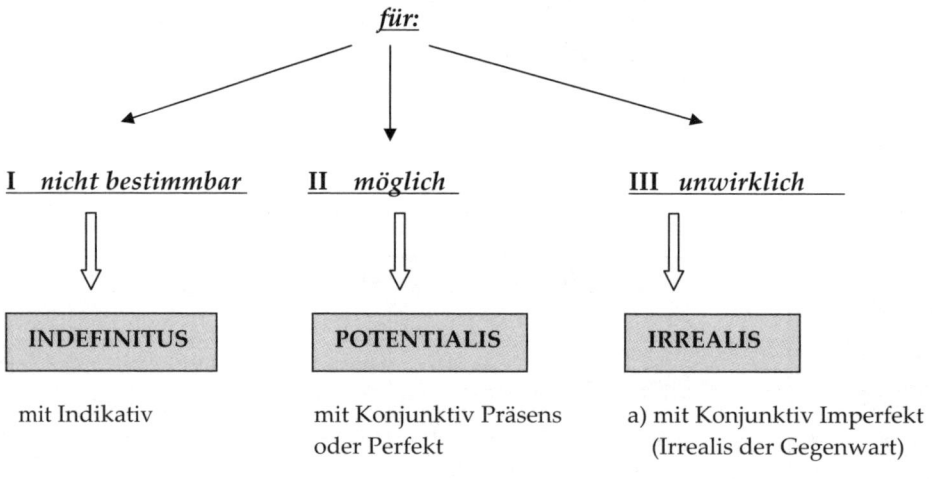

Sprecher hält Bedingung

für:

I *nicht bestimmbar*	II *möglich*	III *unwirklich*
INDEFINITUS	**POTENTIALIS**	**IRREALIS**
mit Indikativ	mit Konjunktiv Präsens oder Perfekt	a) mit Konjunktiv Imperfekt (Irrealis der Gegenwart)
		b) Konjunktiv Plusquamperfekt (Irrealis der Vergangenheit)

Beispiele:

1)   Si tuus avunculus **vivit**, vult esse vos salvos; si **periit**, superstites voluit.

Wenn dein Onkel (noch) lebt *(ich weiß es nicht, halte mich mit einem Urteil zurück),* dann will er, dass ihr heil davonkommt *(wörtl.:* gesund bleibt*);* wenn er aber umgekommen ist *(auch das weiß ich nicht, deshalb nehme ich keine Stellung dazu),* dann war es sein Wille, dass ihr überlebt.

→   **INDEFINITUS**

2)   Si Antonius Octavianum **vincat**, nos omnes servi vivamus.
Falls Antonius Oktavian besiegen sollte *(ich halte dies für möglich),* dann dürften
wir alle als Sklaven leben.   →   **POTENTIALIS** (der Gegenwart)

3a)   Si Antonius Octavianum **vinceret**, nos omnes servi viveremus.

Wenn Antonius Oktavian besiegen würde *(das ist aber nicht der Fall),* dann würden
wir alle als Sklaven leben.   →   **IRREALIS** (der Gegenwart)

3b)   Si Antonius Octavianum **vicisset**, nos omnes servi vixissemus.

Wenn Antonius Oktavian besiegt hätte *(das war aber nicht der Fall),* dann hätten wir
alle als Sklaven gelebt.   →   **IRREALIS** (der Vergangenheit)

Vom Irrealis ausgehend, lassen sich die unerfüllbaren **Wunschsätze** leichter lernen: Unerfüllbare Wünsche der Gegenwart werden analog mit Konjunktiv Imperfekt (+ *utinam*), unerfüllbare Wünsche der Vergangenheit mit Konjunktiv Plusquamperfekt (+ *utinam*) gebildet:

Utinam avus viveret!   Lebte Großvater noch! / Würde Großvater noch leben!
Utinam Antonius vicisset!   Hätte doch Antonius gesiegt!

(Negation in beiden Fällen *ne*.)

III   ÜBUNG:

Ergänzen Sie die fehlenden Formen in der Tabelle:

servare	vincere	amittere	dare	punire	delere
servabit →					
	vicerunt				
		amitti			
			detis		
				puniatur	
					delerent
				punivissetis	
			datum esset		
		amittemus			
	vincerentur				
serva					

A Tullius pergit: „Augustus rem publicam quidem servaverit, sed non talem, qualem pater meus servari voluerat. Nam hic, cum pericula pro ea subiret et Antonio orationibus ferocissimis obsisteret, necatus est Augusto non invito."

5 „Te quidem honoribus affecit, ut novis beneficiis memoriam iniuriarum veterum exstingueret."

Tullius: „Me non fallit Augustum Ciceronem patrem dilexisse. At illis extremis rei publicae temporibus, cum illi tres viri, ut Caesaris mortem vindicarent, nimis crudeliter se gererent, Cicero quoque

10 occisus est.[1] Sed... num optem, ut doloribus semper conficiar? Praeterita sunt illa tempora, et nos quidem vivimus, proinde vivamus, amici, et bibamus!"

---

1) *Der Satz hat, in einem Stufenmodell dargestellt, folgenden Aufbau, nach Haupt- und Nebensätzen gegliedert:*

```
HS
      NS 1                          NS 1        HS
             NS 2
```

Ordnen Sie diese Stufen den einzelnen Satzabschnitten zu und übersetzen Sie dann den Satz entsprechend.

B Interea pueri servum virgis leniter mulsum in atrio laborantem
vident. „Polydore, ubi fuisti?" „Hm?" „Te interrogamus, ubi fueris
et quid tam diu feceris." „Quid dixistis?" „Te interrogavimus, ubi
fuisses et quid fecisses."

5 Polydorus: „O di immortales! Isti non sciunt, quid fecerim aut, ut
planius dicam, quid mecum factum sit? Nonne vos dixistis, quam
boni domini parentes vestri sint? Ac profecto tam boni, ut propter
istas bonas virgas tergum mihi esse non iam sentiam! Sub imperio
dominorum severorum ac crudelium vivere mihi non placet.

10 Sed quid faciam? Num vincula mea rumpam? Num catenas
frangam et fugiam? Novus ego Spartacus convocem servos? Ple-
bem urbanam sollicitem, ut urbem incendio exstinguam? –
Romani iniusti et crudeles sunt, quos imperium orbis terrarum non
iure obtinere constat. Aliquando tempora mutabuntur. "

15 Pueri impetum servi non iam sustinere possunt et fuga salutem
petunt.

90

GRAMMATIK

I   FORMENLEHRE:

1)   Konjunktiv Perfekt Aktiv:

An den Perfektstamm des Verbs treten die Endungen:

-erim, -eris, -erit, -erimus, -eritis, -erint

Also: amav**erim**; monu**erim**; sens**erim**; vic**erim**; cep**erim**; cucur**rerim** *etc.*

Die traditionelle Übersetzung dieses Konjunktivs lautet: amaverim – ich möge geliebt haben.
Bei der Übersetzung von Nebensätzen muss man auf andere Möglichkeiten (auch auf den
Indikativ!) zurückgreifen (*dazu s. Syntaxteil dieser Lektion*).

> Das Futur II (futurum exactum – vollendete Zukunft) wird in der gleichen Weise
> wie der Konjunktiv Perfekt gebildet. Einzige Ausnahme: Statt -erim erscheint **-ero**.
> amav**ero** – ich werde geliebt haben.

2)   Konjunktiv Perfekt Passiv:

Die Passivformen setzen sich zusammen aus dem Partizip Perfekt Passiv und den Formen
des Konjunktivs Präsens von esse: **sim, sis, sit, simus, sitis, sint.**

Also: Singular: amatus, a, um sim *usw.*   Plural: amati, ae, a simus *usw.*
           (ich möge geliebt worden sein... – *zu anderen Übersetzungen s. o.*)

II   SYNTAX:

1)   Der Konjunktiv im Nebensatz:

Außer den Konditionalsätzen, in denen der Konjunktiv Imperfekt und Plusquamperfekt
wörtlich übersetzt wird, finden sich noch zwei andere Kategorien konjunktivischer Nebensätze:

A) Nebensätze, in denen <u>Gedanken</u>, Absichten, Wünsche oder Worte einer Person, meist des Subjekts des übergeordneten Satzes, wiedergegeben werden:

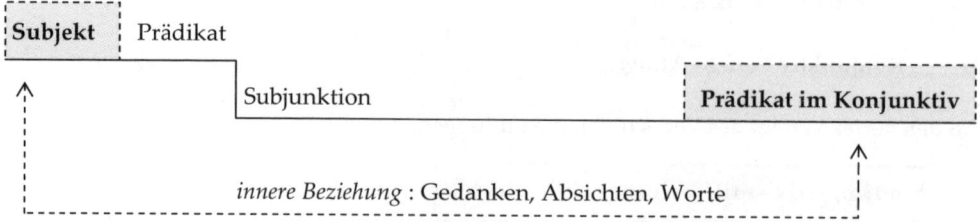

Solche Nebensätze mit einer „inneren" Beziehung der Handlung zu einer Person des übergeordneten Satzes nennt man **innerlich abhängig**.

Zu den innerlich abhängigen Nebensätzen zählen:

> **Begehrssätze** (*eingeleitet durch* **ut** „dass", *verneint* **ne** „dass nicht"). Sie erscheinen als Objekt (Subjekt) nach Verben des Begehrens, Bittens, Wünschens, Aufforderns und stellen auch auf der inhaltlichen Ebene eine notwendige Ergänzung dar:

Rogo te,   *Objekt zu rogo*

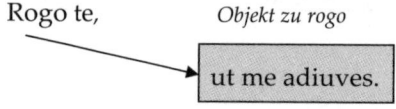

Ich bitte dich, dass du mir hilfst (*weniger:* helfen sollst)
oder: ... mir zu helfen.

Opto, ut incolumes redeatis. – Ich wünsche, dass ihr unversehrt zurückkehrt
                                       (*weniger:* zurückkehren möget).

> **Finalsätze** (*ebenfalls eingeleitet durch* **ut** „damit", *verneint* **ne** „damit nicht"). Sie bieten als Adverbialsätze sowohl syntaktisch als auch inhaltlich eine nicht notwendige Ergänzung zum Prädikat des Hauptsatzes und geben das Ziel, den Zweck oder die Absicht, die der Handlung des Hauptsatzes zu Grunde liegt, an.

Tres viri multos cives occidunt,

             Wozu?   *Adverbiale zu occidunt*

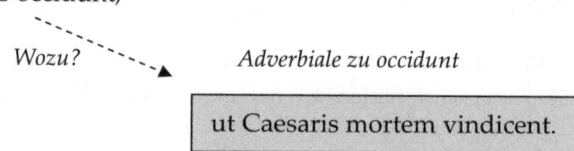

Die Triumvirn lassen zahlreiche Bürger töten, damit sie den Tod Caesars rächen
                                     (*nicht:* rächen sollen/mögen)
                        oder:... um den Tod Caesars zu rächen.

> **abhängige (indirekte) Fragesätze** (*eingeleitet durch Interrogativpronomina*).
> Sie hängen als Objekt oder Subjekt von Verben des Fragens, Sagens und der
> sinnlichen Wahrnehmung ab:

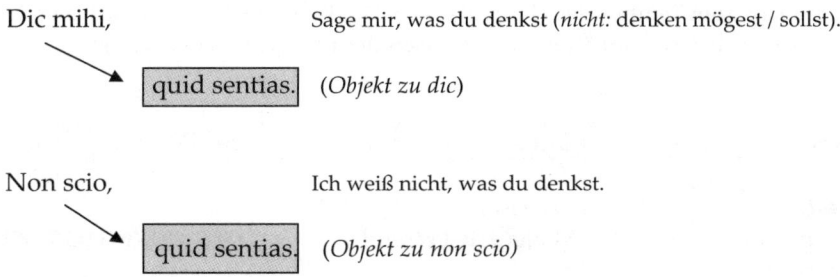

Dic mihi,   Sage mir, was du denkst (*nicht:* denken mögest / sollst).

quid sentias. (*Objekt zu dic*)

Non scio,   Ich weiß nicht, was du denkst.

quid sentias. (*Objekt zu non scio*)

Anmerkung: Manchmal kann der <u>coniunctivus dubitativus</u> im abhängigen Fragesatz
               erscheinen, so dass eine Doppeldeutigkeit entsteht:

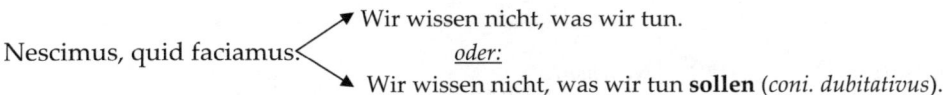

Nescimus, quid faciamus   Wir wissen nicht, was wir tun.
                           oder:
                           Wir wissen nicht, was wir tun **sollen** (*coni. dubitativus*).

B)   Es gibt auch Nebensätze, in die der Konjunktiv entgegen seiner Natur als Modus
         des Gedachten eingedrungen ist. Zu diesen Sätzen, deren konjunktivisches Prä-
         dikat folglich mit <u>Indikativ</u> übersetzt wird, zählen:

> **Konsekutivsätze** (*eingeleitet durch* **ut** „(so) dass" *verneint* **ut non** „(so) dass nicht").
> Sie bezeichnen als Adverbiale (Adverbialsätze) eine eingetretene Folge, die sich aus
> dem Geschehen des übergeordneten Satzes ergibt. Häufig stehen im übergeordneten
> Satz vorausweisende Konnektoren in der Bedeutung „so", „solch", „so sehr" *etc.*

Polydorus <u>tam</u> iratus est,

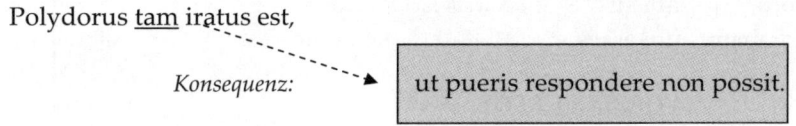

Konsequenz: ut pueris respondere non possit.

Polydorus ist <u>so</u> zornig, <u>dass</u> er den Jungen nicht antworten kann.

> **Temporalsätze** (*eingeleitet durch* cum „als", „nachdem"), zur Wiedergabe der Um-
> stände in einem erzählenden Text.   → ***cum narrativum*** (*s. u. L. 16*)

Cum pueri in atrium venirent, servum laborantem viderunt.
Als die Jungen ins Atrium kamen, sahen sie den Sklaven arbeiten.

2)   Die consecutio temporum:

Durch die *consecutio temporum* (Zeitenfolge) wird die Verwendung des Tempus im konjunktivischen Nebensatz geregelt. Hierbei kommt es auf das Zeitverhältnis des konjunktivischen Prädikats zum Tempus des Haupsatzes an. Die Tempora der Konjunktive im Nebensatz signalisieren ein Zeitverhältnis zum Prädikat des übergeordneten Satzes.

Steht im	dann erscheint im	zur Bezeichnung der
Hauptsatz Präsens, Futur I, II oder ein Imperativ	**Nebensatz** Konjunktiv **Präsens**	**GLEICHZEITIGKEIT**
Hauptsatz Perfekt, Imperfekt oder Plusquamperfekt	**Nebensatz** Konjunktiv **Imperfekt**	**GLEICHZEITIGKEIT** (in der Vergangenheit)
Hauptsatz Präsens, Futur I, II oder ein Imperativ	**Nebensatz** Konjunktiv **Perfekt**	**VORZEITIGKEIT**
Hauptsatz Perfekt, Imperfekt oder Plusquamperfekt	**Nebensatz** Konjunktiv **Plusquamperfekt**	**VORZEITIGKEIT** (in der Vergangenheit)

Beispiele:

> *GLEICHZEITIGKEIT:*
>
> Ignoro,   ubi **sis**.   Ich weiß nicht, wo du bist.
> Ignorabam, ubi **esses**.   Ich wusste nicht, wo du warst.
>
> *VORZEITIGKEIT:*
>
> Ignoro,   ubi **fueris**.   Ich weiß nicht, wo du gewesen bist.
> Ignorabam, ubi **fuisses**. Ich wusste nicht, wo du gewesen warst.

**Zu allen Verbformen, die ein Zeitverhältnis, aber keine Zeitstufe anzeigen, s. Anhang XXVIII.

3) Der verschränkte Relativsatz:

Definition:

Relativsätze können mit einer satzwertigen Konstruktion, d. h. mit einem AcI, einer Partizipialkonstruktion (*part. coni., abl. abs.*) oder einem weiteren Nebensatz belastet werden,
so dass es sich hierbei um <u>zwei</u> Satzeinheiten handelt: den Relativsatz mit seinem Prädikat
und die hinzugekommene satzwertige Konstruktion. Diese Nebensätze heißen
verschränkte Relativsätze.
Die Übersetzung eines solchen Gebildes ist nicht ohne weiteres möglich.
Das Relativpronomen richtet sich in seinem **Kasus** nicht, wie bei einfachen Relativsätzen,
nach dem Prädikat des Relativsatzes (*z. B. im Deutschen: Der Baum, <u>den</u> ich <u>sehe</u>, ist groß.*),
sondern ist immer ein Teil (Satzglied) der hinzugetretenen satzwertigen Konstruktion.
In **Numerus** und **Genus** bleibt die Kongruenz zum Bezugswort des übergeordneten Satzes
erhalten:

übergeordneter
Satz

Relativsatz

Bezugswort

satzwertige Konstruktion

| Relativpronomen | Prädikat der satzwertigen Konstruktion | PRÄDIKAT |

N G | K

ein Beispiel:

Socrates,   Athenas raro reliquit.
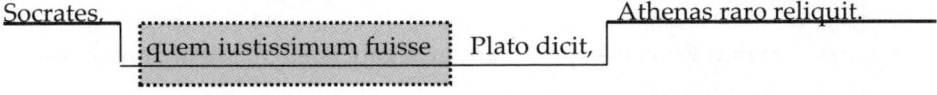
quem iustissimum fuisse   Plato dicit,

Quem ist als Subjektsakkusativ Teil der satzwertigen Konstruktion in Form des AcI.

Übersetzungsmöglichkeiten:

- **Behelfsübersetzung** mit einer den deutschen Relativsatz einleitenden Präposition, meistens mit „**von**... "

Sokrates, **von dem** Platon sagt, dass **er** sehr gerecht gewesen sei, hat Athen selten verlassen.

> Man sieht, dass man das Relativpronomen bei dieser Übersetzungsweise **doppelt** wiedergeben muss:
> 1) mit „von" und dem Relativpronomen *(„von dem")*
> 2) mit einem Personalpronomen, das der syntaktischen Funktion des lateinischen Relativpronomens entspricht.
> Da *quem* hier Subjektsakkusativ ist, muss das Personalpronomen als Subjekt formuliert werden *(„er")*.

- **Einschub**, eingeleitet durch ein „wie... " *oder* „so... ".
Der vom Prädikat regierte Teil des Relativsatzes wird als Einschub formuliert, der AcI wird als Relativsatz übersetzt:

Sokrates, der, **wie** Platon sagt, sehr gerecht gewesen ist, hat Athen selten verlassen.
oder:
Sokrates, der -**so** sagt Platon- sehr gerecht gewesen ist, hat Athen selten verlassen.

- **Präpositionaler Ausdruck**
Das Prädikat des Relativsatzes wird hierbei in ein Substantiv verwandelt und mit einer passenden Präposition verbunden:

Sokrates, der **laut / nach** Platons **Aussage** sehr gerecht gewesen ist, hat Athen selten verlassen.

Weitere Beispiele mit einer AcI – Verschränkung:

1) Caesar T. Labienum, quem fortem fidumque esse cognoverat, militibus praefecit.
Caesar übergab T. Labienus, von dem er wusste, dass er tüchtig und zuverlässig war, das Kommando über die Soldaten.

2) Pueri Polydorum, quem caesum esse non sciebant, irriserunt.
Die Jungen lachten Polydorus aus, der, wie sie nicht wussten, geschlagen worden war.

3) Augustus civibus Romanis, quos regnum negare non ignorabat, nuntiavit se rem publicam restituisse.
Augustus verkündete römischen Bürgern, von denen er genau wusste, dass sie eine Königsherrrschaft ablehnten, er habe die Republik wiederhergestellt.

**Zu weiteren Möglichkeiten der Verschränkung s. Anhang XXIII und XXIV.

Aus dem Leben des M. Tullius Cicero I 15

Politiker, Jura alt, Schriftsteller,
+ Philosoph → Redner Roms, Konsul
Ort   *Herkunft*   *Als erste durch die Jugend*

A   M. Tullius Cicero loco equestri natus est. A prima iuventute id
er hat sich bemüht die übrigen durch die Berühmtheit mit er würde überragen
     studuit, ut ceteros doctrina eloquentiaque superaret. Ac profecto
bald
     brevi tempore orationibus, quibus causas hominum multorum aut
er hatte ...   *er ist geworden*
     defensor aut accusator susceperat, clarus factus est. Quin etiam
da → ne dass   *sie würden sein*   *sie würden stehlen*
5   clarior, cum Siculi eum patronum facerent et ab eo peterent, ut C.
er würde klagen
     Verrem, illum Siciliae propraetorem, accusaret. Qui provinciam
er hatte gequält
     eorum tres annos vexaverat, ut non solum omnia ornamenta,
er würde fortschaffen
     omnes statuas, omnia vasa, sive aurea, sive argentea, deportaret,
     sed ne vestigia quidem pristini splendoris ac decoris Siciliae
er würde zurücklassen
10   relinqueret. Nullus magistratus crudelior, cupidior, scelestior fuit
durch den Proprätor   *er war*
     isto propraetore. Qui prima Ciceronis oratione tam perterritus erat,
er würde leben
     ut fuga se eriperet et exul Massiliae viveret.
er würde entreißen

① *Personalendungen* ➤

o/m, s, t, mus, tis, nt (Aktiv)
-r, ris, tur, mur, mini, ntur (Passiv)
-i, isti, it, imus, istis, erunt (Perfekt-kommen)

Imperfekt Konjunktiv

ut: wenn auch, dass, damit, wie, so dass, dass doch,
damit, wie, so dass, dass doch, als, auch wenn.

que: und

B Pueri per villam euntes in cubiculo codicillum antiquum reperiunt
et haec avi verba legunt:

„Populus Romanus istum hominem -aut potius dicam: beluam-
propraetorem Siciliae fecit, commisit senatus isti praedatori hanc

5 provinciam. Numquam, iudices, numquam invenietis provinciam
fideliorem et nostris hominibus propitiorem Sicilia! Quae scelera
nefariora ac crudeliora cogitari possunt quam res in Sicilia ab isto
tam praeclare gestae? Quis umquam cupidius atque audacius
provinciam populi Romani spoliavit isto homine? Quis umquam

10 provinciam fertilissimam et omnibus rebus ornatam fecit vastas
solitudines?

Ne hoc, iudices, concesseritis, ut nationes exterae nostros homines
latrones ac praedatores orbis terrarum et putare et dicere possint!"
Pueri libellum reponunt; Marcus ad Lucium: „Etiam Cicero, ille

15 orator eloquentissimus, verbis se exercere debuit."

98

GRAMMATIK

I   FORMENLEHRE:

1)   Der Komparativ des Adjektivs und Adverbs:

Bildung:

> Wortstock des Adjektivs + **-ior** (m. / f.), **-ius** (n.)
> *Genitiv für alle drei Genera:* **-ioris**

z. B.:   long**ior**, **-ius** (*Gen.* long**ioris**), cele**rior**, **-ius** (*Gen.* cele**rioris**),
prudent**ior**, **-ius** (*Gen.* prudentioris), pulch**rior**, **-ius** (*Gen.* pulch**rioris**)

Die Komparative der Adjektive gehören zur **konsonantischen** Deklination
(*vgl. Übersicht im Anhang VI*).

— Der Komparativ wird **entweder** bei einem direkten Vergleich angewandt, also:
Verres audacior est quam ceteri magistratus (*oder ohne quam*: magistratibus, *s. u.*).
Verres ist unverschämter als die übrigen Beamten.

— **oder** er erscheint absolut, d.h. ohne direkte Vergleichsmöglichkeit:
Verres audacior est. – Verres ist ziemlich *oder* zu unverschämt.

2)   Der Komparativ des Adverbs:

Dieser ist identisch mit der Form des Adjektivs im neutrum, endet also immer auf **-ius**:

	Positiv	*Komparativ*	*Superlativ*
z. B.:	clare	→ **clarius**	→ clarissime
	celeriter	→ **celerius**	→ celerrime
	facile	→ **facilius**	→ facillime

II   SYNTAX:

1)   ein weiterer ablativus instrumentalis: der ablativus limitationis / respectus

Dieser Ablativ schränkt eine Aussage nach vergleichenden Ausdrücken wie „überlegen
sein" *etc.* und Feststellungen, die ein Qualitätsurteil enthalten, ein (*daher*: limitationis – der
Beschränkung) *bzw.* nennt den Bereich, für den diese Aussage gilt (*daher*: respectus – der
Hinsicht, des Bereichs). Er antwortet auf die Fragen: WORIN? IN WELCHER HINSICHT?

Supero te.   Ich übertreffe dich (*allgemein formuliert*).
Supero te **doctrina**.   Ich übertreffe dich **an Gelehrsamkeit / Bildung**.

2)   Sondergruppen des ablativus separativus:

Neben den bisher vorgestellten Aspekten des ablativus separativus als Kasus zur Bezeichnung des Ausgangspunkts und der Trennung *bzw.* des Getrenntseins sind noch folgende
Funktionen zu erwähnen:

a)   der ablativus comparationis:

Er bezeichnet den **Ausgangspunkt** der Betrachtung *bzw.* des Vergleichs und stellt eine
Alternative zum mit *quam* gebildeten Vergleich dar:

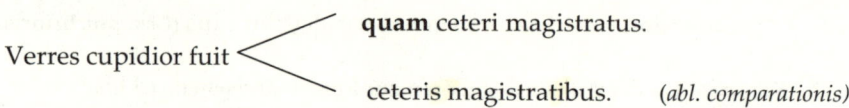

Verres cupidior fuit $\Big<$
> **quam** ceteri magistratus.
>
> ceteris magistratibus.   (*abl. comparationis*)

Verres ist gieriger als die übrigen Beamten gewesen.

{ Wörtlich könnte man den mit dem ablativus comparationis gebildeten Satz übersetzen: „Von den
übrigen Beamten aus gesehen / im Vergleich zu den übrigen Beamten ist Verres gieriger gewesen." }

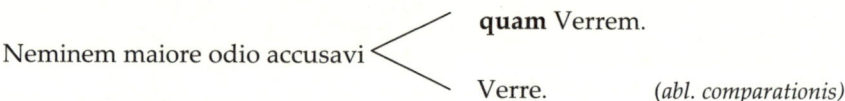

Neminem maiore odio accusavi $\Big<$
> **quam** Verrem.
>
> Verre.   (*abl. comparationis*)

Ich habe niemanden mit größerer Abneigung angeklagt als Verres.

b)   der ablativus originis:

Er bezeichnet die familiäre Herkunft einer Person oder gibt deren Stand an. Er steht ohne
Präposition bei den Partizipien **natus** (*wörtl.* geboren) und **ortus** (*wörtl.* entstanden) -
"abstammend von":

Cicero equestri loco ortus est.   Cicero entstammte dem Ritterstand.
Catilina, vir nobili genere natus,...   Catilina, ein Mann von vornehmer
                                                              Herkunft,...

** Darüber hinaus finden sich noch Ausdrücke mit der Präposition **de,** z. B.:
       homo de plebe – ein Mann aus dem Volk

3)   Doppelter Akkusativ – Doppelter Nominativ:

Der doppelte Akkusativ steht nach Verben, die in der Bedeutung *„haben, halten für; erkennen als; machen, wählen, ernennen zu; erklären als, sich bewähren als..."* den Charakter von **Hilfsverben** haben und deshalb neben dem äußeren Objekt einen weiteren Akkusativ als **Prädikatsnomen** benötigen, z. B.: Romani Ciceronem consulem creaverunt.

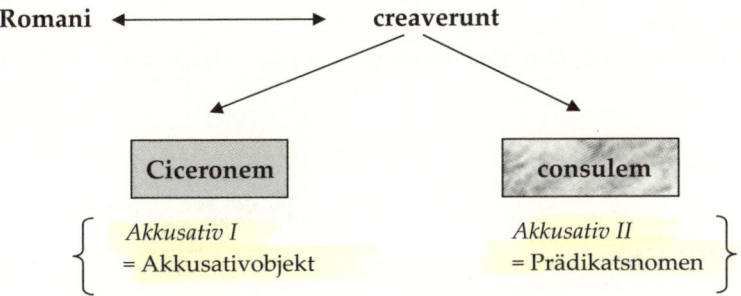

Die Römer wählten Cicero zum **Konsul.**

Verben mit doppeltem Akkusativ in der Funktion als Hilsverben:

creare – wählen zu   habere, putare, existimare ducere – halten für
facere – machen zu   dicere, nominare, appellare – bezeichnen als
iudicare – beurteilen, erklären als   se praebere, se praestare – sich erweisen als

---

Bei der Umwandlung dieser Verben in das Passiv wird daraus die Konstruktion des
doppelten Nominativs:

Cicero a Romanis consul creatus est.   *(Subjekt mit Prädikatsnomen)*
Cicero wurde von den Römern zum Konsul gewählt.

Übersetzen Sie bitte:

1)   Senatus Catilinam hostem iudicavit.   Catilina a senatu hostis iudicatus est.
2)   Tullius Polydorum semper fidum putabat.   Polydorus semper fidus putabatur[1].
3)   Senatus Ciceronem patrem patriae appellavit.   Cicero pater patriae appellatus est.

---

1)   Die Passivformen von *putare* und *habere* können eleganter mit „gelten als... " übersetzt werden: Cicero optimus orator habitus est. - Cicero galt als ein sehr guter / bester Redner.

4)   relativischer Satzanschluss:

Das Relativpronomen nimmt die Bedeutung eines Demonstrativums an, also: „dieser, diese, dieses", wenn es am Beginn eines neuen Satzes steht.

z. B.:   Cicero orator clarissimus erat; **a quo** Siculi auxilium petiverunt.
Cicero war ein sehr berühmter Redner; die Einwohner Siziliens baten **diesen** um Hilfe.

Siculi a Cicerone auxilium petiverunt; **qui** C. Verrem quam celerrime accusavit.
Die Einwohner Siziliens baten Cicero um Hilfe; **dieser** klagte Verres möglichst schnell an.

III   ÜBUNGEN:

Steigern Sie folgende Adjektive und bilden Sie jeweils die Adverbien zu diesen Formen:

siehe Lösung

ADJEKTIV	KOMPARATIV	SUPERLATIV	ADVERB
1) audax	audacior, -ius		
2) atrox			
3) celer			
4) brevis			
5) facilis			
6) scelestus			
7) crudelis			
8) miser			
9) prudens			
10) ferox			

Cicero orationibus suis optimus orator habitus paucis annis post
etiam consul creatus est. Summum magistratum adeptus[1] sperabat
se maximam gloriam sibi paraturum esse. Ac profecto eo tempore
consul erat, cum Catilina, vir nobili genere natus, coniurationem
5 fecit, ut regnum sibi pararet. Etiam Ciceroni consuli insidias
parabat; sed is, homo magna prudentia ac diligentia, cum de Catilinae consiliis certior factus esset, mortem effugere potuit.
Paucis tantum horis post senatu convocato Cicero demonstravit
periculum rei publicae maius esse opinione quorundam[2], qui mol-
10 lioribus sententiis coniurationem esse factam negaverant.
Cum autem Catilina senatores monuisset, ne sibi, homini nobili
loco, minus crederent quam Ciceroni, illi homini novo, omnes
clamare coeperunt et eum hostem appellabant.
Tum ille furibundus: „Si me interficere vultis, ego quidem quam
15 plurimos vestrum omnium rapiam mecum ad interitum!"
exclamavit et e curia se proripuit. Statim ad castra in Etruria
collocata exercitumque suum profectus est[3] bellum patriae paratu-
rus. Nunc apertum erat bellum futurum et cives cum civibus
pugnaturos esse.

1)	adeptus sum	ich habe erlangt, erreicht; adeptus *als participium coniunctum*
2)	opinione quorundam	*Übersetzen Sie frei:* ... als einige glaubten
3)	profectus est	er brach auf

GRAMMATIK

I FORMENLEHRE:

1) Die u - Deklination:

Die Substantive dieser Deklinationsgruppe, die bereits in einigen Lektionen erschienen sind, haben **-u** als Stammvokal. Dieses **-u** bleibt in allen Kasus erhalten außer im Dativ und Ablativ Plural. Dort wird **u** zu **i**. *Domus* - das Haus weist Besonderheiten auf:

	Singular	Plural		Singular	Plural
Nom.	impetus	impetūs	*Nom.*	domus	domūs
Gen.	impetūs	impetuum	*Gen.*	domūs	dom**ōrum** (domuum)
Dativ	impetui	impetibus	*Dativ*	domui	domibus
Akk.	impetum	impetūs	*Akk.*	domum	dom**ōs** (domūs)
Ablativ	impetū	impetibus	*Ablativ*	dom**ō**	domibus

> Die meisten Substantive auf -us sind masculinum, außer *domus* (*s. o.*), *manus* – die Hand; Schar, *tribus* – der Stadtbezirk, *porticus* – die Säulenhalle, *Idus* – die Iden (*entweder der 13. oder 15. Tag eines Monats*)
> Substantive auf **-u** (*z. B.:* *cornu* – das Horn; der Heeresflügel) sind neutrum.

2) Infinitiv und Partizip Futur Aktiv - Formen und Anwendung:

Der **Infinitiv Futur Aktiv** setzt sich aus dem **Partizip Futur Aktiv** und *esse* zusammen. Das Partizip Futur Aktiv wird gebildet mit dem Stamm des Partizips Perfekt Passiv und der Endung *-urus, a, um*, also:

> laudat / us, a, um → lauda**turus, a, um**   dict / us, a, um → dic**turus, a, um**
> miss / us, a, um   → miss**urus, a, um**

- In AcI – Konstruktionen richtet sich das Partizip beim Infinitiv Futur Aktiv in der Kongruenz nach dem Subjektsakkusativ:

Spero Ciceron**em** Catilinam expuls**urum** esse.	Ich hoffe, dass Cicero Catilina vertreiben wird.
Spero senator**es** Catilinam expuls**uros** esse.	Ich hoffe, dass die Senatoren Catil. vertreiben werden.
Sperabam domin**am** servum non punit**uram** esse.	Ich hoffte, dass die Herrin den Sklaven nicht bestrafen werde.

Der Infinitiv Futur Aktiv ist der Infinitiv der **Nachzeitigkeit**.
**Zu den Zeitverhältnissen der Infinitive im AcI *vgl. Syntaxteil zu Lektion 6., S. 43.*
   Dort können Sie jetzt **aedificaturum esse** einfügen.

- Das Partizip Futur Aktiv signalisiert in Partizipialkonstruktionen ebenfalls die **Nachzeitigkeit.**
  Hierbei empfiehlt sich eine Übersetzung mit „im Begriff sein" oder „wollen", z. B.:

Senatores Catilinam contumelias dicturum hostem appellabant.
Die Senatoren nannten Catilina, als er Schmähungen ausstoßen wollte, einen Staatsfeind.

Oft wird das Partizip Futur Aktiv im klassischen Latein auch in **finaler** Sinnrichtung benutzt, kann also mit einem **Finalsatz** übersetzt werden, z. B.:

Xerxes, rex Persarum, copias Hellespontum traduxit Graeciam subacturus.
Xerxes, der König der Perser, führte seine Truppen über den Hellespont, um Griechenland zu erobern (= damit er Griechenland erobere).

3)   unregelmäßige Komparation:

Wie im Deutschen (gut, besser, am besten) weisen auch im Lateinischen manche Adjektive und Adverbien verschiedene Stämme auf; es seien hier genannt:

bonus, a, um	- melior, melius	- optimus, a, um	(gut *etc.*)
malus, a, um	- peior, peius	- pessimus, a, um	(schlecht *etc.*)
magnus, a, um	- maior, maius	- maximus, a, um	(groß *etc.*)
parvus, a, um	- minor, minus	- minimus, a, um	(klein *etc.*)
multi, ae, a	- plures, plura	- plurimi, ae, a	(viel *etc.*)

richtig!

Dazu kommen noch einige Komparative und Superlative, deren adjektivische Grundform ungebräuchlich ist. Die Komparative werden hierbei oft als Grundform übersetzt.

wichtig!

ultimus, a, um- der letzte	*Komp.*: ulterior, ius (jenseitig; entfernter)
supremus, a, um - der oberste	*Komp.*: superior, ius (höher gelegen, überlegen)
extremus, a, um - der äußerste	*Komp.*: exterior, ius (nach außen gelegen)
postremus, a, um – der letzte	*Komp.*: posterior, ius (folgend; geringer)
proximus, a, um – der nächste	*Komp.*: propior, ius (näher liegend)

Die Grundformen sind Adverbien: *ultra, supra, extra, post, prope,* von denen sich ihrerseits einige Adjektive herleiten: *exterus, a, um, posterus, a, um.*
**Zu diesem Komplex s. vollständig *RUBENBAUER – HOFMANN* § 48 und 49.*

4)   velle (wollen), nolle (nicht wollen), malle (lieber wollen):

Ihnen sind im Verlauf des Kurses einige Formen von *velle* – wollen begegnet. Es werden hier die Formen des Indikativs und Konjunktivs Präsens von *velle, nolle, malle* vorgestellt.
Alle drei Verben haben **u** - Perfekt (*volui, nolui, malui*), auf deren Formen deshalb hier nicht eingegangen werden muss (*zu allen Formen s. THROM F 75*).

velle - wollen

Ind. Präsens: volo, vis, vult, volumus, vultis, volunt
ich will, du willst, er, sie, es will, wir wollen, ihr wollt, sie wollen

Konj. Präsens: velim, velis, velit, velimus, velitis, velint
ich möge wollen *oder* ich wolle *etc.*

nolle (*entstanden aus <u>non velle</u>*) – **nicht wollen**

Ind. Präsens: nolo, non vis, non vult, nolumus, non vultis, nolunt
ich will nicht, du willst nicht, er, sie, es will nicht, wir wollen nicht *etc.*

Konj. Präsens: nolim, nolis, nolit, nolimus, nolitis, nolint
ich möge nicht wollen *oder* ich wolle nicht *etc.*

malle (*entstanden aus <u>magis velle</u>*) – **lieber wollen**

Ind. Präsens: malo, mavis, mavult, malumus, mavultis, malunt
ich will lieber, du willst lieber, er, sie, es will lieber *etc.*

Konj. Präsens: malim, malis, malit, malimus, malitis, malint
ich möge lieber wollen *oder* ich wolle lieber *etc.*

Alle drei Verben stehen mit Infinitiv oder AcI.

Infinitiv erscheint bei **Subjektsgleichheit**, *z. B.:*

volo laborare - **ich** will, dass **ich** arbeite   = ich will arbeiten
vis laborare   - **du** willst, dass **du** arbeitest   = du willst arbeiten

AcI erscheint bei **Subjektsungleichheit**, *z. B.:*

volo **te** laborare - **ich** will, dass **du** arbeitest

** Das Gleiche gilt für *studere* (sich bemühen) und *cupere* (wünschen, begehren).

II   SYNTAX:

1)   Nebensätze, durch *cum* eingeleitet:

In diesem Lektionstext kommen einige Nebensätze, die mit der Subjunktion *cum* eingeleitet werden, vor. *Cum* kann sowohl mit Indikativ als auch mit Konjunktiv stehen. Auch die konjunktivischen Nebensätze werden mit Indikativ übersetzt.
Insgesamt ergeben sich folgende Möglichkeiten:

I cum mit Indikativ	II cum mit Konjunktiv
1) cum temporale – (damals), als, da Zur genauen Festlegung eines Zeitpunkts durch den Nebensatz; im Hauptsatz erscheint oft als Vorausdeutung ein *eo tempore* oder *nunc, tum* - "zu diesem Zeitpunkt", „jetzt", „damals".	**1) cum narrativum** – als, nachdem Wird in der Erzählung fortlaufender Handlungen gebraucht, um Nebenumstände zu bezeichnen. Konjunktiv Imperfekt bei Gleich- und Konjunktiv Plusquamperfekt bei Vorzeitigkeit.
2) cum iterativum – (immer) wenn, so oft Gibt wiederholte Vorgänge an.	**2) cum causale** – weil, da Leitet Begründungssätze ein (wie *quod* m. Ind.).
3) cum coincidens – dadurch dass, indem Gibt Handlungen an, die mit der Handlung des Hauptsatzes inhaltlich und zeitlich zusammenfallen.	**3) cum concessivum** – obwohl, obgleich Räumt eine Handlung ein, gibt einen Gegengrund zur Haupthandlung an.
4) cum modale – während dabei, wobei Schildert Begleitumstände der Haupthandlung.	**4) cum adversativum** – während (doch) Bezeichnet eine Handlung, die gleichzeitig zur Haupthandlung, aber gegensätzlich abläuft.
5) cum inversum – als (plötzlich) Die normale Zuordnung von Haupt- und Nebenhandlung wird umgekehrt. Im Nebensatz erscheint die Haupthandlung, während der Hauptsatz oft eine Zeitangabe enthält.	

** *cum* mit Futur II bedeutet „wenn", „sobald".

Beispiele:

I.1:   Cum Caesar in Galliam venit, ibi duae factiones erant.
        Als Caesar nach Gallien kam, gab es dort zwei Parteien.

> **TEMPORALE**

        Fuit quoddam tempus, cum homines in pace vivebant.
        Es gab eine Zeit, da / in der die Menschen in Frieden lebten.

I.2:   Tullius, cum domi est, otio gaudet.
        Immer wenn Tullius zu Hause ist, freut er sich über die freie Zeit.

> **ITERATIVUM**

I.3: Cum tacent, clamant.
      Indem sie schweigen, schreien sie.

I.3: Cum tacent, clamant.
      Indem sie schweigen, schreien sie.   **COINCIDENS**

I.4: Verres civem Romanum caedebat, cum nullus clamor
      audiebatur.   **MODALE**
      Verres schlug einen römischen Bürger, wobei kein Aufschrei
      vernommen wurde.

I.5: Romani castra collocabant, cum subito hostes impetum fecerunt.
      Die Römer waren gerade dabei, ein Lager aufzuschlagen, als die   **INVERSUM**
      Feinde plötzlich angriffen („einen Angriff machten").

II.1: Cum Romani castra collocarent, hostes subito impetum fecerunt.
      Als die Römer das Lager aufschlugen, griffen die Feinde plötzlich an.   *NARRATIVUM*

II.2: Cicero, cum Catilinam urbe expulisset, a senatu laudatus est.
      Weil Cicero Catilina aus der Stadt vertrieben hatte, wurde er vom   *CAUSALE*
      Senat gelobt.

II.3: Cum Catilina urbe expulsus esset, res publica magno in pericu-
      lo erat.   *CONCESSIVUM*
      Obwohl Catilina aus der Stadt vertrieben worden war, befand sich der
      Staat in großer Gefahr.

II.4: Homini ratio est, cum ceteris animalibus non sit.
      Der Mensch besitzt Vernunft, während die übrigen Lebewesen   *ADVERSATIVUM*
      diese nicht haben.

2)   Direkte und indirekte Reflexivität:

Die reflexiven Personalpronomina der dritten Person (-- , *sui, sibi, se, a se, secum, se*) und Possessivpronomina (*suus, a, um*) können sowohl direkt als auch indirekt reflexiv gebraucht werden.

Cicero saepius **se** laudabat. – **Cicero** lobte allzu oft **sich** (selbst).   **(direkt reflexiv)**

Subjekt = Objekt *Das Reflexivpronomen weist auf das Subjekt des gleichen Satzabschnitts zurück.*

Catilina sperabat **se** Ciceronem consulem necaturum esse. **(„AcI – Reflexivität")**

Das Pronomen im AcI (hier als Subjektsakkusativ) weist auf das Subjekt des Satzes zurück.

Catilina hoffte, dass **er** den Konsul Cicero töten werde (*oder:* hoffte, den Konsul Cicero zu töten).

108

Catilina non putabat Ciceronem **se** urbe expellere posse. („AcI – Reflexivität")

Das Pronomen, hier Objektsakkusativ, weist auf das Subjekt zurück.

Catilina glaubte nicht, dass Cicero **ihn** aus der Stadt vertreiben könne.

Senatores ignorabant **se** maximo in periculo esse.
Die Senatoren wussten nicht, dass **sie** in größter Gefahr schwebten.

Cicero non ignorabat Catilinam **sibi** insidias parare.
Cicero wusste genau, dass Catilina einen Anschlag **gegen ihn** plante.

> Da der AcI ein Satzglied und nicht ein Nebensatz ist, spricht man auch in diesem Fall von **direkter Reflexivität.** Der Begriff „AcI – Reflexivität" wurde eingeführt, um darauf aufmerksam zu machen, dass man das Pronomen im Unterschied zur einfachen direkten Reflexivität nicht mehr mit „sich", sondern, in Anpassung an das Subjekt, mit den entsprechenden Formen des Personalpronomens „er, sie, es" übersetzen muss.
> Allerdings ist auch innerhalb des AcI eine „direkte" Reflexivität –wie auch bei den konjunktivischen Nebensätzen (*s. u.*) - möglich, z. B.: Caesar scribit Ariovistum se laudavisse.
> *Entweder:* Caesar schreibt, dass Ariovist ihn *(also Caesar) oder:* sich rühmte *(weitere Beispiele s. folgende Seite).*

Indirekte Reflexivität liegt dann vor, wenn das Pronomen eines konjunktivischen Nebensatzes auf das Subjekt des übergeordneten Satzes zurückweist.
Auch in diesem Fall wird das reflexive Personalpronomen mit Formen von „er, sie, es", in inhaltlicherAnpassung an das Subjekt des übergeordneten Satzes, wiedergegeben.

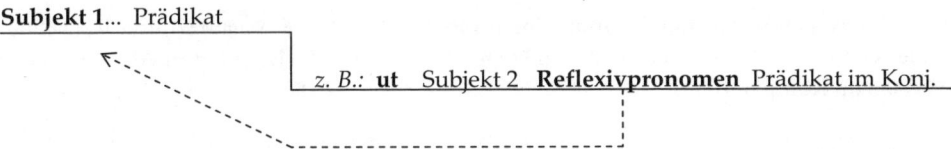

Subjekt 1... Prädikat

z. *B.:* **ut** Subjekt 2 **Reflexivpronomen** Prädikat im Konj.

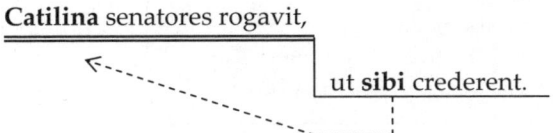

Catilina senatores rogavit,

ut **sibi** crederent.

Catilina bat die Senatoren, dass sie **ihm** glauben sollten (**ihm** zu glauben).

1) **Polydorus** dominam rogat / rogavit, ne **se** puniat / puniret.
   Polydorus bittet / bat die Herrin, **ihn** nicht zu bestrafen (dass sie ihn nicht bestrafe).

2) **Mucia** servo imperat / imperavit, ut filios **suos** in scholam ducat / duceret.
   Mucia befiehlt / befahl dem Sklaven, **ihre** Kinder in die Schule zu bringen.

3) **Cicero** optat / optavit, ut senatus **sua** facta laudet / laudaret.
   Cicero wünscht / wünschte, dass der Senat **seine** Taten lobt / lobte.

> Wie gerade beim letzten Beispielsatz auch im Deutschen ersichtlich wird, ist der Bezug
> des Reflexivpronomens, syntaktisch betrachtet, nicht eindeutig: **Sua** lässt sich auch
> auf das Subjekt des Nebensatzes beziehen; der Senat solle also seine eigenen Taten loben.
> In diesem Fall läge eine **direkte Reflexivität** vor, da sich das Pronomen inhaltlich auf das
> Subjekt des gleichen Satzabschnitts bezöge.
> Es entscheidet also allein der Kontext, ob der Senat Ciceros oder seine eigenen Taten lo-
> ben oder ob (*Satz 2*) der Sklave seine oder Mucias Kinder in die Schule bringen soll.
> Die gleiche Doppeldeutigkeit begegnet uns auch bei den Reflexivpronomina im AcI: Sie
> können sich sowohl auf das Subjekt des gesamten Satzes als auch auf den Subjektsakku-
> sativ beziehen: Cicero sciebat Caesarem mortem **suae** filiae valde dolere.
> Es kann sich um Ciceros oder Caesars Tochter handeln.
> Cicero sciebat Caesarem magnam **sibi** gloriam paravisse.
> Eben so doppeldeutig ist hier der Bezug des **sibi**: Entweder hat Caesar sich (selbst) oder
> Cicero großen Ruhm erworben.
> **Se** als Subjektsakkusativ ist immer eindeutig auf das übergeordnete Subjekt zu beziehen.

3) ablativus mensurae:

Dieser Ablativ gehört zur Großgruppe „Instrumentalis" (*vgl. L. 6, Syntaxteil*) und bezeichnet
Art oder Grad eines Unterschieds auf die Frage „Um wie viel?". Er erläutert Adjektive oder
Adverbien im Komparativ:

decem annis maior	(um) zehn Jahre älter
paulo post	ein wenig später
multo peior	(um) viel(es) schlechter
duobus annis ante	(um) zwei Jahre früher, zwei Jahre zuvor
nihilo minus	(um) nichts weniger, nichts desto trotz

Außerdem kann der ablativus mensurae bei Verben des Übertreffens und der räumlichen
bzw. zeitlichen Distanz gebraucht werden:

Cicero Catilinam prudentia **multo** superavit.
Cicero übertraf Catilina **bei weitem** an Umsicht.

III   ÜBUNGEN:

1)   Bilden Sie von folgenden Verben das Partizip Futur Aktiv:

a)   rogare   →   b)   ponere   →
c)   mittere   →   d)   facere   →
e)   legere   →   f)   addere   →
g)   cogere   →   h)   iubere   →
i)   frangere →   j)   fallere   →

2)   Ergänzen Sie die fehlenden Endungen:

a)   nostri   exercit_____(2)   b)   nostrae man_____ (3)

c)   exercitum ingent_____   d)   dom_____ nostr_____ (Gen. Plur)

f)   impet_____ magnorum   g)   exercit_____ magnis

h)   impet_____ magnos   i)   dom_____ magn____ (Akk. Pl.)

3)   Bestimmen und übersetzen Sie folgende Formen von velle, nolle, malle:

a)   malam

b)   mallem

c)   malim

d)   malui

e)   malis

f)   males

g)   nolint

h)   velitis

i)   vultis

j)   mavis

Cicero III

17

A Uno mense post Ciceroni nova occasio senatum convocandi oblata
est. Nam Catilinae socii, qui Romae remanserant, ut servos
sollicitando ac nobiles interficiendo omnia perturbarent, consulis
diligentia prudentiaque comprehensi erant.

5 Dum igitur Cicero senatores rogat, quo modo coniurati punirentur,
sententiae in consultando diversae erant. Cum enim plerique
coniuratos necari vellent, C. Caesar oratione sua id studebat, ne
morte vindicarentur, sed aeternis in vinculis degerent miserrimam
vitam. At Catoni id non placuit; Caesarem vehementer incusan-
10 do senatoribus persuasit, ut coniuratos quam celerrime occiderent.
Itaque Ciceronis iussu statim in Tullianum carcerem ad truci-
dandum abducti sunt; Cato autem laudibus elatus et Cicero pater
patriae appellatus est.

Polydorus gewährt Verzeihung

B Marcus et Lucius, filii Marci, contumeliis Polydori fugati nunc eum
iterum adeunt et donum secum ferunt: „Salve, Polydore, venimus
donum parvum ferentes, quod dolores, quos tam fortiter fers, le-
nire volumus." Is: „Donum mihi fertis? Num creditis donum dan-
5 do verbaque comiter faciendo et dolores et maximos labores, quos
semper aequo animo pertuli et perfero, leniri?"
Pueri: „O Polydore, quo iracundia tua ferris? Dextras nostras
prehende donumque accipe!" „Auferte manus vestras, domini! Ne
vim mihi attuleritis! Satis verberum accepi!" Tum Marcus: „Ita est,
10 iam Homerus fert Graecos temporum antiquorum ignoscere non
potuisse. Sed, credo, tui dolores cum laboribus illorum virorum
conferri non possunt."
Tandem Polydorus: „Recte id dixisti, mi Marce, vos quidem dolores mihi non attulistis. Itaque donum vestrum libenter accipio."

GRAMMATIK

I FORMENLEHRE:

1) *ferre* und Komposita:

ferre hat den Präsensstamm *fer-* . Dieses Verb gehört zur Gruppe der konsonantischen Konjugation; die Bindevokale **-e-** (*vgl.* dic-*e*-re) und **-i-** (*vgl.* dic-*i*-s) entfallen vor **r**, **s** und **t** ; so erklärt sich der Infinitiv *ferre*. Diese „Unregelmäßigkeit" zeigt sich im Indikativ Präsens Aktiv und Passiv (und im Konjunktiv Imperfekt Aktiv u. Passiv *s. u.*):

Präsens Aktiv		Präsens Passiv	
ferre	tragen	**ferri**	getragen werden, eilen
fero	ich trage	feror	ich werde getragen, ich eile
fers	du trägst	**ferris**	du wirst getragen, du eilst
fert	*usw.*	**fertur**	*usw.*
ferimus		ferimur	
fertis		ferimini	
ferunt		feruntur	

Die Imperative lauten: **fer!** – trage! (*vgl.* dic! duc! fac!) **ferte!** – tragt!

weitere Formen: *Ind. Imperf. Akt.:* ferebam, ferebas, ferebat, ferebamus, ferebatis, ferebant
Konj. Imperf. Akt.: ferrem, ferres, ferret, ferremus, ferretis, ferrent
Fut. I Aktiv: feram, feres, feret, feremus, feretis, ferent

Die Passivformen werden analog gebildet.

> *ferre* hat einen anderen Perfekt- und Supinstamm, tul- und lat- :

    tul-   An diesen Stamm treten die Ihnen bekannten Personalendungen:
                (tuli, tul**isti**, tulit... tul**eram**, tuleras, tulerat...tul**ero**, tul**eris**, tul**erit**...)

    latus, a, um   Partizip Perfekt Passiv

> Bei den Komposita ist die <u>Assimilation</u> zu beachten:

    adferre → afferre (*Perf.:* adtuli → **attuli**, *P.P.P.:* adlatus, a, um → allatus, a, um)
    obferre → offerre (*Perf.:* **obtuli**   *P.P.P.:* oblatus, a, um)
    auferre *statt* abferre (*Perf.:* **abstuli**   *P.P.P.:* ablatus, a, um)

> Ein besonderes Kompositum ist **tollere** – aufheben, emporheben, beseitigen:
> **tollere, tollo, sustuli, sublatus, a, um**

II   SYNTAX:

1)   Das Gerundium – Bildung und Verwendung:

Das **Gerundium** ist der substantivierte Infinitiv des Präsens Aktiv; sein Genus ist neutrum (*vgl. im Deutschen*: Im Garten zu arbeiten ist erholsam. – Das Arbeiten im Garten ist erholsam.).

Die Kennsilbe des Gerundiums ist **-nd-**; deshalb spricht man von einer **-nd- Form**, wie auch beim in der folgenden Lektion behandelten Gerundivum.

Das **-nd-** tritt an den Präsensstamm, dazu kommen die Endungen der o - Deklination im Singular:

> **Präsensstamm + nd + Kasusendung = Gerundium**
> **-i; -o; -um**

(parere)	- (das) Gehorchen (*vgl. Errare humanum est - Irren ist menschlich.*)
parendi	- des Gehorchens
parendo	- dem Gehorchen, für das Gehorchen
ad parendum	- zum Gehorchen
parendo	- durch das Gehorchen

❖ Häufig ist im Deutschen die verbale Umschreibung möglich und auch eleganter:
So lässt sich der Genitiv des Gerundiums mit „zu + Infinitiv" wiedergeben, während der Ablativ einem modalen Nebensatz entspricht.

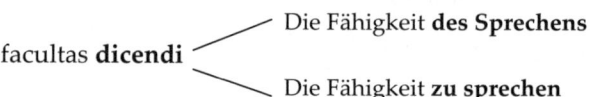

facultas **dicendi**   Die Fähigkeit **des Sprechens**
                        Die Fähigkeit **zu sprechen**

Polydorus modeste **parendo** domino carus est.

entweder: Polydorus ist **durch bescheidenes Gehorchen** bei seinem Herrn beliebt.
oder: P. ist bei seinem Herrn **dadurch** beliebt, **dass er bescheiden gehorcht**.

❖ Seinem verbalen Charakter entsprechend kann das Gerundium, wie so eben gesehen, durch ein Adverb (nie durch ein Adjektiv!) erläutert werden:

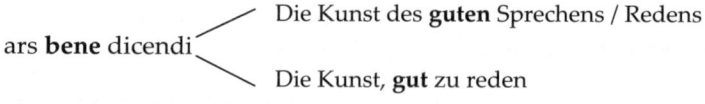

ars **bene** dicendi   Die Kunst des **guten** Sprechens / Redens
                        Die Kunst, **gut** zu reden

114

❖ Weiterhin kann vom Gerundium, wenn es im Genitiv oder bloßen Ablativ erscheint, ein Objekt abhängen:

facultas **epistulam** celeriter scribendi – Die Fähigkeit, **einen Brief** schnell zu schreiben

Polydorus **officia** diligentissime praestando domino carus fuit.
Polydorus war seinem Herrn lieb und teuer, weil / dadurch dass er **seine Pflichten** sehr gewissenhaft erfüllte.

Übungssätze zur Einführung oder Wiederholung:

1) **Natare** pueros delectat. Itaque Marcus filios artem **natandi** docet.
   (natare – schwimmen)
2) Nunc pueri **ad natandum** parati sunt.
3) **Natando** Agrippina litus petivit et se servavit.
4) Cicero **studendi** causa in Graeciam navigavit.
5) Homo et **ad intellegendum** et **ad agendum** natus est.
6) **Dormiendo** Polydorus vires confirmare solet. *(vires, ium f. – die Kräfte)*

III   ÜBUNGEN:

1)   Bestimmen und übersetzen Sie folgende Formen:

1)	fert		6)	feremini
2)	feret		7)	ferunt
3)	ferret		8)	ferris
4)	ferremur		9)	ferentis
5)	feramus		10)	ferendi

2)   Bilden Sie von diesen Formen, so weit möglich, jeweils die des Perfektstamms:

also: *Präsens* → Perfekt;   *Imperfekt* → Plusquamperfekt;   *Futur I* → Futur II

z. B.:   *ferunt* → tulerunt;   *ferebam* → tuleram;   *feres* → tuleris

A Dono puerorum benigne accepto Polydorus ad dominam se confert sui purgandi causa[1]; paenitet enim eum officium neglexisse ultroque[2] dominis suis maledixisse. „O domina, paenitet me peccati mei. Utinam veniam mihi des! Nam hoc bene scio: Boni
5 servi est officia semper praestare, at dominis non obtemperare stultitiae est. Immo vero – iussa semper facienda laboresque diligenter agendi sunt, officium autem neglegendum non est.
Ita dico dominam mihi colendam, semper mihi parendum esse, dico planius: dominis a me parendum esse."
10 Mucia: „Satis verborum de servorum officiis! Plura dicenda non sunt. Multi labores tibi statim sunt suscipiendi: Laborandi, non loquendi[3] tempus adest."

1)	sui purgandi causa	um sich zu entschuldigen
2)	ultro	obendrein, darüber hinaus
3)	loqui, -or, locutus sum *(dep.)*	reden, sprechen

B   Proximo anno copiis Catilinae a senatus exercitu devictis periculum rei publicae sublatum erat. Tum Cicero ab omnibus bonis
laudabatur et consulatus ei magnae gloriae erat. Quin etiam memoriam consulatus sui aeternam in animis civium collocavisset et
5   condidisset, nisi vitium quoddam ei perniciei fuisset. Populus enim
senatus consultum, ex quo coniurati occidendi erant, numquam
probaverat.
     C. Caesar quoque, qui a popularium partibus stabat, illo tempore
in senatu Ciceronem docuerat socios Catilinae sine populi iudicio
10   capitis damnandos non esse. At Cicero populum audiendum esse
non existimaverat. Eodem die coniurati erant occisi.
     Qua re Cicero, ille vir de patria bene meritus, inimicis populoque
odio fuit; imprimis nefarios impetus P. Clodii, illius inimicissimi
tribuni plebis, vitare non potuit.
15   Ita orationibus eius adductus populus censuit Ciceronem urbe esse
pellendum.
     Maximis circumventus difficultatibus, quod nemo ei auxilio venit,
hic statuit Romam sibi quam celerrime esse relinquendam. Urbe
proficiscens[1] secum dixit: „O me miserum! Urbe pulsus ego patria,
20   omnibus bonis, amicis, uxore carissima, fratre dilecto carebo.
     Luce adempta in exilio simillimus vivam mortuo.
     O me miserrimum, qui e summo culmine rerum in miserias cecidi
miserrimus!"

---

1)   proficisci (*dep.*); *Part. Präs.*: proficiscens   aufbrechen, abreisen

GRAMMATIK

I   SYNTAX:

1)   Dativus commodi und dativus finalis:

A   *Zum dativus finalis:*

a)   Der **dativus finalis** bezeichnet bei <u>Vollverben</u> als Adverbiale den **Zweck** dieser Handlung. Man fragt: „Wozu?" „Zu welchem Zweck?" „Wofür?" z. B.:

legiones **praesidio** relinquere	Legionen **zum Schutz** zurücklassen
milites **auxilio** arcessere / mittere	Soldaten **zu Hilfe** holen / schicken
locum **colloquio** deligere	einen Platz **für ein Gespräch** aussuchen

b)   Mit Formen von **esse** bildet er als Prädikatsnomen das Prädikat. Hierbei bezeichnet der dativus finalis nicht so sehr den Zweck oder die Absicht, sondern eher ein **Ergebnis** oder eine **Eigenschaft**, mit der das Subjekt näher beschrieben wird. Wenn man die Behelfsübersetzung mit „gereichen zu" verwendet, kann man immer fragen: „Wozu?". Wenn man freier übersetzt –und das klingt im Deutschen natürlich besser– kann man auch fragen: „Wie beschaffen?" , „Zu welchem Ergebnis?", „Was?"

Oft erscheint dieser dativus finalis mit dem **dativus commodi** (*s. u.*) zusammen
= **„Doppelter Dativ"**, z. B.:

Eloquentia **Ciceroni laudi** fuit.	Die Redekunst gereichte **Cicero zur Anerkennung**. = verhalf ihm zur Anerkennung.
Hoc scelus **mihi malo** erat.	Dieses Verbrechen gereichte **mir zu Übel**. = brachte mir ein Übel / einen Nachteil.

B   *Zum dativus commodi:*

a)   Der **dativus commodi / incommodi** steht auf die Fragen „Wem?", „Für wen?", „Zu wessen Vor- oder Nachteil?" Er bezeichnet meistens eine Person, seltener eine Sache, zu deren Vor- oder Nachteil eine Handlung geschieht.
Übersetzungsmöglichkeiten sind:
„für, zum Vorteil/Nachteil von... ; zuliebe, zu Gefallen, zu Ehren von" u. ä.

118

b)   Er kann bei normalen Vollverben als **indirektes Objekt** stehen, z. B.:

> **Dis** bovem immolare   **Den Göttern**/Für die Götter ein Rind opfern
> Milites **castris** praesidio relinquere   Soldaten zum Schutz **für das Lager** zurücklassen

c)   Der dativus commodi erklärt sich auch bei Verben, die mit Dativ stehen, wie z. B.:
prospicere, providere, consulere – sorgen für jmd., *metuere* – Furcht haben um jmd.,
parcere- schonen, *invidere* –beneiden.

d)   Bei *esse* verbindet sich dieser Dativ häufig mit dem **dativus finalis** (*s. o. Nr. I 1 b*).

2)   Der genitivus possessivus in prägnanter Bedeutung:

In Verbindung mit einem Infinitiv erhält der *genitivus possessivus* die besondere Bedeutung
im Sinne von: „Es ist Aufgabe / Angelegenheit jemandes", „Es ist ein Zeichen von", „Es ist
kennzeichnend für jemanden" *etc.*
> stultitiae est – es ist ein Zeichen von Dummheit (etwas zu tun)
> Boni consulis est civibus suis consulere. – Es ist Aufgabe eines guten Konsuls, für
> seine Mitbürger zu sorgen.

** *Hierzu vollständig RUBENBAUER-HOFMANN, § 131; THROM, § S 47.*

3)   Einige unpersönlich konstruierte Verben der Empfindung:

- Bei denVerben *piget* – „es verdrießt", *paenitet* – „es reut", *pudet* – „es beschämt"
u. a. (*zur Vollständigkeit s. RUBENBAUER – HOFMANN, § 137*) steht die empfindende
Person im Akkusativ (*vgl. a. THROM § S 46*).

> pudet me – „es beschämt mich" = ich schäme mich

- Die Person oder Sache, auf die sich die Empfindung bezieht, steht im Genitiv, der
hier seinen ursprünglichen Charakter als Genitiv des Bereichs zeigt.

> pudet me sceleris mei – ich schäme mich für mein Verbrechen

** Wird die Empfindung durch ein Pronomen ausgedrückt, erscheint dies im Nominativ:
Hoc me paenitet. – Ich bereue dies (*wörtl.*: „Dies reut mich").

- Weitere Möglichkeiten der Ergänzungen sind Infinitiv, AcI, faktisches *quod*.

> Polydorum paenitet (se) officia neglexisse   *oder:*
> Polydorum paenitet, quod officia neglexit.
> Polydorus bereut, seine Pflichten vernachlässigt zu haben.

4) Das Gerundivum:

Das **Gerundiv(um)** ist ein Verbaladjektiv; es wird wie das Gerundium mit **-nd-** gebildet, folgt aber der vollständigen o - und a - Deklination im Singular und Plural:

> amandus, a, um; monendus, a, um; audiendus, a, um; dicendus, a, um;
> faciendus, a, um

Wie jedes Adjektiv kann das Gerundiv in drei syntaktischen Funktionen verwendet werden:

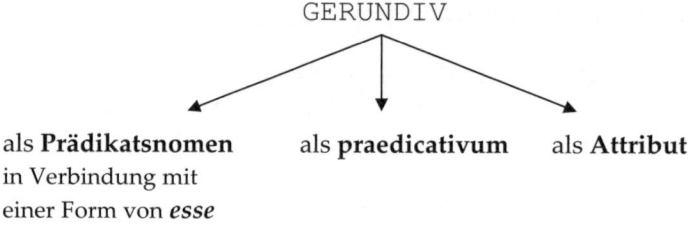

GERUNDIV

als **Prädikatsnomen**   als **praedicativum**   als **Attribut**
in Verbindung mit
einer Form von *esse*

In dieser Lektion wird das Gerundiv als **Prädikatsnomen** behandelt. Nur in dieser Funktion hat es die Bedeutung passivischer <u>Notwendigkeit</u>.

Cicero urbe pellendus est.	Cicero muss aus Rom vertrieben werden.
Hoc vinum bibendum est.	Dieser Wein muss getrunken werden
Patria relinquenda est.	Die Heimat muss verlassen werden.
Socii Catilinae occidendi sunt.	Die Kumpane Catilinas müssen getötet werden.

➤ Eleganter ist eine Wiedergabe im Aktiv: „Man muss Cicero vertreiben" *etc.*

Natürlich kann das Gerundiv auch in einer AcI – Konstruktion erscheinen:

Ceterum censeo Carthaginem esse delendam. – Im übrigen bin ich der Meinung, dass
Karthago zerstört werden muss.
(Spruch des Cato maior)

In Verbindung mit **statuere** (beschließen) verliert das Gerundiv im AcI den Charakter der Notwendigkeit:

Caesar statuit proelium quam celerrime committendum esse.
Caesar beschloss, die Schlacht so schnell wie möglich zu beginnen.
oder: Caesar <u>glaubte</u>, dass die Schlacht möglichst schnell begonnen werden **müsse**.

120

➤ Die Person, die etwas tun muss, steht im **dativus auctoris**, im Dativ des Urhebers (an Stelle des bei den übrigen Passivkonstruktionen gebräuchlichen ablativus auctoris).

    Domina **Polydoro** colenda est.   Die Herrin muss **von Polydorus** geehrt werden / **Polydorus** muss die Herrin ehren.

➤ Bei intransitiven Verben, also solchen, die kein Akkusativobjekt erfordern können und deswegen mit Dativ stehen, wird ein unpersönliches Passiv gebildet:

    Parendum est. – Es muss gehorcht werden, *besser:* Man muss gehorchen.

Tritt ein Dativ hinzu, entsteht Doppeldeutigkeit:

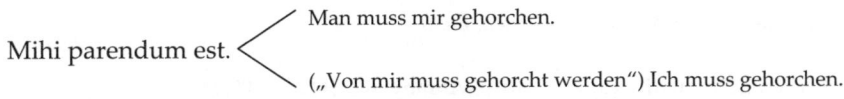

Mihi parendum est.

    Man muss mir gehorchen.

    („Von mir muss gehorcht werden") Ich muss gehorchen.

Hier entscheidet allein der Kontext.

Treten tätige Person (die ja im Dativ stünde) und ein Dativ - Objekt zusammen auf, so <u>kann</u> zur Sicherung des Verständnisses der dativus auctoris durch einen ablativus auctoris ersetzt werden:

Aus:	**Mihi** <u>tibi</u> parendum est (hier weiß man nicht, wer wem gehorchen soll)
wird:	**A me** <u>tibi</u> parendum est. Ich muss dir gehorchen.
Aber auch:	**Ceteris** populi Romani <u>auctoritati</u> parendum est. Die übrigen müssen der Autorität des römischen Volkes gehorchen

➤ Ein (durch *non*) negiertes Gerundiv zeigt meistens ein Verbot an, seltener eine verwehrte Möglichkeit (*Übersetzung mit „nicht dürfen", selten: „nicht müssen"*).

    Proelium committendum non est. - Die Schlacht darf nicht begonnen werden.

➤ *Weitere Beispiele:*

Hic ager nobis inspiciendus est.	Wir müssen das Land untersuchen.
Haec verba vobis audienda sunt.	Ihr müsst diese Worte anhören.
Hae iniuriae tolerandae non sunt.	Diese Übergriffe darf man nicht erdulden.
Legibus parendum est.	Man muss den Gesetzen gehorchen.
Legibus parendum esse constat.	Es steht fest, dass man den Gesetzen gehorchen muss.

5)   Besonderheiten des ablativus separativus:

Normalerweise steht der ablativus separativus zur Bezeichnung des Ausgangspunkts (auch der Trennung) mit der Präposition **a, ab** oder **e, ex** bzw. **de**.

1) Bei Verben des Entfernens oder Abhaltens, Abwehrens **kann** die Präposition weggelassen werden, *also*: Ciceronem **(ex) Italia** pellere – Cicero **aus Italien** vertreiben

2) Verben des Befreiens, Entbehrens, Beraubens und Adjektive in diesem Sinne stehen in der Regel ohne Präposition: Romam **regibus** liberare – Rom **von den Königen** befreien
timore liber – frei **von Furcht**

3) Städtenamen und kleinere Inseln erscheinen ebenfalls im bloßen Ablativ:
Roma – aus Rom, *Athenis* – aus Athen, *Delo* – aus Delos

4) Bei Verben in der Bedeutung „Sein", „Anfangen", „Hängen" *etc.*
herrscht im Lateinischen <u>separative</u> Anschauung vor, während im Deutschen der Blick auf dem Ort ruht:

ex arbore pendere	**am** Baum hängen
a Pompei partibus stare	**auf** Seiten des Pompeius stehen
a tergo	**im** Rücken
a latere	**an** der Seite, Flanke (latus, eris n.)

** *Hierzu vollständig RUBENBAUER-HOFMANN, § 141 – 155.*

A Polydorus: „Iure me hortas, domina, nunc ad laborandum paratus sum." Mucia: „Istud „hortas" Latine non est, „hortaris" dicere debes, si illis verbis uti et recte Latine loqui vis. „Hortor" non „horto", „hortaris", non „hortas". Polydorus: „Hortatur, hortamur, hortami-
5 ni, hortantur – nunc iterum reminiscor, semper memoriam horum verborum depono. Sed te me hortante et adiuvante loquar Latine recte. Nunc autem ad forum proficiscor cibos empturus.",,Proficiscere, proficiscere tandem! Video: Nunc his verbis recte uteris."

Die Warnung Caesars

B Cicero consul de coniuratis puniendis ad senatum rettulerat. Cum plerique eos capitis damnandos (esse) censerent, Caesar haec fere dixit: „Omnes homines in dubiis rebus consultandis ira studioque debent esse vacui. Animus enim, patres conscripti, si timore aut
5 odio captus est, in vero indagando numquam rectum utileque intellegere potest. Neque id me fallit, patres conscripti: Nonnulli adulescentes Catilina duce impetum facere in rem publicam conati sunt. Plebe agitanda ac servis convocandis, quin etiam consule interficiendo haec omnia perturbari voluerunt. At diligentia prae-
10 clarissimi consulis nostri non passa est illos se iam commovere posse ad rem publicam evertendam. Comprehensi, capti, custoditi sunt praesidiis firmissimis. Quid igitur nobis timendum est? Maiores nostri neque timore neque ira permoti condemnatis civibus perniciosis vitam eripi vetuerunt. Imitemur exemplum
15 eorum, qui et sapientia et virtute nos longe praecedunt! Itaque vos, patres conscripti, et hortor, ne animo deficiatis, et moneo, ne falso timore adducti coniuratos sine populi iudicio trucidari iubeatis. Parcere istis volo? Minime! Equidem igitur ita censeo: In vinculis aeternis tenendi sunt, nemo huius consilii mutandi causa
20 intercedat. Si quis aliud dixerit, mortem patiatur."

123

GRAMMATIK

I   FORMENLEHRE:

1)   Die Deponentien:

Definition:
Deponentien sind Verben, die nur Passivformen besitzen (*sie haben ihre Aktivformen „abge-legt": deponere – niederlegen, ablegen*); diese Passivformen haben aktive oder intransitive Bedeutung:

hortari	ermuntern, auffordern (*nicht:* ermuntert werden)
hortor	ich ermuntere, fordere auf (*nicht:* ich werde ermuntert, aufgefordert)
hortatus sum	ich habe aufgefordert (*nicht:* ich bin aufgefordert worden)

z. B.:   Mucia Polydorum **hortata est**, ut labores iterum susciperet.
Mucia forderte Polydorus auf, die Arbeiten wieder aufzunehmen.

* Deponentien sind in **allen** Konjugationsgruppen vertreten, z. B.:

a – Konj.:	imitari	nachahmen
e – Konj.:	vereri	(sich) fürchten, scheuen
i – Konj.:	largiri	schenken
kons. Konj.:	sequi, -or	folgen
kons. i - Konj.:	pati, -ior	erleiden, erdulden, zulassen

* **Abweichungen von obiger Definition**

  vorhandene Aktivformen (*die auch so übersetzt werden*):

hortans, -ntis	→ Partizip Präsens Aktiv
hortaturus, a, um	→ Partizip Futur Aktiv
(*dazu entsprechend der Infinitiv Futur Aktiv*)	

Achtung: **hortare!**	→ Imperativ Singular

  Passivformen in passiver Bedeutung:

hortandus, a, um	→ Gerundiv
(*einer etc. , der ermuntert werden muss*)	

Diese Ausnahmen gelten für die Deponentien <u>aller</u> Konjugationsgruppen.

- Als Semideponentien bezeichnet man Verben, die entweder nur im Präsens- oder nur im Perfektstamm ihre Formen wie die Deponentien bilden, z. B.:

gaudere, -eo, gavisus, a, um sum	sich freuen	Perfektstamm
solere, -eo, solitus, a, um sum	gewohnt sein, pflegen	deponential
audere, -eo, ausus, a, um sum	wagen	gebildet
reverti, -or, reverti	zurückkehren	Präsensstamm deponential gebildet

II   SYNTAX:

1)   Das attributive Gerundiv:

Dieses Gerundiv richtet sich wie ein Adjektiv in Kasus, Numerus und Genus nach seinem Bezugswort. Die Bedeutung der Notwendigkeit im Passiv geht hierbei verloren, die Übersetzung eines solchen Ausdrucks entspricht der des Gerundiums, z. B.:

Romulus et Remus **de urbe condenda** multa disputabant.
Romulus und Remus sprachen viel **über die Gründung** der Stadt.

Der Verlust der Bedeutung der Notwendigkeit liegt darin begründet, dass es sich bei den attributiven Gerundiven um ursprüngliche Gerundiumkonstruktionen handelt, die nach bestimmten Regeln in das Gerundiv überführt werden **müssen** oder **können**:

Hat ein Gerundium **ein Objekt** bei sich, so

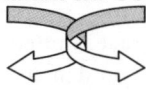

kann es in das Gerundiv verwandelt werden	**muss** es in das Gerundiv verwandelt werden
1) im Genitiv ars orationem **habendi** (*Gerundium*) ars orationis habendae (*Gerundiv*) die Kunst, eine Rede zu halten	**1) im Dativ** dies rei **gerendae** (*Gerundiv*) ein Termin für die Erledigung der Aufgabe
2) im bloßen Ablativ philosophiam **explicando** (*Gerundium*) philosophia explicanda (*Gerundiv*) durch die Erklärung der Philosophie	**2) im Präpositionalgefüge** ad urbem **expugnandam** (*Gerundiv*) zur Eroberung der Stadt / um die Stadt zu erobern de urbe **condenda** (*Gerundiv*) um/über die Gründung der Stadt

Übungssätze:

1) Cicero consilium patriam defendendi cepit (*oder :* patriae defendendae).
Caesar T. Labieno[1] legato[2] diem rei gerendae dixit.
Cicero philosophiam explicando[3] (*oder :* philosophia explicanda) civibus suis
profuit[4]. Hostes ab oppido oppugnando[5] non destiterunt[6].

Angaben:

1)	T. Labienus	Titus Labienus (*fähigster General Caesars*)
2)	legatus, i m.	Legat, General; Gesandter
3)	explicare	erläutern, erklären
4)	prodesse, prosum, profui	nützlich sein, nützen
4)	oppugnare	bestürmen, belagern
5)	desistere, -o, destiti	ablassen von, aufhören

2) *Roms Gründungssage in -nd- Form:*
Romulus et Remus multa de urbe condenda disputabant. Etiam certamina oritura[1]
erant. Certaminis vitandi[2] causa Romulus aves consuli voluit; nam auspicia[3] ad
certamen vitandum apta[4] putabantur. In avibus observandis[5] Romulus in Palatio,
Remus in Aventino sedit[6]. Neuter enim a regno quaerendo destitit[7].

Angaben:

1)	orīri, -ior, ortus sum (*dep.*)	entstehen; aufgehen
2)	vitare	meiden, vermeiden
3)	auspicium, i n.	Vogelschau
4)	aptus, a, um	geeignet
5)	observare	beobachten
6)	sedēre, -eo, sēdi	sitzen
7)	desistere	*s. o.*

3) *Gerundium oder Gerundiv ? (Übersetzen Sie die Sätze und bestimmen Sie die –nd-Formen):*

1) Haec occasio dicendi mihi non praetermittenda[1] erat.
2) Catilina ad delenda[2] rei publicae fundamenta Gallos auxilio arcessebat[3].
3) Quot dies ad illud negotium[4] conficiendum postulas?
4) Adulescentes natandi[5] causa ad fluminis ripam decurrerunt.
5) Caesar Helvetios bellandi[6] cupidos fuisse tradit.
6) Sulla multis rebus feliciter gerendis summam sibi gloriam paravit.
7) Coniurati omnem spem sui servandi abiecerunt[7].

Angaben:

1)	praetermittere	vorübergehen lassen, sich entgehen lassen
2)	delēre, -eo, delēvi, delētum	zerstören
3)	arcessere	herbeiholen, kommen lassen
4)	negotium, i n.	Geschäft, Tätigkeit, Aufgabe
5)	natare	schwimmen
6)	bellare	Krieg führen
7)	abicere, -io, -ieci, -iectum	*wörtlich:* wegwerfen, *hier:* aufgeben

Für die Spezialisten:
Wie vollzieht sich die Umwandlung eines Gerundiums (mit Objekt) zum Gerundiv?

Sie haben in dieser Lektion erfahren, dass nach den Regeln des Sprachgebrauchs ein Gerundium mit Objekt in das Gerundiv verwandelt werden **muss** *bzw.* **kann**. Hier seien die Schritte der Umwandlung zum Gerundiv am Beispiel eines Gerundiums im Genitiv skizziert:

GERUNDIUM:

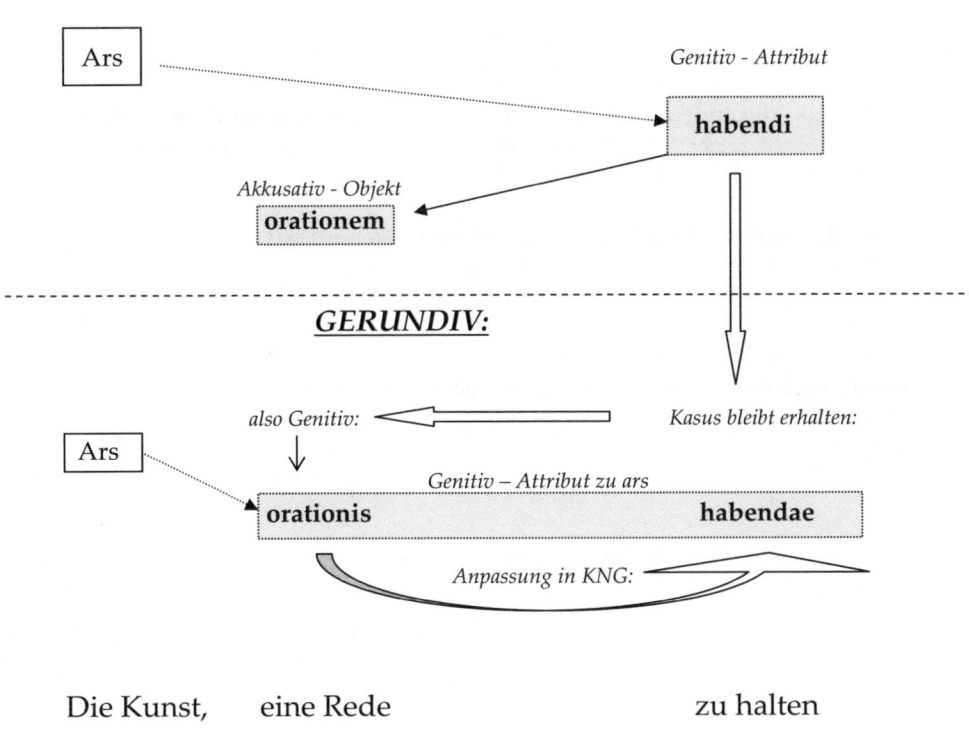

GERUNDIV:

Die Kunst,   eine Rede   zu halten

1) Man behalte den Kasus des Gerundiums bei.
2) Man verwandele das Objekt des Gerundiums in den Kasus des Gerundiums.
3) Man bilde nun in KNG - Kongruenz die -nd- Form und erhält so das Gerundiv.

Versuchen Sie es einmal selbst:

GERUNDIUM ⟶ GERUNDIV

occasio coniuratos celeriter comprehendendi → ????

2) Das prädikative Gerundiv:

Nachgetragen sei an dieser Stelle die <u>dritte</u> Verwendungsmöglichkeit des Gerundivs: Es kann auch die syntaktische Funktion eines **praedicativum** einnehmen und zwar nach Verben des Gebens, Überlassens, Erlaubens, Übergebens, Sorgens für... . In einem solchen Fall gibt das Gerundiv **Sinn, Zweck** und **Absicht** der Handlung an, entspricht also sinngemäß einem Final- oder Begehrssatz:

Beispiele:

1) Philippus Alexandrum filium Aristoteli philosopho **educandum** tradidit.
    Philipp übergab seinen Sohn Alexander dem Philosophen Aristoteles **zur Erziehung**
    (= *damit* er ihn erziehe, damit er erzogen werde).

2) Marcellus militibus suis Syracusas **diripiendas** permisit.
    Marcellus gestattete seinen Soldaten, die Stadt zu plündern.
    oder: ...überließ seinen Soldaten die Stadt zur Plünderung.

3) Caesar pontem **faciendum** curavit.
    Caesar sorgte für den Bau einer Brücke / ließ eine Brücke bauen
    (= *sorgte dafür, dass eine Brücke gebaut wurde*).

** *Zum Gerundium und Gerundiv s. a. Anhang XXXI.*

A   Pueri e Polydoro, qui de Cicerone multa narraverit, tamen
quaerunt, quae res a viris illustribus ultimis rei publicae temporibus gestae sint. Itaque Polydorus narrare pergit: „Cicero, qui
inimicitias Caesaris suscepisset, a Clodio pulsus aliquamdiu
5   exul in Graecia versari coactus erat. Sed duobus fere annis post
auctore Pompeio Caesare non negante consensu omnium bonorum
senatus consulto Romam revocatus erat. Tunc autem secutae sunt
tempestates rei publicae, quibus nobiles inter se dissiderent, Ciceroni autem neque potestas neque auctoritas esset. Postremo
10   bellum grave et rei publicae funestum ortum est, quo Pompeius ac
Caesar de dominatu dimicarent: Caesar enim, qui consul iterum
fieri voluisset, quod senatus negavisset, Rubicone transito cum
exercitu Romam profectus est. Itaque totam urbem tantus terror
invasit, ut Pompeius praeceps profugeret Italiamque turpiter re-
15   linqueret. Tandem pugna ad Pharsalum facta a Caesaris legionibus
pulsus ac devictus est. Regem Aegyptiorum sibi auxilio futurum
esse ratus paucis cum comitibus in Aegyptum fugit. At priusquam
navis eius ad litus appelleretur, a satellitibus regis trucidatus est.
Caesar autem pluribus aliis bellis confectis[1] dictaturam adeptus est.
20   Inimicorum adversariorumque multis servatis famam modera-
tionis et clementiae peperit. Cum autem nobiles, inter quos Cicero,
sperarent eum ipsum rem publicam restituturum et dictatura
abdicata privatum victurum esse, Caesar dicebat nihil esse rem
publicam, appellationem[2] modo sine corpore ac specie[3]. Permoti
25   talibus et aliis verbis, quibus superbia non toleranda inesse vide-
retur, coniurati Bruto Cassioque ducibus Caesarem in senatu
interfecerunt."

1)	conficere	s. Wortbildung zu Vokabeln L. 16.
2)	appellatio, onis f.	hier: Name, Bezeichnung
3)	species, ei f.	Aussehen, Gestalt

B   „Caesare interfecto libertas non rediit. Novae dissensiones, nova atque atrocia bella, ut Caesar praedixerat, statum rei publicae concutiebant et labefactabant. Primum Antonius, Lepidus, Octavius triumviri in cives crudelissime animadverterunt, ut mortem Cae-

5   saris ulciscerentur. Illo tempore Cicero quoque, avus vester, qui Antonium acerrimis orationibus vehementissime offendisset, fugiens ab Antonii militibus occisus est.

Deinde, compluribus annis post, Octavius, qui nunc Caesar appellabatur, cum Cleopatra Antonioque de dominatu certavit.

10   Pugna navali classem hostium pepulit, et Antonius et Cleopatra mortem sibi consciverunt.

Tum Caesar dux reliquus nomine triumviri deposito tribunicio iure contentus rem publicam restitutam declaravit. At re vera iam diu amissa erat, quod Caesar munera senatus et magistratuum in se

15   traxerat et princeps nomine Augusti rem publicam administrabat. Id fieri potuit, quod plebs nobilesque tantis bellis gestis pacem quietemque temporibus veteribus ac periculosis praeferebant. Pauci tantum erant, qui non laudarent omnia ad unum virum delata esse; sed Augustus ipse iterum iterumque docet se potestate

20   nemini, auctoritate omnibus praestare.

Mihi quidem certum est: Ille, si quando[1] multos annos compleverit et vitae finis aderit, moriens dicet: „Si illud spectaculum vobis placuit, nos omnes cum gaudio domum ire sinite.“

---

1)   quando = aliquando: *Nach* si, nisi, ne, num *u. a. entfällt* ali- .

GRAMMATIK

I   FORMENLEHRE:

1)   Das Futur II:

Das Futur II Aktiv ist bezüglich der Bildung identisch mit dem Konjunktiv Perfekt (*vgl. a. L. 14, Grammatikteil I 1*).
Ausnahme ist die erste Person Singular, die auf **-ero** endet (statt **-erim**); im Passiv wird der zweite Bestandteil (laudatus **erim**) durch **ero** ersetzt,

Aktiv: laudav**ero**   Passiv: laudatus, a, um **ero**.

**Genaue Ausführung der Formen s. Anhang S. II und III.

2)   Das Personalpronomen ipse, ipsa, ipsum:

ipse, ipsa, ipsum (selbst) hat im Gen. Sg.: **-ius** und im Dat. Sg. **-i,** wie die übrigen Pronomina; die restlichen Kasus folgen der o - und a - Deklination.

Es dient der Hervorhebung einer Person oder Sache:

rex ipse   der König selbst, der König persönlich

Dieses Pronomen kann auch im obigen Sinn die Bedeutung „gerade", „ausgerechnet" annehmen.

3)   fieri – das Passiv von facere:

Das Passiv des Präsensstamms von *facere* ist unregelmäßig; es bildet Formen von *fieri:*

	Ind. Präs.	Konj. Präs.	Ind. Imperf.	Konj. Imperf.	Fut. I
1. Sg.	fio -ich werde *etc.*	fiam	fiēbam	fierem	fiam
2. Sg.	fis	fias	fiēbas	fieres	fiēs
3. Sg.	fit	fiat	fiēbat	fieret	fiēt
1. Pl.	fimus	fiamus	fiēbamus	fieremus	fiēmus
2. Pl.	fitis	fiatis	fiēbatis	fieretis	fiētis
3. Pl.	fiunt	fiant	fiēbant	fierent	fient

Die Komposita von *facere* bilden ihr Passiv regelmäßig (wie *capere*), also: afficior, afficeris, afficitur... *etc.*
Das Passiv der Tempora des Perfektstamms von *facere* ist ebenfalls regelmäßig, wie Sie schon in den letzten Lektionen gemerkt haben, also: factus, a, um sum... *etc.*

II   SYNTAX:

1)   Das Futur II *(futurum exactum)*:

Das Futur II bezeichnet eine in der Zukunft vollendete Handlung (darum: *exactum* – ausgeführt, vollendet).
Häufig erscheint es in Konditionalsätzen, um im Nebensatz die Voraussetzung anzugeben, für die die im Futur I formulierte Aussage gilt:

Si Catilina urbe expulsus erit, Roma timore libera erit.
Wenn Catilina aus der Stadt gejagt wird / worden ist (*wörtl:* gejagt worden sein wird), dann wird Rom frei von Furcht sein.

Si Germanos vicerimus, pax erit.
Wenn wir die Germanen besiegt haben (*wörtl.:* besiegt haben werden), wird Frieden herrschen.

Si Romam venerimus, amicos ad cenam invitabimus.
Wenn wir nach Rom kommen (gekommen sind), werden wir unsere Freunde zum Essen einladen.

➡ Für die Übersetzung des Futur II ins Deutsche verwendet man gewöhnlich Präsens oder Perfekt.

„Wenn ich dies gelesen habe, werde ich klüger sein."
(*Statt:* „Wenn ich dies gelesen haben werde, dann werde ich klüger sein.")

2)   Konjunktiv in Relativsätzen:

Erscheint in einem Relativsatz, der als Attribut sein Bezugswort im übergeordneten Satz erläutert, der Konjunktiv, dann wird darüber hinaus eine inhaltliche, adverbiale Beziehung zum Prädikat des übergeordneten Satzes hergestellt. Man spricht deshalb von Relativsätzen mit konjunktivischem oder adverbialem Nebensinn.

Es gibt fünf Möglichkeiten des adverbialen Nebensinns:

➢ finaler Nebensinn (*bzw.* Begehren)	(im Deutschen mit Hilfsverb <u>sollen</u>)
➢ kausaler Nebensinn	(im Deutschen mit Indikativ*)*
➢ konsekutiver Nebensinn	(s. o.)
➢ konzessiver Nebensinn	(s. o.)
➢ (*seltener):* konditionaler Nebensinn	(den Arten des Konditionalsatzes entsprechend*)*

Beispiele:

1) Helvetii legatos ad Caesarem miserunt, qui pacem **peterent**.
   Die Helvetier schickten Gesandte zu Caesar, die um Frieden bitten **sollten**.

2) Catilina, qui vir fortis **esset**, de salute non desperavit, sed proelium commisit.
   Catilina, der ja (= weil er) ein tapferer Mann war, gab die Hoffnung auf Rettung nicht
   auf, sondern eröffnete die Schlacht.

** *Weitere Beispiele s. Anhang XXVI, Nr. 2e und XXX.*

3)   Nominativus cum Infinitivo (N c I):

Bei manchen Verben, die einen AcI regieren, ist auch eine Verwandlung ins Passiv möglich.
Dann ändert sich nur der Subjektsakkusativ (*und gegebenenfalls das Prädikatsnomen*): Er wird
zum Nominativ und damit zum Subjekt des Satzes, das mit dem passivischen Prädikat
eine persönliche Konstruktion bildet, an die sich der Prädikatsinfinitiv „anhängt":

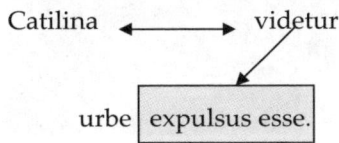

Catilina scheint aus der Stadt getrieben zu sein.

(*Man muss also nicht auf das unpersönliche „Es scheint,
dass Catilina... vertrieben worden ist" zurückgreifen.*)

Bei anderen Verben **dici, putari, tradi, haberi, iuberi, existimari** *u. ä.* ist man auf die
Übersetzung mit einem unpersönlichen Passiv oder auf eine freie Wiedergabe angewiesen:

Socrates iustissimus fuisse dicitur.	Es wird gesagt, dass Sokrates sehr gerecht gewesen sei (*oder:* Man sagt, dass Sokrates...).
Milites pontem facere iussi sunt.	Den Soldaten wurde befohlen, eine Brücke zu bauen.
Catilina fortiter pugnavisse traditus est.	Es wurde berichtet, dass Catilina tapfer gekämpft hat.
Polydorus semper fidus esse putatur.	Es wird geglaubt, dass P. immer zuverlässig ist (*oder:* P. **gilt** als immer zuverlässig).

Blick vom Palatin auf das Forum Romanum: Im Vordergrund der Rest des Rundtempels der Vesta. Unmittelbar daneben die Reste des Amtsitzes des pontifex maximus, des obersten Priesters, der für die Ausübung der Kulte in Rom und auch die Vestalinnen verantwortlich war. Im Anschluss daran (mit dem runden Dach) der Tempel des Divus Iulius, der an der Stelle errichtet wurde, an der man Caesars Leiche verbrannt hatte. Das gut erhaltene Ziegelgebäude (renoviert von Kaiser Diokletian, 300) ist die Kurie, in der der Senat zu tagen pflegte.

Vokabeln

Hinweise

In diesem Vokabular finden Sie die Wörter der einzelnen Lektionen. Der Wortschatz dieses Kurses reicht für die Cicero - Lektüre noch nicht ganz aus. Sie werden daher im zweiten Semester noch weitere Vokabeln lernen müssen.

Um sich das Lernen zu erleichtern, beachten Sie bitte Folgendes:

1) Neben den für die jeweilige Lektion notwendigen Vokabeln werden manchmal einige stammverwandte Wörter hinzugefügt, die nicht im Text erscheinen. Dies hat den Vorteil, dass Sie weitere wichtige Vokabeln lernen und Ihre eigene Sprachbeobachtung schärfen: So lässt sich etwa *pius* (fromm) leichter im Verbund der Wortfamilie lernen, wenn das dazu gehörige Substantiv *pietas* (Frömmigkeit) aufgeführt wird. Dem aufmerksamen Beobachter entgeht vielleicht nicht, dass die Endung *-tas* ein Substantiv signalisiert, das unseren Begriffen auf -„heit", -„keit" *etc.* entspricht. Dieses Prinzip ist allerdings, um eine Überfrachtung zu vermeiden, nicht konsequent, sondern nur gelegentlich durchgeführt.

2) <u>Substantive</u> werden mit dem Nominativ, dem Genitiv und dem grammatischen Geschlecht genannt, z. B.: avus, (av)**i**, **m.**(asculinum) – Großvater.
Bei Nur - Plural - Wörtern erscheinen entsprechend Nominativ und Genitv <u>Plural.</u>
Da es im Lateinischen verschiedene Deklinationsgruppen gibt, ist es unumgänglich, Genitiv und Geschlecht sofort mit zu lernen.
Das Fehlen des unbestimmten und des bestimmten Artikels im Lateinischen hat zur Folge, dass *servus* „<u>der</u>" *oder* „<u>ein</u> Sklave" *oder nur* „Sklave" heißen kann. Diese Tatsache ist in der ersten Lektion bei den jeweiligen deutschen Substantiven berücksichtigt, danach werden die Artikel nicht mehr genannt.

3) <u>Adjektive</u> richten sich im Lateinischen immer in Kasus, Numerus und Genus (Fall, Zahl und Geschlecht) nach ihrem Bezugswort, das sie erläutern. Die meisten Adjektive haben für jedes Genus eine Endung; deshalb lernen Sie magn**us** (*für masculinum*), magn**a** (*für femininum*) und magn**um** (*für neutrum).*

4) <u>Verben</u> erscheinen zunächst nur im Infinitiv Präsens Aktiv, also **amare** – lieben. Im weiteren Verlauf werden sie mit den so genannten <u>Stammformen</u> aufgeführt: **amare** (= *Infinitiv Präsens Aktiv*), **- amo** (= *1. Person Singular Indikativ Präsens Aktiv*) **- amavi** (= *1. Person Singular Indikativ Perfekt Aktiv*) **- amatum** (= *Partizip Perfekt Passiv).*
Im alphabetischen Verzeichnis finden Sie alle Stammformen der Verben, die in den ersten Lektionen aus didaktischen Gründen noch nicht vollständig genannt sind.

5) Die für die Aussprache wichtigen Silben sind durch Längenzeichen gekennzeichnet. Für die Betonung der einzelnen Wörter ist die vorletzte Silbe maßgeblich (Paenultima - Gesetz): Ist sie <u>lang</u>, wird sie betont, z. B.: **amāmus**; - ā ist lang, deshalb wird diese Silbe betont. Ist sie <u>kurz</u>, wird die drittletzte Silbe betont, *z. B.:* **amábimus**; dieses -i ist kurz, also wird die Silbe davor betont.
Folgen allerdings auf eine kurze, vorletzte – also eigentlich unbetonte – Silbe zwei Konsonanten, wird diese dennoch betont, z. B.: promítto.

6)   Am Ende eines jeden Lektionswortschatzes finden Sie Anregungen und Verweise auf andere Sprachen *bzw.* Fremdwörter im Deutschen; neben einer Erleichterung des Lernens durch „Vernetzung" soll der Einfluss des Lateinischen auf andere europäische Sprachen deutlich werden. Hierbei kann keine Vollständigkeit vorausgesetzt werden, da dies den Rahmen eines Lehrbuchs sprengen würde.

Und nun: Viel Erfolg beim Lernen!

	Polydōrus, i m.	Polydorus (*griechischer Eigenname*)
	Graecus, a, um (*Adjektiv*)	griechisch
	esse (*Infinitiv*)	sein
	est (*3. Pers. Sg.*)	er, sie, es ist
5	et (*Konjunktion*)	und, auch
	Rōma, ae f.	Rom
	Rōmae	in Rom
	multi, ae, a	viele
	Graecus, i m.	(der / ein) Grieche
10	servus, i m.	(der / ein) Sklave
	sunt	sie sind
	Marcus Tullius, i m.	Marcus Tullius (*Sohn des berühmten Cicero*)
	serva, ae f.	(die / eine) Sklavin
	habēre (*Infinitiv*), habeo	haben, besitzen, halten
15	villa, ae f.	(das / ein) Landhaus
	-que	*angehängt:* und
	villa urbāna	(das / ein) Haus in der Stadt, Stadthaus
	in (*Präposition m. Ablativ*)	in, an, auf (*auf die Frage: Wo?*)
	labōrāre (*Infinitiv*)	arbeiten
20	Mūcia, ae f.	Mucia (*Frau des Tullius, fiktiv*)
	domina, ae f.	(die / eine) (Haus)herrin
	dominus, i m.	(der / ein) (Haus)herr, Herr(scher)
	familia, ae f.	(die / eine) Familie
	advocāre	herbeirufen
25	venīre (*Infinitiv*)	kommen
	citō (*Adverb*)	schnell
	ubi (*Interrogativpronomen*)	wo?
	iam (*Adverb*)	schon
	diu (*Adverb*)	lange, lange Zeit
30	tē (*Personalpronomen im Akkusativ*)	dich
	exspectāre	erwarten, warten auf
	clamāre	rufen, schreien
	statim (*Adverb*)	sofort, auf der Stelle
	ecce	schau, sieh da
35	adesse	da sein, anwesend sein; helfen
	semper (*Adverb*)	immer
	apparēre, -eo	erscheinen
	cum (*Subjunktion*)	sooft, immer wenn, sobald
	mē (*Personalpronomen im Akkusativ*)	mich
40	vocāre	rufen; nennen
	nam (*Konjunktion*)	denn
	libenter (*Adverb*)	gerne, bereitwillig
	meus, a, um (*Possessivpronomen*)	mein
	parēre, -eo	gehorchen
45	nōn	nicht

	ignōrāre	nicht wissen, nicht kennen
	ignōtus, a, um	unbekannt
	vōs (*Personalpronomen im Nom. u. Akk.*)	ihr; euch
	bonus, a, um	gut
50	Rōmānus, a, um	römisch
	Rōmānus, i m.	(der / ein) Römer
	autem (*nachgestellt*)	aber
	cuncti, ae, a	alle
	populus, i m.	(das / ein) Volk
55	itaque	daher, deshalb
	mundus, i m.	(die / eine) Welt
	neque... neque	weder... noch
	philosophus, i m.	(der / ein) Philosoph
	sed (*Konjunktion*)	aber
60	tacēre, -eo	schweigen
	proinde	daher, deshalb
	audīre, -io	hören, zuhören
	monēre, -eo	mahnen, ermahnen
	egō	ich
65	tū	du
	quid (*Interrogativpronomen*)	was ?
	mihi (*Personalpronomen im Dativ*)	mir
	imperāre	befehlen; herrschen über
	respondēre, -eo	antworten
70	nōn iam	nicht mehr
	scīre, -io	wissen; kennen
	nunc	jetzt
	paedagōgus, i m.	(der / ein) „Pädagoge"
	properāre	eilen; sich beeilen (*etw. zu tun*)
75	cum (*Präposition m. Ablativ*)	(zusammen) mit
	filius, i m.	(der / ein) Sohn
	filia, ae f.	(die / eine)Tochter
	in (*Präposition m. Akkusativ*)	in, zu, in... hinein (*auf die Frage: Wohin?*)
	schola, ae f.	(die / eine) Schule
80	magister, tri m.	(der / ein) Lehrer
	saepe (*Adv.*)	oft
	nōs (*Personalpronomen im Nom. u. Akk.*)	wir; uns
	quod (*Subjunktion*)	weil, da
	tuus, a, um (*Possessivpronomen*)	dein
85	tam	so
	cessāre	zögern, trödeln
	puer, i m.	(der / ein) Junge
	tum	da, dann, damals, darauf
	tandem	endlich, schließlich

Der allmählichen Ausdehnung des römischen Reiches bis hin zur Weltmacht, die den gesamten Mittelmeerraum und große Gebiete darüber hinaus umfasste, folgte eine religiöse, kulturelle, zivilisatorische und sprachliche Durchdringung der unterworfenen Gebiete. Dieser Prozess der Romanisierung hatte die Bildung eines einheitlichen Kulturraums zur Folge, in dem neben dem Griechischen das Lateinische zur „Weltsprache" aufstieg.

Im Laufe der Zeit entwickelten sich in den Provinzen Gallien, Hispanien und anderen Orts, durch die Einflüsse der lokalen Sprachen und Dialekte bedingt, die modernen Sprachen Italienisch, Französisch, Spanisch, Portugiesisch und Rumänisch.Auch Englisch und Deutsch verdanken dem Lateinischen Einiges. So sind z. B. die Wörter *Straße, Mauer, Fenster, Keller, Zelle* ohne die Anwesenheit Römer in Germanien undenkbar.

Es übersteigt die Möglichkeiten eines einfachen Lehrbuchs, sprachwissenschaftlich detailliert den lautgeschichtlichen Wandel nachzuzeichnen, dem die lateinischen Wörter in den einzelnen Provinzen unterworfen waren. In diesem Zusammenhang sei auf das anregende und lehrreiche Buch in der Reihe Auxilia, Band 41, Latein – Brücke zu den romanischen Sprachen (W. Nagel u. a.), C. C. Buchners Verlag Bamberg 1997, hingewiesen.

Erwähnen möchte ich nur hier, dass man neben dem lautlichen Wandel des öfteren auch mit einer Veränderung der Bedeutung des ursprünglich lateinischen Wortes rechnen muss. Etliche Wörter haben zudem keinen Eingang in die modernen Sprachen gefunden. Sie wurden durch andere ersetzt: So z. B. uxor (Gattin), das von mulier (Weib, Frau) verdrängt wurde. Auch hier bietet das so eben zitierte Buch zahlreiche Beispiele. Insgesamt lassen sich folgende mögliche Veränderungen festhalten (vgl. Nagel u. a., s. o. S. 21 – 23):

Bedeutungsveränderungen der lateinischen Wörter

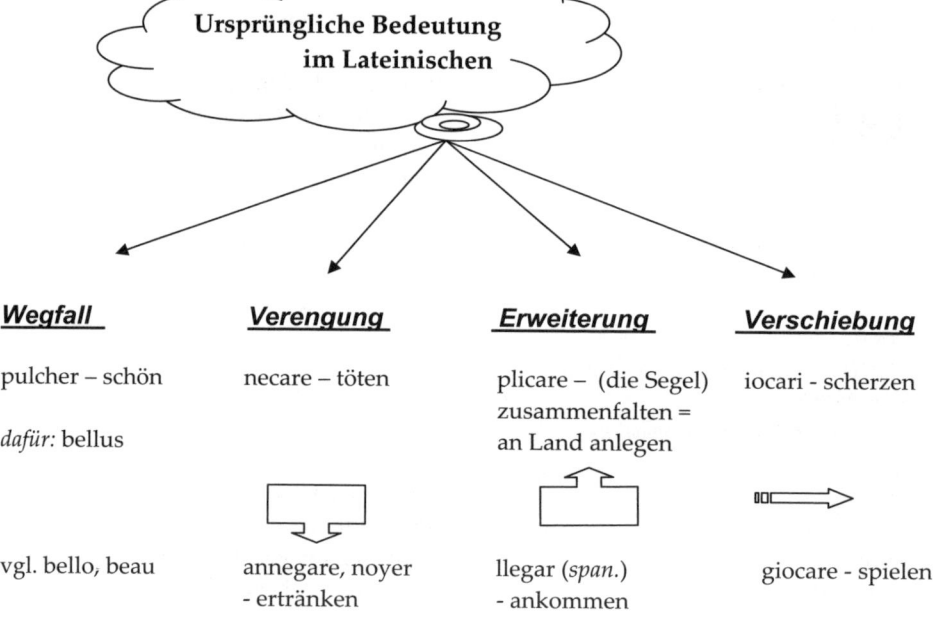

Ursprüngliche Bedeutung im Lateinischen

Wegfall	*Verengung*	*Erweiterung*	*Verschiebung*
pulcher – schön	necare – töten	plicare – (die Segel) zusammenfalten = an Land anlegen	iocari - scherzen
dafür: bellus			
vgl. bello, beau	annegare, noyer - ertränken	llegar (*span.*) - ankommen	giocare - spielen

Im Folgenden finden Sie zu den Vokabeln der jeweiligen Lektionen Lernhilfen *bzw.* Übungen:

Führen Sie die in den Tabellen aufgeführten Wörter auf das lateinische „Original" zurück und vervollständigen Sie, wo es überhaupt möglich ist, die Tabellen. Hierbei spielt die Wortart keine Rolle; das Erkennen der etymologischen Verwandtschaft ist das Ziel dieser Lernhilfen und -impulse. Hier nun die Tabelle, die zu den Vokabeln der ersten Lektion gehört. Sie sollten sich dieser Übung nach dem Erlernen der jeweiligen Lektionsvokabeln widmen, gewissermaßen in einem zweiten „Gang". Auf diese Weise könnte das Erlernte stärker haften bleiben.

Fremdwort	Englisch	Italienisch	Spanisch	Französisch
multiplizieren		molto	mucho	
Advokat				avocat
	to appear			apparence
		mio		
Bonität		buono	bueno	
	to expect			
Ignoranz	to ignore			ignorer
	is	è	es	
		noi	nosotros	nous
		mondo		monde
Populist	people			peuple
		scuola	escuela	école
	to have			
Meister				maître
Egoist	I	io		
	science			
			hijo	fils
		sempre	siempre	
		voi		vous

Für Portugiesisch – Lernende: Bilden Sie die entsprechenden Vokabeln im Portugiesischen.

	imperium, i n.	Befehl(sgewalt); Herrschaft; Reich
	provincia, ae f.	Provinz
	tabula, ae f.	Tafel; Gemälde
	magnus, a, um	groß; bedeutend
5	mōnstrāre	zeigen
	studēre, -eo (*m. Infinitiv*)	sich bemühen, versuchen
	hīc (*Adv.*)	hier
	Italia, ae f.	Italien
	ibi (*Adv.*)	dort
10	Sicilia, ae f.	Sizilien
	vidēre, -eo	sehen, erblicken
	patria, ae f.	Heimat, Vaterland
	noster, tra, trum	unser
	īnsula, ae f.	Insel
15	maximus, a, um	der, die, das größte; sehr groß
	copiōsus, a, um	reich
	frūmentum, i n.	Getreide
	Rōmam (*Akkusativ der Richtung*)	nach Rom
	importāre	hineintragen, einführen
20	portāre	tragen, bringen
	solēre, -eo (*m. Infinitiv*)	gewohnt sein (*etw. zu tun*)
	prīmus, a, um	der, die, das erste
	ante (*m. Akk.*)	vor
	saeculum, i n.	Jahrhundert
25	Poeni, ōrum m.	die Punier, Karthager
	habitāre	wohnen; bewohnen
	adversārius, a, um	feindlich; *substantiviert:* Feind
	dē (*m. Abl.*)	von... herab; in Bezug auf, über, um
	pugnāre	kämpfen
30	ad (*m. Akk.*)	zu, an, bei
	Gallia, ae f.	Gallien
	gaudēre, -eo	sich freuen
	attentus, a, um	aufmerksam
	ut (*Subjunktion*)	wie
35	Dīvus Iūlius	der vergöttlichte Iulius Caesar
	terra, ae f.	Land, Erde
	barbaricus, a, um	fremd, barbarisch
	annus, i m.	Jahr
	oppugnāre	bestürmen; belagern; bekämpfen
40	proelium, i n.	Kampf, Schlacht
	Hispānia, ae f.	Hispanien, Spanien
	paenīnsula, ae f.	Halbinsel
	Germānia, ae f.	Germanien
	vōbīs (*Dativ*)	euch
45	Germāni, ōrum m.	die Germanen

	a, ab (m. Abl.)	von, von... weg; seit
	initium, i n.	Anfang, Beginn
	adhuc	bis jetzt; jetzt noch
	quoque (nachgestellt)	auch
50	timēre, -eo	jmd. fürchten; sich fürchten
	vir, viri m.	Mann
	ferus, a, um	wild; grausam
	cōpiae, ārum f.	Truppen; Vorräte
	iterum	wieder(um), zum zweiten Mal
55	iterum atque iterum	immer wieder
	superāre	übertreffen; besiegen
	Rhēnus, i m.	der Rhein
	fluvius, i m.	Fluss
	rīpa, ae f.	Ufer
60	castellum, i n.	(kleines) Lager
	firmāre	stärken; befestigen, sichern
	ita	so, auf diese Weise
	posse, possum	können
	quam (bei Adjektiven u. Adverbien)	wie
65	etiam	auch; sogar
	Asia, ae f.	Kleinasien
	perīculum, i n.	Gefahr
	perīculōsus, a, um	gefährlich
	cum (m. Ablativ)	(zusammen) mit
70	bellum, i n.	Krieg
	cēteri, ae, a	die übrigen
	enumerāre	aufzählen
	vōs (Nominativ u. Akkusativ)	ihr; euch
	fatigāre	jmd. ermüden
75	cogitāre (mit Infinitiv)	beabsichtigen (etw. zu tun)

Verfahren Sie wie bei Lektion 1:

Fremdwort	Englisch	Italienisch	Spanisch	Französisch
Imperialismus	empire			
		tavola		table
Student	to study			
Video			ver	
		nostro		nôtre
		attenzione		attention
			tierra	terre
Initiative				
	castle	castello		château
		periculoso		
	inhabitant			habitant
Potential	possibility			
Annalen		anno		
		seculo		siècle
maximal		massimo		

	hōra, ae f.	Stunde
	finīre, -io	beenden
	laetus, a, um	froh, fröhlich
	verbum, i n.	Wort; Ausspruch
5	suus, a, um *(reflexives Possessivpronomen)*	sein, ihr
	via, ae f.	Weg, Straße
	domum *(Akkusativ der Richtung)*	nach Hause
	īre, eo	gehen
	at *(Betonung des Gegensatzes)*	aber
10	mihi in animō est *(m. Infinitiv)*	ich habe im Sinn, ich beabsichtige *(zu tun)*
	animus, i m.	Sinn, Gemüt, Verstand, innere Haltung
	forum, i n.	Marktplatz
	visitāre	besuchen
	ubi *(zur Einleitung eines Relativsatzes)*	wo
15	magnificus, a, um	großartig, prächtig
	aedificium, i n.	Gebäude
	quō *(Interrogativpronomen)*	wohin?
	rogāre	fragen; bitten
	nōbīscum	mit uns
20	mīrus, a, um	seltsam, wunderlich; wunderbar
	monumentum, i n. *(vgl. monēre)*	Denkmal, Monument
	ac profectō	und wirklich, und in der Tat
	appropinquāre	sich nähern
	narrāre	erzählen, berichten
25	summus, a, um	der oberste, höchste, wichtigste
	administrāre	verwalten, lenken
	cōnsultāre	sich beraten, beratschlagen
	satis	genug, ausreichend
	bene *(Adv.)*	gut
30	explicāre	erklären, erläutern
	-ne *(angehängt, bei neutralen Fragen)*	*wird nicht übersetzt*
	nōnne *(bei erwarteter positiver Antwort)*	denn nicht, etwa nicht
	quis *((Interrogativpronomen)*	wer?
	prīmo *(Adverb)*	zunächst, zuerst
35	dubitāre	zögern *(mit Infinitiv)*; zweifeln
	deinde	sodann, darauf, dann
	certē	sicherlich, gewiss
	inquit *(eingeschoben in eine direkte Rede)*	sagt(e) er, sie, es
	quandō	wann?
40	pulcher, chra, chrum	schön
	templum, i n.	heiliger Bezirk, Tempel
	aedificāre *(vgl. aedificium)*	(er)bauen, errichten
	num *(bei erwarteter negativer Antwort)*	etwa
	nōnnūlli, ae, a	einige
45	perantīquus, a, um	sehr alt, uralt

Augustus, i m.			(Kaiser) Augustus	
velut			wie, wie zum Beispiel	
Palātium, i n.			der Palatin (*einer der sieben Hügel Roms*)	
situs, a, um			gelegen, liegend, befindlich	
50 alius, alia, aliud			ein anderer	
deus, i m.			Gott	
dea, ae f.			Göttin	
-que (*angehängt*)			und	
dēbēre (*mit Infinitiv*)			sollen, müssen; *als Vollverb:* verdanken, schulden	

Fremdwort	Englisch	Italienisch	Spanisch	Französisch
	hour			heure
Finale	to finish			
		lieto		
			ir	
	to visit			
		edificio	edificio	
antik	ancient	antico		ancien
Summe				
Administration				
konsultieren				
	to doubt			
Situation	(site)			
			cuando	
Debit		dovere		devoir

Wortbildung:

Das Präfix **ad-** bedeutet „an-, heran-, hinzu-, herbei-"
(Sie finden eine Auflistung der Präfixe und ihrer Bedeutungen im Anhang XXXII f.)

also: vocāre – rufen, **ad**vocāre – herbeirufen
Der Konsonant kann sich bei entsprechender Formation verändern, bzw. angleichen.

also: **ad**propinquāre → **ap**propinquāre.
Eine solche Konsonantenangleichung heißt **Assimilation**.

In diesem Sinne bedeutet das Präfix **ob-** entgegen:
obpugnāre (*wörtl.: dagegen kämpfen*) wird zu **op**pugnāre.

ex- bedeutet „aus-, heraus-, bis zum Ende"

expugnāre (*wörtl.: bis zum Ende kämpfen*) heißt „erobern".
evocāre – herausrufen, hervorrufen, verlocken

	valdē	sehr
	placet (*mit Dativ*)	es gefällt
	dīcere, -o (*s - Perfekt*)	sagen, sprechen
	relinquere, -o (*Dehnungsperfekt, ohne Nasal*)	zurücklassen, verlassen
5	redīre, -eo	zurückkehren
	cupere, -io (*v - Perfekt*)	begehren, wünschen, wollen
	fortasse	vielleicht
	aliquis, aliquid	irgendjemand; irgendetwas
	principium, i n.	Beginn, Ursprung, Anfang
10	tempus, oris n.	Zeit, Gelegenheit
	paulum	ein wenig, etwas
	ūnus, a, um	ein einziger *etc.*
	antīquus, a, um	alt
	minimē (*Adverb*)	am wenigsten, keineswegs
15	iūcundus, a, um	angenehm, erfreulich
	asper, era, erum	rau, hart, schwierig
	oppidum, i n.	Stadt
	vester, tra, trum	euer
	parvus, a, um	klein, gering
20	nōn sōlum... , sed etiam	nicht nur... , sondern auch
	fīdus, a, um	zuverlässig, treu
	scelus, eris n.	Verbrechen
	varius, a, um	vielfältig, verschieden
	committere, -o (*s - Perfekt*)	beginnen; begehen; anvertrauen
25	Rōmulus, i m.	Romulus (*Gründer u. erster König Roms*)
	Rēmus, i m.	Remus (*Bruder des Romulus*)
	postea (*Adverb*)	nachher, später
	Sabīni, ōrum m.	die Sabiner (*Nachbarstamm der Römer*)
	finitimus, a, um	benachbart; *substantivisch:* Nachbar
30	sī (*Subjunktion bei Konditionalsätzen*)	wenn, falls
	līberi, ōrum m.	die Kinder
	discere, -o, didici (*Reduplikationsperfekt*)	lernen
	reprehendere, -o (*ohne Veränderung*)	tadeln
	facere, -io (*Dehnungsperfekt*)	tun, machen; herstellen
35	fugere, -io (*Dehnungsperfekt*)	fliehen, die Flucht ergreifen
	nōnnumquam	manchmal
	enim (*nachgestellt*)	denn, nämlich
	interdum	manchmal, bisweilen
	caedere, -o (*Reduplikationsperfekt*)	schlagen; niederhauen; töten
40	quīn etiam	ja sogar
	necāre	töten
	peccāre	einen Fehler begehen; sündigen
	facinus, oris n.	Tat, Untat, Vergehen
	vel... vel	(entweder)... oder
45	miser, a, um	elend, unglücklich

	fortūna, ae f.	Schicksal; Zufall; Glück
	priusquam (Subjunktion)	bevor, ehe
	clārus, a, um	hell, deutlich; berühmt
	ridēre, -eo (s - Perfekt)	lachen; auslachen
50	vexāre	quälen; heimsuchen
	aut	oder (aut... aut – entweder... oder)
	dōnum, i n.	Geschenk, Gabe
	dōnāre	schenken, beschenken
	delectāre	jmd. erfreuen
55	dēsinere, -o, dēsii (m. Infinitiv)	aufhören (etw. zu tun)
	querella, ae f.	Klage, Gejammer

Verfahren Sie wie bei den vorigen Lektionen:

Fremdwort	Englisch	Italienisch	Spanisch	Französisch
Plazet		piacere		plaisir
Relikt				
		tempo		
Kommission	to commit			
	various			
			hacer	faire
		chiaro		
Querele				
Fuge				fuir
Misere				misère
		giocondo		
	one			
minimal				
		dire		dire

	fräter, frätris m.	Bruder
	postquam (*Subjunktion m. Ind. Perf.*)	nachdem (*im D. mit Plusquamperfekt*)
	avus, i m.	Großvater
	Alba Longa	Alba Longa (*Stadt am Tiber*)
5	redücere (*vgl.* dücere – *führen*)	zurückführen
	novus, a, um	neu; nie dagewesen, unerhört
	condere, -o, condidi, (conditum)	gründen
	controversia, ae f.	Streit, Auseinandersetzung
	certäre	streiten, kämpfen
10	quis nostrum	wer von uns? (nostrum – *gen. partit. von* nōs)
	rēx, rēgis m.	König
	rēgnum, i n.	Königsherrschaft; (König)reich
	fundamentum, i n.	Grundlage; Grund(mauer)
	licet, licuit (*mit Infinitiv*)	es ist erlaubt (*etw. zu tun*)
15	nōmen, inis n.	Name; Begriff
	adiuväre (*m. Akk.*)	unterstützen, helfen
	dividere, -o, divīsi, (divisum)	teilen, aufteilen
	perniciōsus, a, um	unheilvoll, Verderben bringend
	neque, nec	und nicht, auch nicht, aber nicht
20	cōnsilium, i n.	Rat; Absicht, Plan; Ent-, Beschluss
	cōnsilium capere	einen Entschluss fassen
	cōnsulere, -o, cōnsului, (-sultum)	*m. Akk.:* um Rat fragen; *m. Dat.:* sorgen für
	Aventīnus, i m. / -um, i n.	der Aventin (*einer der sieben Hügel Roms*)
	collis, is m.	Hügel
25	ascendere, -o, ascendi, (ascēnsum)	hinaufsteigen, besteigen
	caelum, i n.	Himmel
	observare	beobachten
	avis, is f.	Vogel
	subitō	plötzlich
30	sex	sechs
	vidēre, -eo, vīdi, (vīsum)	sehen, erblicken
	duodecim	zwölf
	duo, duae, duo	zwei
	decem	zehn
35	certāmen, inis n. (*vgl.* certäre)	(Wett)streit, Auseinandersetzung
	iüdicäre	Recht sprechen, urteilen, entscheiden
	quamquam	obwohl
	tamen	dennoch
	negäre	ablehnen; verweigern
40	invidēre, -eo, -vīdi, (-visum) (*m. Dat.*)	jemanden beneiden; missgünstig sein
	tibi invideo	ich beneide dich
	rēgno Rōmuli invidēre	Romulus um die Herrschaft beneiden
	invidia, ae f.	Neid; Missgunst
	arātrum, i n.	Pflug
45	desīgnäre	bezeichnen, festlegen, bestimmen

148

cum (*Subjunktion*)	als (plötzlich)
irridēre, -eo, irrīsi, (irrīsum) (*vgl.* ridēre)	aus-, verlachen, verspotten
mūrus, i m.	Mauer
arcēre, -eo, arcui	abwehren, abhalten
50 servāre	retten, bewahren
fossa, ae f.	Graben
īrātus, a, um	erzürnt, zornig
gladius, i m.	Schwert
capere, -io, cēpi, (captum)	fassen, fangen, ergreifen
55 post (*m. Akk.*)	nach; hinter
mors, mortis f.	Tod
sōlus, a, um	allein, einzig
dare, dō, dedi, (datum)	geben

Fremdwort	Englisch	Italienisch	Spanisch	Französisch
		fratello		frère
	to reduce			réduire
	new	nuovo		nouveau
Kontroverse				controverse
	royal	re		
Adjutant		aiutare		
		colle	colina	
		ascensore		ascenseur
	six			six
negativ		.		négatif
konservieren				conserver
			dar	
Solist				
		giudicare		

Können Sie bis Zehn zählen? – Hier die Kardinalzahlen:

Latein	Italienisch	Spanisch	Französisch	Englisch	Deutsch
ūnus, a, um	uno	uno	un	one	eins
duo, duae, duo	due	dos	deux	two	zwei
trēs, tria	tre	tres	trois	three	drei
quattuor	quattro	cuatro	quatre	four	vier
quinque	cinque	cinco	cinq	five	fünf
sex	sei	seis	six	six	sechs
septem	sette	siete	sept	seven	sieben
octo	otto	ocho	huit	eight	acht
novem	nove	nueve	neuf	nine	neun
decem	dieci	diez	dix	ten	zehn

centum – 100   mīlle – 1000 (*vgl.* Prozent, Promille)

** Zu den Zahlen vollständig Throm F 34 f.

	casa, ae f.	Hütte, Haus
	undique	von allen Seiten, von überall her
	turba, ae f.	Schar, Menge
	homo, hominis m.	Mensch
5	mōs, mōris m.	Sitte, Brauch
	lēx, lēgis f.	Gesetz
	diversus, a, um	unterschiedlich, verschieden
	concurrere, -o, concurri, (-cursum)	zusammenströmen
	igitur (nachgestellt)	also, daher
10	urbs, urbis f.	Stadt
	crēscere, -o, crēvi	wachsen, größer werden
	paulātim	allmählich
	incola, ae m.	Einwohner, Bewohner
	intellegere, -o, intellēxi, (intellēctum)	einsehen, erkennen, verstehen
15	rēs, rei f.	Sache, Ding, Angelegenheit
	rēs (Plur.), rērum f.	Lage, Verhältnisse
	vīta, ae f.	Leben
	beātus, a, um	glücklich
	dēesse, dēsum, dēfui	fehlen
20	plerīque, pleraeque, pleraque	die meisten
	plerumque (Adv.)	meistens
	femina, ae f.	Frau
	tālis, is, e	so beschaffen, solch
	vītam agere	ein Leben führen
25	parātus, a, um sum (m. Infinitiv)	ich bin bereit (etw. zu tun)
	cīvis, is m.	Bürger
	cīvitās, ātis f.	Bürgerschaft, (Stadt)staat; Bürgerrecht
	adīre, -eo, adii	herantreten, aufsuchen
	quidem	zwar; gewiss; jedenfalls; wenigstens
30	gerere, -o, gessi, (gestum)	ausführen, verrichten; tragen
	rēs gerere	Taten vollbringen
	prudentia, ae f.	Klugheit
	auxilium, i n.	Hilfe
	egēre, -eo, egui (m. abl. separ.)	nötig haben, bedürfen
35	contentus, a, um (m. Abl.)	zufrieden (mit etw.)
	sine (m. Abl.)	ohne
	spēs, spei f.	Hoffnung
	spērāre	hoffen, erwarten
	vīvere, -o, vīxi	leben, sein Leben verbringen
40	cōnsiderāre	erwägen, überlegen
	quī, quae, quod (adjektiv. Interrogativpron.)	welcher, welche, welches
	fīnis, is m.	Grenze, Ende; Zweck, Ziel
	fīnēs, ium m.	Gebiet
	perniciēs, ēi f.	Verderben, Unheil

45	parāre	(vor)bereiten; beschaffen, erwerben
	nōtus, a, um	bekannt
	penūria, ae f.	Not, Mangel (*an etw.*)
	labōrāre	arbeiten; leiden (*an etw.*)
	dolus, i m.	List
50	cūra, ae f.	Kummer; Sorge; Fürsorge
	cūrāre	pflegen; (be)sorgen, sich kümmern
	līberāre	befreien
	iubēre, -eo, iussi, (iussum)	befehlen
	lūdus, i m.	Spiel
55	invītāre	einladen
	dare, dō, dedi (datum)	geben
	dēbēre, -eo, dēbui, (dēbitum)	sollen, müssen; schulden, verdanken
	diēs, diēi **m.**	Tag; *femin.:* Termin
	uxor, uxōris f.	Gattin
60	omnis, is, e	jeder, ganz; *Plur.:* alle
	hospēs, hospitis m.	Gast, Gastfreund
	gaudium, i n. (*vgl.* gaudēre*)*	Freude, Vergnügen
	spectāre	betrachten
	iuvenis, is m.	Jüngling, junger Mann
65	accurrere, -o, accurri, (-cursum)	herbeieilen
	virgo, virginis f.	junges Mädchen; Jungfrau
	abdūcere, -o, abdūxi, (-ductum)	wegführen, entführen
	īra, ae f.	Zorn, Wut
	redīre, -eo, redii	zurückkehren
70	arma, ōrum n.	Waffen

Fremdwort	Englisch	Italienisch	Spanisch	Französisch
			hombre	homme
Moral				morale
Legalität		legge		
Konkurrent				concurrence
	urban			urbain
	to *inc*rease			
Intelligenz		intelligente		
		realtà		réalité
				femme
Zivilist		civico	civil	
	content			
			sin	sans
laborieren				
	virgin			vierge
Armatur				
		giovane		jeune
			invitar	inviter
Hospital		ospite		hôpital
			vivir	
Gaudi		godere		

	diligenter (*Adv.*)	sorgfältig, aufmerksam
	pergere, -o, perrēxi, perrēctum	fortfahren, weitermachen
	implēre, -eo, -ēvi, -ētum	anfüllen, erfüllen
	iūs, iūris n.	Recht
5	hospitium, i n.	Gastrecht, Gastfreundschaft
	ā, ab (*m. Abl. der beim Passiv tätigen Person*)	von
	laedere, -o, laesi, laesum	verletzen, beschädigen
	aliquot	einige
	mēnsis, is m.	Monat
10	post (*als Adverb / als Präposition mit Akk.*)	später / nach; hinter
	ubi (*Subjunktion m. Ind. Perfekt*)	sobald
	accēdere, -o, accessi, accessum	herantreten, anrücken
	postulāre	fordern, verlangen
	negāre	ablehnen, verweigern
15	ingēns, ingentis	ungeheuer, gewaltig
	inter (*m. Akk.*)	zwischen, unter
	instāre, -o, institi	drohen; bevorstehen
	hostis, is m.	Feind
	aciēs, ēi f.	Schärfe; Schlachtreihe; Schlacht,
20	instruere, -o, instrūxi, instrūctum	aufstellen; ausrüsten; unterweisen
	sīgnum, i n.	Zeichen
	dare, dō, dedi, datum	geben
	adamāre	lieb gewinnen
	provolāre	hervorstürzen
25	atque, ac	und
	pater, patris m.	Vater
	marītus, i m.	Ehemann
	nātus, a, um	geboren; *substant.:* Kind
	ostendere, -o, ostendi, ostentum	entgegenstrecken, zeigen
30	vōx, vōcis f.	Stimme
	exclamāre	ausrufen, schreien
	impius, a, um	unfromm, ruchlos
	pius, a, um	fromm, pflichtbewusst
	pietās, ātis f.	Frömmigkeit, Pflichtbewusstsein
35	et... et	sowohl... als auch
	socer, i m.	Schwiegervater
	gener, generi m.	Schwiegersohn
	permovēre, -eo, -mōvi, -mōtum	heftig bewegen; stark beeindrucken
	reconciliāre	versöhnen
40	coniungere, -o, -iūnxi, -iūnctum	verbinden, vereinigen
	coniūnx, coniugis m. / f.	Ehemann, Ehefrau
	coniugium, i n.	Ehe
	rēgnum, i n.	Königsherrschaft; Königreich
	rēgnāre	(als König) herrschen
45	cōnsociāre	eng verbinden, vereinigen

Fremdwort	Englisch	Italienisch	Spanisch	Französisch
Menstruation		mese		mois
	access			accéder
Regierung	reign	regno		régner
Instruktion				instruire
Signal	sign			signaler
	to move	muovere		
ostentativ		ostentare		
			padre	père
Pietät			piedad	
Vokabel, Vokal	voice		voz	voix
	to marry		marido	

Wortbildung:

Das Simplex (Grundwort) zu accēdere – herangehen, -kommen lautet: cēdere – gehen, weichen

weitere Komposita von cedere (Stammformen wie accedere):

concēdere – gestatten, erlauben; *mit AcI:* zugeben, einräumen   (*vgl. Konzession*)
decēdere – weggehen (de vita decedere – sterben)
disccēdere – auseienander gehen, sich trennen, weggehen **dis-** = auseinander-, entzwei-
excēdere – herausgehen; überschreiten (*vgl. Exzess*)
intercēdere – dazwischen gehen, einschreiten
procēdere – vonstatten gehen, voranschreiten, fortschreiten (*vgl. Prozess, Prozession*)

153

	narrātio, ōnis f. (*vgl.* narrāre)	Erzählung
	iūre (*abl. modi zu* iūs, iūris)	zu Recht, mit Recht
	commemorāre	erwähnen, an etw. erinnern
	maiōrēs, um m.	("die Größeren"), die Vorfahren
5	docēre, -eo, -ui, doctum	lehren, belehren, aufklären
	doctus, a, um	gelehrt, gebildet
	cēterum	übrigens; aber
	cōnstat (*m. AcI*)	es steht fest (*dass...*)
	crēdere, -o, crēdidi, crēditum	glauben
10	oportet (*m. AcI*)	es ist nötig, notwendig (*dass...*)
	profectō	in der Tat, wirklich
	sapiēns, sapientis	weise, klug; geschickt
	sapientia, ae f.	Weisheit, Klugheit
	quī, quae, quod (*Relativpronomen*)	der, die, das; welcher, welche, welches
15	tamquam	gleichsam, wie
	ē, ex (*m. Abl.*)	aus, heraus; in Folge von
	orāculum, i n.	Götterspruch; Orakel
	fābula, ae f.	Geschichte, Fabel
	nomināre	nennen
20	is, ea, id	er, sie, es; dieser, diese, dieses
	laudāre	loben, gutheißen
	Eurōpa, ae f.	Europa
	puella, ae f.	Mädchen

	aliquando	einmal, einst
25	Iuppiter, Iovis m.	Iuppiter (*der oberste Gott*)
	Olympus, i m.	der Olymp (*Berg in Griechenland*)
	mōns, montis m.	Berg
	cōnspicere, -io, -spexi, -spectum	erblicken
	forma, ae f.	Form, Gestalt; Schönheit
30	pulchritūdō, inis f.	Schönheit
	movēre, -eo, mōvi, mōtum	bewegen, erregen
	amor, ōris m.	Liebe
	capere, -io, cēpi, captum	ergreifen, erfassen; einnehmen
	atque, ac	und
35	incendere, -o, incendi, incēnsum	anzünden, entflammen
	sēcum	bei sich, mit sich
	cogitāre	überlegen; beabsichtigen (*etw. zu tun*)
	habēre, -eo, habui, habitum	haben, besitzen; halten

	dēbēre, -eo, dēbui, dēbitum	müssen, sollen *(m. Inf.)*; verdanken
40	amāre	lieben
	nūllus, a, um	niemand, kein
	nōn iam	nicht mehr
	diligere, -o, dilēxi, dilēctum	lieben, schätzen
	modus, i m.	Maß; Art und Weise
45	quō modō	wie? auf welche Weise?
	timidus, a, um *(vgl. timēre)*	furchtsam, schüchtern
	facile *(Adv.)*	leicht; ohne weiteres
	terrēre, -eo, terrui, territum	jmd. erschrecken
	praeterea	außerdem
50	Iūnō, Iūnōnis f.	Iuno *(Gemahlin Iuppiters)*
	grātus, a, um	angenehm, willkommen; dankbar
	grātia, ae f.	Gefallen; Dankbarkeit; Beliebtheit
	detegere, -o, detēxi, detēctum	aufdecken, entdecken
	mēns, mentis f.	Sinn, Verstand, Gemüt, Einstellung
55	mutāre	tauschen, verwandeln, ändern
	necessārius, a, um	unausweichlich, notwendig; nahe stehend
	necesse est *(m. AcI)*	es ist nötig, es ist unausweichlich
	facere, -io, fēci, factum	tun, handeln, machen; herstellen
	taurus, i m.	Stier
60	per *(m. Akk.)*	durch... (hindurch); über... (hin)
	aura, ae f.	Luft
	celeriter *(Adv.)*	schnell
	petere, -o, petīvi, petītum	anstreben, zu erreichen suchen; bitten
	ōra, ae f.	Küste
65	pervenīre, -io, pervēni, perventum	erreichen, hinkommen, gelangen zu
	lītus, oris n.	Strand, Küste
	lūdere, -o, lūsi, lūsum	spielen; scherzen
	pila lūdere	Ball spielen
	pāstor, ōris m.	Hirte
70	pāscere, -o, pāvi, pāstum	weiden lassen *(Passiv:* weiden)
	candidus, a, um	glänzend, weiß
	eximius, a, um	herausragend, hervorragend
	grex, gregis m.	Herde
	omnis, is, e	jeder, ganz; *Plural:* alle
75	animal, ālis n.	Lebewesen, Tier
	confugere, -io, confūgi	die Flucht ergreifen; sich flüchten
	manēre, -eo, mānsi, mānsum	bleiben
	putāre	glauben; halten für
	sibi	*s. grammatikalische Erläuterungen*
80	nocēre, -eo, nocui, nocitum	schaden, schädigen
	placidus, a, um	sanft, friedlich
	tergum, i n.	Rücken
	audēre, -eo	wagen
	contendere, -o, contendi, contentum	eilen; *m. Inf.:* sich anstrengen, sich beeilen
85	incipere, -io, coepi, inceptum	anfangen, beginnen
	mare, is n.	Meer

	rapere, -io, rapui, raptum		rauben, an sich reißen, raffen
	früstra		vergeblich
	lacrima, ae f.		Träne
90	fundere, -o, fūdi, fūsum		gießen; vergießen
	gemere, -o, gemui, gemitum		stöhnen, seufzen
	nēmo (nūllīus, nēmini, nēminem a nūllo)		niemand
	abdūcere, -o, abdūxi, abductum		entführen, wegführen
	depōnere, -o, deposui, depositum		ab-, niederlegen; hinterlegen
95	māter, mātris f.		Mutter
	gēns, gentis f.		Volk; Geschlecht
	exsistere, -o, exstiti		hervorgehen; erscheinen

Fremdwort	Englisch	Italienisch	Spanisch	Französisch
Kredit		credere	creer	
		sapere		savoir
	mountain			
kapieren		capire		
			amor	amour
			fácil	
	to have	avere		avoir
Terror				terreur
Detektiv				
	mental			
	necessary		necesario	nécessité
		lido		
Pastor				
		ogni		
	to remain			
			gente	
Marine			mar	mer

Wortbildung:

Das Präfix **per-** hat entweder verstärkende Bedeutung (**per**terrēre – sehr erschrecken)
oder bedeutet „bis zum Ende", „hin-" (z. B.: **per**ficere – vollenden; **per**venīre – hinkommen, erreichen)

Weitere Komposita von venīre – kommen:

advenīre	ankommen (*vgl. Advent*)
convenīre	zusammenkommen (*vgl. Konvent*)
evenīre	herauskommen, sich ereignen (*vgl. engl.: event*)
invenīre	stoßen auf, finden; erfinden (*vgl. engl.: invention*)
praevenīre	zuvorkommen (*vgl. präventiv*)

Das Präfix **de-** bedeutet „herab-", „ab-", „hin-" (**de**ponere – ab-, niederlegen)

Weitere Komposita von ponere – setzen, stellen, legen:

appōnere	beifügen, hinzufügen *(vgl. Apposition)*
compōnere	zusammenstellen, -setzen *(vgl. Komposition)*
expōnere	aussetzen; ausstellen *(vgl. Exponat)*; erklären
impōnere	auferlegen
oppōnere	entgegenstellen *(vgl. Opposition)*
propōnere	vor Augen, in Aussicht stellen; vornehmen

	implēre, -eo, implēvi, implētum	anfüllen, erfüllen
	clamāre	rufen, ausrufen
	trahere, -o, trāxi, tractum	ziehen, schleppen; erhalten, herleiten
	iūstus, a, um	gerecht
5	iūstē (*Adv. zu* iūstus)	gerecht, auf gerechte Weise
	iūstitia, ae f.	Gerechtigkeit
	prosper, era, erum	günstig, glücklich, gedeihlich
	evenīre, -io, evēni, eventum	herauskommen; entstehen, geschehen
	rēctē (*Adv. zu* rēctus)	richtig
10	Mīnōs, ois m.	Minos (*sagenhafter König von Kreta*)
	nātiō, ōnis f.	Nation, Volk, Stamm
	Athēniēnses, ium m.	die Athener
	subigere, -o, subēgi, subāctum	unterwerfen
	vectīgal, vectīgalis n.	Tribut, Steuer
15	vehere, -o, vēxi, vectum	fortbewegen, bringen, ziehen, führen
	tribuere, -o, tribui, tribūtum	zuteilen, geben; zahlen
	Mīnōtaurus, i m.	Minotaurus (*Mischwesen*)
	mōnstrum, i n.	Ungeheuer
	pōnere, -o, posui, positum	legen, stellen, setzen
20	compōnere, -o, composui, compositum	zusammensetzen, -stellen, bilden
	atrōx, atrōcis	schlimm, grässlich
	crudēlis, is, e	grausam
	crudēlitās, ātis f.	Grausamkeit

	negāre (*m. AcI*)	sagen, dass nicht; abstreiten, leugnen
25	nimis	zu, allzu, zu sehr
	appāret (*m. AcI*)	es ist offenbar, offenkundig
	scīre, -io, scīvi, scītum	wissen, kennen
	turris, is f.	Turm
	cōnstruere, -o, -strūxi, -strūctum	aufschichten; erbauen, errichten
30	prudēns, prudentis (*vgl.* prudentia)	klug, vorausschauend
	errāre	irren; sich irren
	error, ōris m.	Irrtum, Fehler
	labyrinthus, i m.	das Labyrinth
	Daedalus, i m.	Daidalos, Daedalus (*griechischer Künstler*)
35	ōrdō, inis m.	Reihe, Ordnung; (gesellschaftlicher) Stand
	ōrdine (*Abl. modi*)	der Reihe nach

Fremdwort	Englisch	Italienisch	Spanisch	Französisch
Traktor, traktieren	to treat (*tractare*)		traer	
		giustizia		justice
prosperieren			prospero	
eventuell	event			
„richtig"	right			
Komponist	to compose			
	cruel		cruel	cruel
negieren				négatif
		torre		tour
„Ordnung"		ordine		
	error			

	saeculum, i n.	Jahrhundert; Zeitalter
	occupāre	besetzen; ergreifen
	fātālis, is, e	verhängnisvoll; schicksalsbestimmt
	fātum, i n.	Götterspruch; Schicksal; Verhängnis
5	artifex, icis m.	Künstler
	hīc, haec, hoc	dieser, diese, dieses
	velle, volo, volui	wollen (*Konjugation s. L. 16*)
	rēgīna, ae f.	Königin
	fēlīx, *Gen.* fēlīcis	glücklich, erfolgreich
10	infēlīx, īcis (*Präfix* <u>in</u>- *negierend*)	unglücklich
	Venus, eris f.	Venus (*Göttin der Liebe*)
	neglegere, -o, neglēxi, neglēctum	nicht beachten, vernachlässigen
	poena, ae f.	Strafe, Bestrafung
	punīre, -io, punīvi, punītum	bestrafen
15	nefārius, a, um	frevelhaft, gottlos, ruchlos
	ūrere, -o, ussi, ustum	(ver)brennen, anzünden
	nūllo modō	auf keine Weise
	ignis, is m.	Feuer
	exstinguere, -o, exstīnxi, exstīnctum	(aus)löschen; vernichten
20	sī	wenn, falls
	āctum est dē mē	es ist um mich geschehen
	amīcus, i m. (*vgl.* amāre)	Freund
	ōrāre	bitten, flehen; beten
	peto ab eō auxilium	ich bitte ihn um Hilfe
25	ars, artis f.	Kunst; Kunstfertigkeit, Technik
	morbus, i m.	Krankheit
	furor, ōris m.	Leidenschaft, Raserei, Wahn(sinn)
	sānāre	heilen
	sānus, a, um	heil, gesund, vernünftig
30	permovēre, -eo, -mōvi, -mōtum	sehr, stark beeindrucken, bewegen
	cōnstituere, -o, -stitui, -stitūtum	festsetzen, -legen; beschließen (*m. Inf.*)
	corpus, oris n.	Leib, Körper
	iungere, -o, iūnxi, iūnctum	verbinden, vereinigen
	ille, illa, illud	jener, jene, jenes
35	supra	oben, oberhalb
	memorāre	erinnern, erwähnen
	bēstia, ae f.	wildes Tier; Ungeheuer
	occultāre	verbergen, verstecken
	cōgere, -o, coēgi, coāctum (*vgl.* agere)	zusammenziehen; zwingen
40	famēs, is f.	Hunger
	caro, carnis f.	Fleisch
	sanguis, sanguinis m.	Blut
	sitis, is f.	Durst
	vexāre	quälen; heimsuchen
45	septem	sieben

quotannis				jährlich
trādere, -o, trādidi, trāditum (vgl. dare)				übergeben, ausliefern; berichten (m. AcI)
modō (nachgestellt)				eben, so eben, erst; nur
incrēdibilis, is, e				unglaublich
50 exclamāre				ausrufen

Fremdwort	Englisch	Italienisch	Spanisch	Französisch
		secolo		siècle
okkupieren	to occupy		ocupar	
fatal				
	voluntary	volere		vouloir
			feliz	
	to neglect			négliger
	to punish			punir
		ignifugo	ígneo	
	to extinguish			
		se		
		amico	amigo	ami
Oratorium	oral (mündlich)		orar, oral	
konstitutiv	constitution			
Iunktim	junction		juntar, junto	
Bestie				bête
Tradition	to trade			
		incredibile		incroyable

Lektion 10 B

	nōndum	noch nicht
	fīnīre, -io, fīnīvi, fīnītum	beenden; begrenzen
	lēx, lēgis f.	Gesetz
	impōnere, -o, -posui, -positum	hineinlegen; auferlegen
55	dolēre, -eo, dolui	Schmerz empfinden, bedauern, leiden
	dolor, ōris m.	Schmerz, Leid
	līberi, ōrum m.	Kinder
	immolāre	opfern
	pāx, pācis f.	Frieden
60	servāre	retten; bewahren, erhalten
	spēs, ei f.	Hoffnung
	salūs, ūtis f.	Rettung; Wohlergehen
	deicere, -io, deiēci, deiectum	herabwerfen
	tōtus, a, um (Gen.: tōtīus, Dat.: tōti)	ganz, gesamt
65	complēre, -eo, -plēvi, -plētum	erfüllen, anfüllen
	Thēseus, i m.	Theseus (sagenhafter Held)
	Athēnae, ārum f.	Athen

	fere (*nachgestellt*)	fast; ungefähr
	quot	wie viel(e)
70	desperāre	verzweifeln, die Hoffnung aufgeben
	nōli desperāre, nōlīte desperāre	verneinte Imperative (*Sg. u. Pl.*)
	agere, -o, ēgi, āctum	tun, treiben, handeln
	sinere, -o, sīvi, situm	lassen, zulassen, erlauben (*m. AcI*)
	navigāre	segeln
75	necāre	töten
	līberāre	befreien
	līber, a, um	frei
	lībertās, ātis f.	Freiheit
	fatātalis, is, e	schicksalshaft; verhängnisvoll
80	timor, ōris m.	Furcht
	orātio, ōnis f.	Rede
	accipere, -io, accēpi, acceptum	annehmen, empfangen, erhalten; hören
	nāvis, is f.	Schiff
	iuvenis, is m.	junger Mann, Jüngling
85	deligere, -o, delēgi, delēctum	auswählen, erwählen
	mare, is n. (*i - Deklination*)	Meer
	Ariadna, ae f. *oder* Ariadne	Ariadne (*Tochter des Minos*)
	filum, i n.	Faden
	dare, dō, dedi, datum	geben
90	intrāre	betreten, eintreten
	occīdere, -o, occīdi, occīsum	niederhauen, töten
	invenīre, -io, -vēni, -ventum	auf etwas stoßen, finden; erfinden
	incolumis, is, e	wohlbehalten, gesund
	relinquere, -o, relīqui, relictum	zurücklassen, verlassen; übriglassen

Fremdwort	Englisch	Italienisch	Spanisch	Französisch
Finale	to finish			finir
legal				légaliser
		pace	paz	
		salute		
komplett				
	to despair			
Aktion				
delegieren				
			libertad	
	to enter			entrer
	to invent			inventer
Relikt				
				fil

	auris, is f.	Ohr; Gehör
	praebēre, -eo, praebui, praebitum	gewähren, schenken, geben
	praeterea	außerdem, abgesehen von
	certē (*Adv. zu* certus, a, um)	sicher, gewiss
5	celeriter (*Adv. zu* celer, is, e)	schnell
	advenīre, -io, advēni, adventum	ankommen
	salutāre	grüßen, begrüßen
	iussum, i n. (*vgl.* iubēre)	Befehl
	sextus, a, um	der sechste
10	impedīre, -io, -īvi, -ītum	hindern, behindern
	impedimentum, i n.	Hindernis; (schweres) Gepäck
	intellegere, -o, intellēxi, intellēctum	erkennen, einsehen, verstehen
	antīquus, a, um	alt
	retinēre, -eo, retinui, retentum	zurückhalten, abhalten
15	perdere, -o, perdidi, perditum	vernichten, verderben; vergeuden
	malus, a, um	schlecht, schlimm, übel
	malum dare	Schläge geben
	addere, -o, addidi, additum	hinzufügen, anfügen
	parāre (*m. Inf.*)	sich vorbereiten, im Begriff sein
20	ūnus, a, um	ein (einziger)
	concēdere, -o, -cessi, -cessum	zugeben(*m. AcI*); gestatten, erlauben (*m. ut + Konjunktiv*)
	officium, i n.	Pflicht; Dienstleistung
	(ex)optāre	(dringend) wünschen
	ambulāre	herumgehen, spazieren gehen
25	pauci, ae, a	wenige (*neutr. Pl.:* weniges)
	excogitāre	erdenken, ausdenken
	parātus, a, um sum	ich bin bereit
	audācia, ae f.	Verwegenheit, Kühnheit; Frechheit
	tolerāre	ertragen

Fremdwort	Englisch	Italienisch	Spanisch	Französisch
		orecchio		oreille
	certain			certain
Advent				
salutieren				
		sesto		
addieren				addition
Konzession		concedere		
offiziell	office			
		poco		
tolerieren				tolérance

Wortbildung: Einige Komposita von dare:

Die meisten Komposita von dare (außer circumdare – umgeben, umzingeln) gehören der konsonantischen Konjugation an:

addere	hinzufügen	abdere	verbergen	condere	gründen
dēdere	übergeben	ēdere	herausgeben	perdere	vernichten
prōdere	verraten	trādere	überliefern		

Lektion 11 B

30	numquam	niemals
	antea	vorher, früher, zuvor
	virga, ae f.	Rute
	caedere, -o, cecīdi, caesum	schlagen; niederschlagen, töten
	sevērus, a, um	streng
35	lēniter (*Adv.*)	sanft, mild
	cogitāre (*vgl. Vok. 2*)	denken, nachdenken
	invītus, a, um	unfreiwillig, unwillig, gegen den Willen
	piger, pigra, pigrum	faul, träge
	molestia, ae f.	Last, Belästigung; Ärger
40	difficultās, ātis f.	Schwierigkeit; schwierige Lage
	difficilis, is, e (*vgl. facilis*)	schwierig (*etw. zu tun*)
	nihil (nūllius rei, nūlli rei, nihil, nūllā rē)	nichts
	procēdere, -o, processi, processum	Fortschritte machen, vorankommen
	labor, ōris m.	Arbeit; Mühe
45	porrō	weiter(hin), ferner
	ante (*Adv.*)	früher, zuvor
	multīs annīs ante	viele Jahre zuvor
	sē habēre	sich verhalten, beschaffen sein
	Lucullus, i m.	Lucullus (*Politiker des 1. Jahrh. v. Chr.*)
50	dux, ducis m.	Anführer, Feldherr
	mīles, itis m.	Soldat
	contra (*m. Akk.*)	gegen
	Mithridātes, is m.	Mithridates (*erbitterter Feind der Römer*)
	parātus, a, um sum (*m. Inf.*)	ich bin bereit (*etw. zu tun*)
55	pugnāre	kämpfen
	pugna, ae f.	Schlacht, Kampf
	paulum (*Adv.*)	ein wenig
	sevēre (*Adv. zu* sevērus, a, um)	streng
	dūcere, -o, dūxi, ductum	führen, leiten
60	intermittere, -o, -mīsi, -missum	unterbrechen
	succēdere, -o, successi, successum	nachfolgen; gelingen
	imperātor, ōris m.	Feldherr; Kaiser
	Pompeius, i m.	Pompeius (*Politiker des 1. Jahrh. v. Chr.*)

	disciplīna, ae f.	Unterricht; Kenntnis; Disziplin, Zucht
65	vīvus, a, um	lebend, lebendig, zu Lebzeiten
	exterus, a, um	auswärtig
	timēre, -eo, timui	etw. fürchten; sich fürchten
	virtūs, ūtis f. *(vgl. vir)*	Tapferkeit; Tüchtigkeit; Tugend
	orbis terrārum m.	Erdkreis, Erde, Welt
70	regere, -o, rēxi, rēctum *(vgl. rēx, rēgnum)*	lenken, (be)herrschen, regieren
	cēna, ae f.	(Abend)essen, Gastmahl

Fremdwort	Englisch	Italienisch	Spanisch	Französisch
				sévère
			dificultad	difficulté
		difficile		
Prozess	to proceed			
		duce		
Militär, Miliz				
Intermezzo				
	to succeed	succedere		succession
extern		estero		
			molestia, molestar	

Wortbildung:

Die Verben **cadere** (fallen) und **caedere** (fällen, schlagen, töten) sind leicht zu verwechseln, zumal ihre Stammformen ähnlich lauten.

cadere, cado cécidi,   ←→   caedere, caedo, cecídi, caesum

Die unterschiedliche Betonung erfolgt auf Grund der unterschiedlichen Quantität. Der Stammlaut -a- von cadere ist kurz, während der Diphthong -ae- lang ist.
Diesen Unterschied bemerkt man beim Lesen der Komposita nicht.

Komposita von cadere: Komposita von caedere:

accidere, -o, áccidi	sich ereignen	accīdere, -o, accídi, accīsum	anschneiden
concidere *etc.*	zusammenbrechen	concīdere *etc.*	zusammen-schlagen
incidere *etc.*	hineinfallen, geraten in	incīdere *etc.*	einschneiden
occidere *etc.*	untergehen	occīdere *etc.*	töten

	quam (*m. Superlativ*)	möglichst
	quam celerrime	möglichst schnell
	triclīnium, i n.	das Triklinium (*Speiseraum mit drei Liegen*)
	properāre	eilen; *m. Inf.*: sich beeilen
5	convīva, ae **m.**	Gast; Teilnehmer an einem Gastmahl
	adesse, adsum, affui	anwesend sein, da sein; helfen, beistehen
	disputāre	sprechen über, diskutieren
	venia, ae f.	Gnade, Verzeihung
	veniam dare	Verzeihung gewähren
10	cārus, a, um	lieb, teuer, wertvoll
	ignōscere, -o, ignōvi, ignōtum	verzeihen („nicht zur Kenntnis nehmen")
	occupāre	besetzen; in Anspruch nehmen
	quīdam, quaedam, quoddam (*adjektivisch*)	ein gewisser, bestimmter *etc.* (*s. Syntax*)
	porrō	weiter(hin)
15	aut	oder (aut... aut: entweder... oder)
	potius	eher, lieber
	interitus, ūs m.	Untergang, Verderben
	parāre	*etw.* (vor)bereiten, beschaffen
	parāre (*m. Inf.*)	sich vorbereiten (*etw. zu tun*)
20	parātus, a, um sum	ich bin vorbereitet, bereit (*etw. zu tun*)
	mulier, eris f.	Weib, Frau
	dimittere, -o, -mīsi, -missum	entlassen, fortschicken
	vīnum, i n.	Wein
	sermō, ōnis m.	Gespräch, Rede
25	dī	*statt* dei - Götter
	prosper, a, um	glücklich, gedeihlich, günstig
	nē (*zur Einleitung eines Wunschsatzes*)	nicht, dass doch nicht
	dūrus, a, um	hart, schlimm
	accidere, -o, accidi	zustoßen, sich ereignen
30	imperātor, ōris m.	Feldherr; Kaiser
	valēre, -eo, -ui	stark, gesund sein; Einfluss haben
	validus, a, um	stark, kräftig, gesund
	ut (*im Einschub oder m. Indikativ*)	wie
	custodīre, -io, -īvi, -ītum	bewachen, schützen
35	custōs, ōdis m.	Wächter, Beschützer

Fremdwort	Englisch	Italienisch	Spanisch	Französisch
		caro		cher
Disput				se disputer
		moglie	mujer	
		vino	vino	vin
		Dio		Dieu
Imperialismus	emperor			Empire
Kustode				
	accident			
Invalide	to value			

	ut (*m. Nomen*)	als, wie
	ēloquēns, ntis	redegewandt, beredt
	orātor, ōris m.	Redner
	defendere, -o, defendi, defēnsum	verteidigen
40	defēnsor, ōris m.	Verteidiger
	ācer, ācris, ācre	hart, heftig, bitter, erbittert
	sententia, ae f.	Satz; Meinung; Antrag
	longus, a, um	lang
	longē (*Adv. zu* longus, a, um – *lang*)	weit, bei weitem
45	abhorrēre, -eo, -horrui	zurückschrecken vor; abweichen von
	quam (*bei Vergleichen*)	als; wie
	tam... quam	so... wie
	dominātio, ōnis f. (*vgl.* dominus)	Herrschaft, Alleinherrschaft
	velle, volo, volui	wollen, bereit sein
50	quod (*faktisches quod*)	(die Tatsache) dass; wenn
	iste, a, istud	dieser (da)

Fremdwort	Englisch	Italienisch	Spanisch	Französisch
Eloquenz				éloquent
		difendere		défense
Sentenz	sentence		sentencia	
	long	lungo		
Dominanz				
		volere		vouloir
			esto	

Wortbildung:

Bei den Komposita von mittere – schicken ist die Kenntnis der Präfixe nicht sofort hilfreich, da sich die Bedeutungen dieser Verben öfters weiter entwickelt haben:

āmittere	verlieren, aufgeben
admittere	zulassen
committere	beginnen, begehen, anvertrauen
dēmittere	herabschicken, sinken lassen
dīmittere	entlassen, wegschicken
ēmittere	herausschicken (*vgl. Emission*)
immittere	hineinschicken (*vgl. Immission*)
intermittere	unterbrechen
permittere	gestatten, erlauben (*vgl. engl. to permit; permission*)
praemittere	vorausschicken
prōmittere	versprechen (*vgl. engl. to promise*)

	ferre, fero, tuli, lātum	tragen, bringen; ertragen
	aegre ferre	schwer ertragen, sich ärgern über
	nisī	wenn... nicht
	inquit	(*eingeschoben:*) sagt(e) er, sie, es
5	amīcus, a, um (*m. Dativ*)	befreundet
	diligenter (*Adv.*)	sorgsam, sorgfältig
	placāre	besänftigen; glätten
	domus, ūs f. (*u – Dekl. s. L. 16*)	Haus
	utinam (*zur Einleitung von Wunschsätzen*)	O dass doch, o wenn doch
10	litigāre	streiten, zanken
	gravis, is, e	schwerwiegend, schlimm, ernst
	quaeso	(ich) bitte
	compōnere, -o, -posui, -positum	zusammenstellen, -fügen; beilegen
	auctōritās, ātis f.	Ansehen, Einfluss, (Macht)
15	augēre, -eo, auxi, auctum	vermehren, vergrößern
	potestās, ātis f.	Macht (*kraft eines Amtes*), Amtsgewalt
	virtūs, ūtis f.	Tapferkeit, Tüchtigkeit, Tugend
	maximus, a, um	der größte, sehr groß
	cladēs, is f.	Niederlage, Unglück, Katastrophe
20	succurrere, -o, succurri, succursum	herbeieilen, zu Hilfe kommen
	exstinguere, -o, -stīnxi, -stīnctum	auslöschen, vernichten
	barbarus, a, um	fremdländisch, barbarisch
	barbarus, i m.	Fremder; Barbar
	ruīna, ae f.	Sturz, Fall; Trümmer
25	victor, ōris m.	Sieger; *adjektivisch:* siegreich
	victōria, ae f.	Sieg
	ruere, -o, rui, rūtum	sich stürzen, eilen; niederstürzen
	exsultāre	aufspringen; frohlocken, sich freuen über
	sī	wenn
30	Marcus Antōnius	Mark Anton (*Gegner Oktavians*)
	pūgna Actiaca	Schlacht bei Aktium
	vincere, -o, vīci, victum (*vgl.* victor)	siegen, besiegen; übertreffen
	regīna, ae f.	Königin
	Aegyptus, i **f.**	Ägypten
35	mōnstrum, i n.	Ungeheuer
	fatālis, is, e	verhängnisvoll, schicksalhaft
	rēs pūblica, rei pūblicae f.	„öffentliche Angelegenheit", Staat
	humus, i **f.**	(Erd)boden
	humi (*locativus*)	am Boden
40	iacēre, -eo, -ui	liegen
	iacere, -io, iēci, iactum	werfen, schleudern
	tollere, -o, sustuli, sublātum	aufheben, emporheben; beseitigen
	restituere, -o, restitui, restitūtum	wiedergeben; wiederherstellen
	lībertās, ātis f. (*vgl.* līber, a, um)	Freiheit
45	prīstinus, a, um	alt; ehemalig, früher

amittere, -o, -mīsi, -missum	verlieren; aufgeben
prō (*m. Abl.*)	für, anstatt von; vor; im Verhältnis zu
concordia, ae f.	Eintracht, Zusammenhalt, Einigkeit
postrēmo / postrēmum (*Adv.*)	endlich, zuletzt, schließlich
50 consentīre, -io, -sēnsi, -sēnsum	einer Meinung sein, übereinstimmen
obsequium, i n.	Gehorsam
ōtium, i n.	freie Zeit, Muße
praeferre, -fero, -tuli, -lātum	vorziehen; vorantragen
discordia, ae f.	Zwietracht, Uneinigkeit
55 bellum civīle, belli civīlis n.	Bürgerkrieg

Fremdwort	Englisch	Italienisch	Spanisch	Französisch
plakativ	placid**			
„Dom"		duomo		
Autorität, Autor		autorizzare	autoridad	autorité
		potere (*über posse*)	poderío (*s. Ital.*)	
virtuell		virtù		
			socorro	
				concorde
Konsens			consenso	
	to prefer			préférer

** placid und seine Entsprechungen in den anderen Sprachen leiten sich von placere (gefallen) ab. Allerdings sind placere und placare (besänftigen) stammverwandt.

Wortbildung:

Tritt zum Simplex ein Präfix hinzu, so verliert der Stammvokal, in diesem Fall das -a-, seine Kraft, er wird zu -i- „abgeschwächt" (→ Vokalabschwächung),
z. B. **a**gere, *aber*: subigere; f**a**cere, *aber*: perficere.

Hier einige Komposita von iacere, -io, ieci, iactum – werfen, schleudern:

adicere, adicio, adiēci, adiectum	hinzufügen (*vgl. Adjektiv*)
abicere	wegwerfen
conicere	(heftig) schleudern
deicere	herabwerfen
eicere	herauswerfen (*vgl. engl. to eject*)
inicere	hineinwerfen; einflössen (*vgl. Injektion, injizieren*)
obicere	entgegen schleudern; vorwerfen (*vgl. engl. to object*)
proicere	vorwerfen; hinauswerfen (*vgl. projizieren*)

	pergere, -o, perrēxi, perrēctum	fortfahren, weitermachen
	tālis, is, e	so beschaffen, solch
	quālis, is, e	wie beschaffen, welch
	tālis... quālis	so beschaffen... wie
5	cum (*m. Konj.*)	als; weil; obwohl (*m. Ind. zu übersetzen!*)
	subīre, -eo, -ii, -itum	auf sich nehmen, erleiden
	ferōx, ōcis	wild, trotzig
	obsistere, -o, obstiti	entgegentreten, Widerstand leisten
	honor (s), ōris m.	Ehre, Ehrung; Ehrenamt
10	afficere, -io, -fēci, -fectum	versehen mit, erfüllen mit, antun
	honōribus afficere	Ehrungen zukommen lassen
	ut (*m. Konj.*)	dass; so dass; damit (*s. Syntax*)
	nē (*m. Konj.*)	dass nicht, damit nicht
	beneficium, i n.	Wohltat, gute Tat, Gefälligkeit
15	memoria, ae f.	Erinnerung; Gedächtnis
	vetus, eris (*Adj. der konsonant. Deklination*)	alt
	iniūria, ae f.	Gewalttat; Unrecht
	depōnere, -o, -posui, -positum	ablegen, niederlegen; hinterlegen
	memoriam depōnere (*m. Gen.*)	etw. vergessen
20	fallere, -o, fefelli, deceptum	täuschen, hintergehen
	fallit mē (*m. AcI*)	es entgeht mir
	diligere, -o, dilēxi, dilēctum (*vgl.* diligentia)	schätzen, lieben
	extrēmus, a, um	der äußerste, letzte
	trēs, tria	drei
25	trēs viri	die drei Männer; Triumvirn
	mors, mortis f.	Tod (*hier*: Ermordung)
	vindicāre	rächen, bestrafen
	crudēliter (*Adv.*)	grausam
	sē gerere (gero, gessi, gestum)	sich aufführen, benehmen, verhalten
30	optāre	wünschen
	dolor, ōris m.	Schmerz, Leid
	conficere, -io, -fēci, -fectum	beenden, erledigen; erschöpfen; töten
	praeterīre, -eo, -ii, -itum	vorübergehen, vorbeigehen; vergehen
	vīvere, -o, vīxi	leben
35	bibere, -o, bibi	trinken

Fremdwort	Englisch	Italienisch	Spanisch	Französisch
Qualität		quale		qualité
	hono(u)r			honneur
Benefiz			beneficio	bénéfice
Veteran			viejo	
	memory			mémoire
extrem	extreme			
		morte		mort
Option				
		dolore		douleur

interea	inzwischen, unterdessen
virga, ae f.	Rute
mulcēre,- eo, mulsi, mulsum	sanft streicheln
ātrium, i n.	Vorhalle, Empfangshalle, Atrium
40 interrogāre	fragen, befragen
plānius (*Adv.*)	klarer, deutlicher
parentēs, um m.	Eltern
tam	so
propter (*m. Akk.*)	wegen
45 tergum, i n.	Rücken
sentīre, -io, sēnsi, sēnsum	fühlen; bemerken; erkennen
sub (*m. Abl.*)	unter; unterhalb von; unten an
vinculum, i n.	Band, Fessel, Strick
rumpere, -o, rūpi, ruptum	(zer)brechen, (zer)reißen
50 catēna, ae f.	Kette
frangere, -o, frēgi, frāctum	brechen, zerbrechen
convocāre	zusammenrufen
plēbs, plēbis f.	(niederes) Volk
urbānus, a, um	städtisch; gebildet
55 plēbs urbāna	Stadtvolk
sollicitāre	aufwiegeln, aufhetzen, anstacheln
incendium, i n.	Brand(stiftung), Feuer
iniūstus, a, um (*vgl.* iūstus)	ungerecht
orbis (is m.) terrārum	Erdkreis, Erde, Welt
60 obtinēre, -eo, -tinui, -tentum	innehaben, besitzen, behaupten
impetus, ūs m. (*u - Dekl. s. L. 16*)	Ansturm, Andrang, Angriff
sustinēre, -eo, -tinui, -tentum	aushalten, auf sich nehmen
fuga, ae f.	Flucht; Verbannung
fugā salūtem petere	sein Heil in der Flucht suchen

Fremdwort	Englisch	Italienisch	Spanisch	Französisch
			rogar	
	plain	.		
	parents			parents
sensibel			sentir	
		vincolo		
*korr*upt, *abr*upt		.		
	chain	catena		
Fraktur				
			incendio	incendie
	to obtain			obtenir
	to sustain	sostenere		

	locus, i m.	Ort, Platz; Gelegenheit
	loca, ōrum n.	Gegend
	locus equestris	Ritterstand
	loco equestri nātus	dem Ritterstand entstammend
5	nātus, a, um sum	ich bin geboren
	iuventūs, ūtis f.	Jugend
	id studēre, ut (*m. Konj.*)	sich darum bemühen, dass...
	doctrīna, ae f.	Gelehrsamkeit, Bildung
	eloquentia, ae f.	Beredsamkeit, Redekunst
10	brevi (tempore)	innerhalb kurzer Zeit
	causa, ae f.	Grund, Ursache; Rechtsstreit, Prozess
	accusātor, ōris m.	Ankläger
	accusāre	anklagen
	suscipere, -io, -cēpi, -ceptum	auf sich nehmen; übernehmen
15	factus, a, um sum (*A, Zeile 3 / 4*)	*hier*: ich bin geworden
	Siculi, ōrum m.	Sikuler (Einwohner Siziliens)
	patrōnus, i m.	Schutzherr, Patron; Anwalt
	petere, -o, petīvi, petītum	jem. bitten (*m. a, ab + Ablativ der Person*)
	C. Verrēs, Verris m.	Gaius Verres
20	propraetor, ōris m.	Proprätor (*Statthalter einer Provinz*)
	nōn sōlum... , sed etiam	nicht nur... , sondern auch
	ornamentum, i n.	Schmuck(stück), Zierde
	statua, ae f.	Standbild, Statue
	vās, vāsis n. (*Pl.* vāsa, vasōrum)	Vase, Gefäß
25	sīve... sīve	sei es... sei es
	aureus, a, um	golden
	aurum, i n.	Gold
	argenteus, a, um	silbern
	argentum, i n.	Silber
30	deportāre	wegbringen; verschleppen
	nē... quidem	nicht einmal
	vestīgium, i n.	Spur
	prīstinus, a, um	alt, ehemalig
	splendor, ōris m.	Glanz, Pracht
35	decus, oris n.	Schmuck, Zierde
	magistrātus, ūs m. (*u – Dekl.*)	Beamter; Amt, Behörde
	cupidus, a, um	gierig
	cupiditās, ātis f.	Gier, Begierde
	scelestus, a, um (*vgl.* scelus, eris n.)	verbrecherisch
40	perterrēre, -eo, -terrui, -territum	(heftig) erschrecken
	eripere, -io, eripui, ereptum (*vgl.* rapere)	entreißen, rauben
	sē eripere	sich losreißen, sich entziehen
	exul, ulis m.	Verbannter
	exilium, i n.	Verbannung
45	Massilia, ae f.	Massilia (*heute Marseille*)

Fremdwort	Englisch	Italienisch	Spanisch	Französisch
lokal	local	luogo		lieu
			nato	
		gioventù		
	to study			étudier
kausal	cause	causa; cosa (Sache)		cause
	to accuse			accuser
Patron		padrone		patron
		oro		
	to investigate			
	splendid			
Dekor				décor
Magistrat				

Lektion 15 B

	cubiculum, i n.	Schlafzimmer
	cōdicillus, i m.	Schreibtafel, Notizbuch
	reperīre, -io, repperi, repertum	auffinden, finden
	avus, i m.	Großvater
50	legere, -o, lēgi, lēctum	lesen; sammeln
	bēlua, ae f.	Ungeheuer
	committere, -o, -mīsi, -missum	beginnen; begehen; anvertrauen
	senātus, ūs m. (u – Dekl.)	Senat
	praeda, ae f.	Beute
55	praedātor, ōris m.	Räuber, Plünderer
	iūdex, icis m.	Richter
	fidēlis, is, e	treu, zuverlässig
	fidēs, ei f.	Treue; Zuverlässigkeit
	propitius, a, um	geneigt, günstig
60	nefārius, a, um	frevelhaft, verbrecherisch
	nefās (indeklinabel)	Vergehen, Frevel (gegen die Götter)
	cogitāre	hier: erdenken, ausdenken
	praeclārus, a, um	ausgezeichnet; hell; berühmt
	umquam	jemals
65	audāx, ācis	kühn, verwegen, frech, unverschämt
	spoliāre	berauben, plündern
	fertilis, is, e	fruchtbar
	ornāre	schmücken, ausstatten
	vāstāre	verwüsten
70	vāstus, a, um	leer, öde, verwüstet
	sōlitūdo, inis f. (vgl. sōlus, a, um)	Einsamkeit; Einöde, Wüste
	nē (zur Einleitung des verneinten Imperativs mit Konjunktiv Perfekt)	nicht
	latrō, ōnis m.	Räuber

libellus, i m.   Büchlein, kleine Schrift
75   repōnere, -o, -posui, -positum   zurücklegen
     exercēre, -eo, -ui, -itum   üben, ausüben

Fremdwort	Englisch	Italienisch	Spanisch	Französisch
Inkubationszeit			cubículo	
	judge			juge
	to spoil			
	to waste			
			soledad	
		ladrone		
exerzieren	to exercise			exercice

Wortbildung:

Komposita von legere, -o, lēgi, lēctum – lesen, sammeln:

Dehnungsperfekt: s- Perfekt:

colligere, -o, collēgi, collēctum   sammeln   intellegere, -o, -lēxi, , -lēctum   erkennen
deligere, -o, delēgi, delēctum   auswählen   diligere, -o, dilēxi, dilēctum   lieben
eligere, -o, elēgi, elēctum   auswählen   neglegere, -o, -lēxi, -lēctum   vernachlässigen

	habēre (*m. doppeltem Akkusativ*)	halten für; *Passiv:* gelten als
	cōnsul, is m.	Konsul
	creāre (*m. doppeltem Akkusativ*)	wählen zu; *als Vollverb:* erschaffen
	glōria, ae f.	Ruhm, Anerkennung
5	cum (*Subjunktion*)	s. Syntaxteil zu dieser Lektion
	Catilīna, ae m.	L. Sergius Catilina
	genus, eris n.	Art, Gattung; Geschlecht, Abstammung
	nōbilis, is, e	adlig, edel, berühmt
	coniurātio, ōnis f.	Verschwörung
10	diligentia, ae f.	Sorgfalt
	insidiae, ārum f.	Hinterhalt; Anschlag; Falle
	insidias parāre	einen Anschlag vorbereiten
	aliquem certiōrem facere	jemanden benachrichtigen
	effugere, -io, -fūgi	entkommen, entrinnen
15	hōra, ae f.	Stunde
	tantum (*nachgestellt*)	nur
	tantus, a, um	so groß
	quantus, a, um	wie groß
	convocāre	zusammenrufen
20	demōnstrāre	aufzeigen, beweisen, zeigen
	rēs pūblica, rei pūblicae f.	(„öffentliche Angelegenheit") Staat
	opīnio, ōnis f.	Meinung, Ansicht
	mollis, is, e	schlaff, weich(lich), lasch
	nōbili loco	von vornehmer Herkunft
25	minus (*Adv.*)	weniger
	crēdere, -o, crēdidi, crēditum	glauben, vertrauen
	homō, hominis m.	Mensch
	humānus, a, um	menschlich; gebildet
	homō novus, hominis novi m.	Aufsteiger, Emporkömmling
30	incipere, -io, **coepi**, inceptum	anfangen, beginnen
	hostis, is m.	(äußerer) Feind; Staatsfeind
	appellāre (*m. doppeltem Akk.*)	bezeichnen als
	furibundus, a, um (*vgl.* furor, ōris m.*)	rasend (vor Zorn)
	interficere, -io, -fēci, -fectum	töten
35	quam (*m. Superlativ*)	möglichst
	quam plūrimi	möglichst viele
	vestrum (*gen. partitivus*)	von euch
	interitus, ūs m.	Untergang, Verderben
	cūria, ae f.	Senatsgebäude
40	proripere, -io, -ripui, -reptum	hervor-, fortreißen
	sē proripere	herausstürzen, davoneilen
	castra, ōrum n. (*Pluralwort*)	Lager
	collocāre	aufstellen; errichten
	exercitus, ūs m. (*vgl.* exercēre*)	Heer
45	Etrūria, ae f.	Etrurien (*ungefähr heutige Toscana*)

apertus, a, um   offen, offenkundig
aperīre, -io, aperui, apertum   öffnen; aufdecken
futurus, a, um   (zu)künftig
futurum esse (*Kurzform:* fore)   *Infinitiv Futur von esse*

Fremdwort	Englisch	Italienisch	Spanisch	Französisch
kreieren	to create			créer
Genre				
nobel				
demonstrieren	to demonstrate			
Minus		meno	minus*valía*	
mollig			(molicie)	
	hostility			hostilité
appellieren		appellare		
furios	furious			furieux
		aperto	abierto	
		aprire		ouvrir

Wortbildung:

Bei den Komposita von **facere** ist ebenfalls (wie bei agere, iacere u. a.) die Abschwächung des Stamm-vokals zu sehen. Hier einige wichtige Komposita:

afficere, -io, affēci, affectum	antun, versehen mit, erfüllen *(vgl. Affekt)*
conficere	zu Ende bringen, erledigen; erschöpfen
deficere	fehlen, abtrünnig werden *(vgl. Defekt)*
efficere	zu Stande bringen, bewirken *(vgl. Effekt)*
inficere	färben; vergiften *(vgl. infizieren)*
interficere	töten
perficere	zu Ende bringen, vollenden *(vgl. perfekt)*
praeficere	an die Spitze stellen, mit der Führung beauftragen

---

Hüten Sie sich vor „falschen Freunden"!

vīta	Leben	vītis, is f.	Rebe, Weinstock
vītare	vermeiden	vitium, i n.	Fehler, Laster
invītare	einladen	invītus, a, um	ungern, unwillig

---

	post (*Adv.*); post (*Präp. m. Akk.*)	später; nach (*zeitl.*); hinter (*örtl.*)
	occāsio, ōnis f.	Gelegenheit
	offerre, -o, obtuli, oblātum	entgegenbringen; anbieten
	socius, i m.	Gefährte; Kumpan; Bundesgenosse
5	remanēre, -eo, -mānsi, -mānsum	(zurück)bleiben
	perturbāre	(völlig) verwirren, durcheinanderbringen
	comprehendere, -o, -prehendi, -hēnsum	fassen, ergreifen
	dum (*m. Ind. Präsens*)	während
	senātor, ōris m.	Senator (*Mitglied des Senats*)
10	coniurātus, a, um / i m.	verschworen / Verschwörer
	cōnsultāre	beratschlagen, sich beraten
	diversus, a, um	unterschiedlich, verschieden
	C. Caesar, Caesaris m.	Gaius Iulius Caesar
	id studēre, ut (*m. Konjunktiv*)	sich darum bemühen, dass...
15	aeternus, a, um	ewig, auf Dauer
	vinculum, i n.	Band, Fessel
	vincula, ōrum n.	Fesseln; Gefängnis, Haft
	vincīre, -io, vinxi, vinctum	fesseln
	vītam dēgere, -o	sein Leben verbringen
20	Cato, ōnis m	M. Porcius Cato (*Urenkel des Cato maior*)
	placēre, -eo, placui	gefallen
	placet mihi	es gefällt mir, ich beschließe
	vehemēns, ntis (*Adv.: vehementer*)	leidenschaftlich, heftig
	incusāre (*vgl.* accusāre)	beschuldigen, anklagen
25	persuadēre, -eo, -suāsi, suāsum (*m. Dat.*)	überreden (*m. ut*); überzeugen (*m. AcI*)
	iussu	auf Befehl
	Tulliānum, i n.	das Tullianum (*Staatsgefängnis*)
	carcer, eris m.	Gefängnis, Kerker
	ad (*m. Akk.*)	zu, bei, an; zum Zwecke
30	trucīdāre	töten, umbringen
	laus, laudis f. (*vgl.* laudāre)	Lob, Anerkennung, Ruhm
	efferre, -o, extuli, ēlātum	heraustragen, -bringen; erheben, rühmen

Fremdwort	Englisch	Italienisch	Spanisch	Französisch
okkasionell	occasion		ocasión	
Offerte	to offer	offrire		offrir
				société
	to remain			
	to *disturb*			
	comprehension		comprender	comprendre
divers		diverso		
	eternal			éternité
	to persuade			persuader
Kerker				

	contumēlia, ae f.	Schmähung, Beschimpfung
	fugāre	vertreiben, verjagen
35	iterum	wiederum, zum zweiten Mal
	ferre, fero, tuli, lātum	tragen, bringen; ertragen; berichten
	ferri	*auch:* eilen; sich hinreißen lassen
	salve! salvēte!	sei gegrüßt! seid gegrüßt!
	salvus, a, um	heil, gesund
40	fortis, is, e (*Adv.:* fortiter)	tapfer, tüchtig
	lenīre, -io, -īvi, -ītum	besänftigen, mildern
	cōmis, is, e (*Adv.* cōmiter)	freundlich
	aequō animō	mit Gleichmut, gleichmütig
	aequus, a, um	gleich(mäßig), eben; gerecht
45	perferre, -o, pertuli, perlātum	hinbringen; ertragen, erdulden
	īracundia, ae f.	Zorn, Jähzorn
	dexter, dext(e)ra, dext(e)rum	rechts; günstig
	prehendere, -o, prehendi, prehēnsum	fassen, ergreifen
	auferre, aufero, abstuli, ablātum	wegbringen, wegschaffen, rauben
50	manus, ūs **f.**	Hand; Schar
	dextra (manus)	die rechte Hand, die Rechte
	vīs, vim, vī (*Pl. vīrēs, vīrium f.*)	Kraft; Gewalt; *Pl.:* Kräfte
	afferre, affero, attuli, allātum	herbeitragen, -schaffen; bereiten, zufügen
	verbera, um n.	Schläge, Peitschenhiebe
55	Homērus, i m.	Homer (*Dichter der Ilias und Odyssee*)
	nōscere, -o, nōvi, nōtum	erkennen, erfahren
	ignōscere, -o, ignōvi, ignōtum	(„nicht zur Kenntnis nehmen") verzeihen
	cognōscere, -o, cognōvi, cognitum	erkennen, erfahren, kennen lernen
	conferre, confero, -tuli, collātum	zusammentragen; vergleichen

Fremdwort	Englisch	Italienisch	Spanisch	Französisch
		forte, forza		fort
	equal		igual	
		destro		
		prendere		prendre
		mano		main
	to know		conocer	

Wortbildung:
Einige weitere Komposita von **ferre:**

deferre, -o, detuli, delātum	wegbringen; hinbringen; überbringen; übertragen
	imperium deferre – ein Kommando übertragen
inferre, -o, intuli, illātum	hineinbringen, -tragen
	bellum inferre – „Krieg hineintragen", mit Krieg überziehen
proferre	nach vorne bringen, heraustragen, -bringen
transferre	hinübertragen, übertragen

Lektion 18 A

	benīgnus, a, um	gnädig, gewogen, freundlich
	sē conferre	sich begeben
	pūrgāre	reinigen; entschuldigen
	pūrus, a, um	rein, klar; anständig
5	causā (*Postposition m. Genitiv*)	wegen, um... willen; *verbal:* um... zu
	dicendi causā	um zu sprechen
	paenitet, -uit (*s. Syntax zur Lektion*)	es reut
	maledīcere, -o, -dīxi, -dictum (*m. Dat.*)	beschimpfen, schlecht reden über
	peccātum, i n. (*vgl.* peccāre)	Fehler, Vergehen
10	praestāre, -o, praestiti (*m. Akk.*)	erfüllen, leisten, gewähren
	officia praestāre	die Pflichten erfüllen
	sē fortem praestāre	sich tapfer erweisen
	stultitia, ae f.	Dummheit, Torheit
	stultus, a, um	dumm, töricht
15	obtemperāre	gehorchen, willfährig sein
	immō vērō	im Gegenteil
	colere, -o, colui, cultum	bebauen; pflegen; verehren
	plānē (*Adv.*)	deutlich, klar
	plūrēs, a (*Gen.* plūrium; *Komparativ zu* multi)	mehrere
20	plūrimi, ae, a (*Superlativ zu* multi)	die meisten

Lektion 18 B

	proximus, a, um	der nächste, letzte
	devincere, -o, -vīci, -victum (*vgl.* vincere)	völlig besiegen
	tollere, -o, sustuli, sublātum	aufheben; emporheben; beseitigen
	boni, ōrum m.	die Guten (*politischer Begriff Ciceros*)
25	cōnsulātus, ūs m.	das (*eigentl.:* der) Konsulat
	vitium, i n.	Fehler, Laster
	malum, i n.	Übel
	cōnsultum, i n.	Beschluss
	probāre	prüfen; billigen, gutheißen
30	probus, a, um	erprobt, gut, tüchtig, anständig
	populārēs, ium m.	die Popularen („*Volkspartei" in Rom*)
	pars, partis f.	Teil; Seite; Richtung
	partēs, ium f.	Partei
	stāre, stō, steti	stehen
35	stāre ā (*mit Abl.*)	auf Seiten... stehen
	stāre ā Pompeio	auf Seiten des Pompeius stehen
	iūdicium, i n. (*vgl.* iūdicāre)	Rechtsspruch, Urteil; Gericht, Prozess
	caput, itis n.	Haupt, Kopf
	damnāre	verurteilen

40	capitis damnāre	zum Tode verurteilen
	existimāre	glauben; schätzen; halten für
	īdem, eadem, idem	der-, die-, dasselbe
	quā rē	deshalb; weshalb
	merēre, -eo, -ui, -itum	verdienen, erwerben, gewinnen
45	merēri dē / mereor, meritus sum	sich um etwas verdient machen
	inimīcus, a, um / i m.	verfeindet; (persönlicher) Feind
	odium, i n.	Hass, Feindseligkeit
	ōdisse, odi (Perfekt mit Präsensbedeutung)	hassen
	imprīmīs	besonders
50	P. Clōdius, i m.	Publius Clodius (Volkstribun 59/58 v. Chr.)
	tribūnus, i m. plēbis	Volkstribun
	vītāre (m. Akk.)	meiden, vermeiden; aus dem Weg gehen
	addūcere, -o, -dūxi, -ductum	heranführen; veranlassen
	cēnsēre, -eo, cēnsui, cēnsum	schätzen, meinen; beschließen
55	pellere, -o, pepuli, pulsum	schlagen, stoßen; vertreiben
	impellere, -o, impuli, impulsum	anstoßen; niederwerfen; antreiben
	circumvenīre, -io, -vēni, -ventum	umzingeln, umgeben, umkreisen
	statuere, -o, statui, statūtum	feststellen; festlegen; beschließen
	constituere, -o, -stitui, -stitūtum	festlegen; beschließen
60	cārus, a, um	lieb, teuer, wertvoll
	carēre, -eo, carui (m. Abl. sep.)	entbehren; nicht haben
	lūx, lūcis f.	Licht
	lūmen, inis n.	Licht
	adimere, -o, -ēmi, emptum	an sich nehmen; wegnehmen, rauben
65	similis, is, e (m. Dat.)	ähnlich
	mortuus, a, um	tot
	culmen, inis n.	höchster Punkt, Gipfel
	miseria, ae f.	Elend, Unglück
	cadere, -o, cécidi	fallen; zu Grunde gehen

Fremdwort	Englisch	Italienisch	Spanisch	Französisch
		prossimo		
			vicio	
Probe, probieren				
populär				populaire
	part	parte		
			estar	être
Kapital...	capital	capo		
	to damn	dannare		condamner
	to estimate		estimar	
	enemy		enemigo	
		odio		
Impuls				
		caro		
			luz	
	similar			similaire
Misere				misère
Kasus				

	hortārī (*deponens*)	ermuntern, auffordern
	co-, adhortārī	ermuntern, auffordern
	Latīne	lateinisch
	ūtī, -or, ūsus sum (*deponens m. Abl.*)	gebrauchen, verwenden, nutzen
5	abūtī (*m. Abl.*)	missbrauchen
	loquī, -or, locūtus sum (*dep.*)	reden, sprechen
	colloquī, -or, -locūtus sum	unterreden, sich besprechen
	reminīscī, -or, **recordātus sum** (*dep. m. Gen.*)	sich erinnern *an etw.*
	oblivīscī, -or, oblītus sum (*dep. m. Gen.*)	*etw.* vergessen
10	proficīscī, -or, profectus sum	aufbrechen; reisen; losmarschieren
	cibus, i m.	Speise, Nahrung
	emere, -o, ēmī, emptum	nehmen; kaufen
	adimere, -o, -ēmī, -emptum	an sich nehmen, rauben

Fremdwort	Englisch	Italienisch	Spanisch	Französisch
	to use			utiliser
	to abuse			abuser
Kolloqium				
Reminiszenz				
	oblivion			

Hier einige weitere Deponentien:

a- Konjugation:

arbitrārī , -or, arbitrātus, a, um sum	glauben, meinen
aspernārī	verschmähen
auxiliārī	helfen
comitārī	begleiten (*vgl. comes, itis m. / f. – Begleiter/in*)
conārī	versuchen (*vgl. konatives Imperfekt*)
consolārī	trösten
mirārī	sich wundern; bewundern
morārī	sich aufhalten (*vgl. Moratorium*)

e- Konjugation:

verērī, -eor, veritus, a, um sum	fürchten, sich scheuen
miserērī	sich erbarmen (*vgl. miseria, miser*)
pollicērī	versprechen
rērī, reor, ratus, a, um sum	glauben, halten für
fatērī, -eor, fassus, a, um sum	gestehen, bekennen (*auch:* confitērī, profitērī)

i- Konjugation:

blandīrī, -ior, blandītus, a, um sum	schmeicheln (*vgl. „blenden"*)
largīrī	schenken, spenden
mōlīrī	ins Werk setzen (*vgl. molestus; mōlēs, is f. – Masse*)
potīrī (*m. Abl.*)	sich bemächtigen; *aber:* rērum potīrī – sich der Herrschaft bemächtigen
orīrī, -ior, ortus, a, um sum	aufgehen, entstehen (*vgl. Orient*)

	referre, -fero, rettuli, relātum	zurückbringen; melden
15	ad senātum referre	dem Senat vorlegen, berichten
	dubius, a, um	zweifelhaft, unklar
	dubium, i n.	Zweifel
	dubitāre	zweifeln; zögern
	nōn dubito, quīn (m. Konjunktiv)	nicht daran zweifeln, dass...
20	studium, i n.	Eifer, Bemühung; Leidenschaft
	vacuus, a, um (m. abl. sep.)	frei von
	vacāre (m. abl. sep.)	frei sein von
	timor, ōris m. (vgl. timēre)	Furcht
	vērus, a, um	wahr, echt
25	vērum, i n.	das Wahre, die Wahrheit
	indagāre	forschen, untersuchen
	rēctum, i n.	das Richtige
	ūtilis, is, e	nützlich
	ūtile	das Nützliche
30	adulēscēns, entis m.	Jüngling, junger Mann
	rēs pūblica, rei pūblicae f.	(„öffentliche Angelegenheit") Staat
	rēs secundae, rērum secundārum f.	Glück, günstige Verhältnisse
	rēs adversae, rērum adversārum f.	Unglück, widrige Umstände
	conārī (dep.)	versuchen
35	agitāre	heftig betreiben, jagen; anstacheln
	pati, -ior, passus sum (dep.)	erleiden, erdulden; zulassen
	patientia, ae f.	Geduld; Duldsamkeit
	commovēre, -eo, -mōvi, -mōtum	(stark) bewegen; beeindrucken
	evertere, -o, everti, eversum	umstürzen; zerstören
40	praesidium, i n.	Wache, Schutztruppe
	firmus, a, um (vgl. firmāre)	stark, fest
	confirmāre	stärken, befestigen; versichern
	condemnāre (vgl. damnāre)	verurteilen
	perniciōsus, a, um (vgl. pernicies)	unheilvoll, Verderben bringend
45	vetāre, -o, vetui, vetitum (m. AcI)	verbieten
	imitārī (dep.)	nachahmen, nacheifern
	exemplum, i n.	Beispiel, Vorbild
	praecēdere, -o, -cessi, -cessum	vorangehen; übertreffen (m. Akk.)
	patrēs cōnscripti m.	Väter, Senatoren
50	dēficere, -io, -fēci, -fectum	abtrünnig werden, fehlen
	animō dēficere	den Mut sinken lassen
	falsus, a, um	falsch
	trucīdāre	umbringen, töten
	iubēre, -eo, iussi, iussum (m. Akk. oder AcI)	befehlen, auffordern
55	parcere, -o, peperci (m. Dat.)	sparen; schonen
	minimē (Adv.)	am wenigsten; keineswegs
	equidem	(ich) jedenfalls, wenigstens
	tenēre, -eo, tenui, tentum	festhalten, halten

	continēre	zusammenhalten, umfassen
60	abstinēre	ab-, fernhalten; sich enthalten
	retinēre	zurückhalten
	intercēdere, -o, -cessi, -cessum	dazwischentreten; Einspruch erheben
	cēdere, -o, cessi, cessum	gehen, weichen

Fremdwort	Englisch	Italienisch	Spanisch	Französisch
Referat				
	to study		estudio	études
Vakuum, vakant	vacant		vacaciones	
		vero		
Utensilien			utilizar	
Adoleszenz			adolescente	adolescent
agitieren				
	patience	pazienza		
Präsidium				
	to confirm	confermare		confirmer
Veto				
imitieren	to imitate			imitation
	example		ejemplo	
		falso		faux

Wortbildung:

Die Verba intensiva *oder* frequentativa:

Diese Verben, die meistens der a - Konjugation angehören, drücken die Intensität oder Häufigkeit einer Handlung im Vergleich zu ihren stammverwandten Verben aus; zu erkennen sind sie an der Endung -**itāre**, -**tāre** oder -**sāre**.

agere → agitāre (heftig) treiben, handeln   dīcere → dictāre (oft) sagen
iacere → iactāre (heftig) schleudern   canere → cantāre (laut) singen

Einige Deponentien:

konsonantische Konjugation

adipisci, -or, adeptus, a, um sum	erlangen, erreichen
fungi, -or, functus, a, um sum *(m. Abl.)*	verrichten, verwalten *(vgl. Funktion)*
frui, -or, **ūsus, a, um sum** *(m. Abl.)*	genießen, nutzen
irāsci, -or, **suscēnsui**	zürnen
nāsci, -or, nātus, a, um sum	geboren werden
proficīsci, -or, profectus, a, um sum	aufbrechen, reisen; marschieren
queri, -or questus, a, um sum	sich beklagen, klagen

konsonantische Konjugation mit -i-Erweiterung

gradi, -ior, grassus , a, um sum	gehen, schreiten *(vgl. Grad)*
aggredi, -ior, aggressus, a, um sum	angreifen *(vgl. Aggression)*
congredi	zusammentreffen *(vgl. Kongress)*
egredi	hinausgehen, überschreiten
progredi	vorrücken; fortschreiten *(vgl. Progression)*
mori, -ior, mortuus, a, um sum	sterben
pati, -ior, passus, a, um sum	leiden, dulden, erleiden; zulassen

	quaerere, -o, quaesīvi, quaesītum	suchen; fragen (*m. ex + Abl. der Person*)
	illūstris, is, e	klar, hell; berühmt
	illūstrāre	erhellen, klar machen, beleuchten
	inimīcitiae, ārum f.	Feindschaft
5	suscipere, -io, -cēpi, -ceptum	unternehmen; auf sich nehmen
	aliquamdiu	eine Zeit lang
	exul, exulis	verbannt; Verbannter
	versāri	sich aufhalten; sich beschäftigen mit
	Pompeius, i m.	Pompeius (*römischer Politiker u. Feldherr*)
10	cōnsēnsus, ūs m.	Übereinstimmung
	cōnsultum, i n.	Beschluss
	omnēs boni (*politischer Terminus Ciceros*)	alle Guten (*Optimaten und ihre Anhänger*)
	tunc	dann, sodann, da
	sequi, -or, secūtus sum (*m. Akk.*)	folgen; verfolgen
15	tempestās, ātis f.	Sturm; Zeit
	dissidēre, -eo, dissēdi	uneinig sein, sich streiten
	funestus, a, um	verhängnisvoll, unheilvoll
	funus, eris n.	Begräbnis, Bestattung
	oriri, orior, ortus sum	aufgehen; entstehen
20	dominatus, ūs m.	Herrschaft (*eines* dominus)
	dimicāre	streiten, kämpfen
	Rubicō, ōnis m.	der Rubikon (*Grenzfluss in Mittelitalien*)
	terror, ōris m. (*vgl.* terrēre)	Schrecken, Entsetzen
	invādere, -o, invāsi, invāsum	eindringen; befallen
25	vādere, -o, vāsi, vāsum	gehen, schreiten
	evādere, -o, -vāsi, -vāsum	herausgehen, entkommen
	praeceps, -cipitis	kopfüber; blindlings, Hals über Kopf
	profugere, -io, -fūgi	flüchten, das Weite suchen
	turpis, is, e	hässlich; schändlich
30	Pharsālus, i **f.**	Pharsalos (*Stadt in Thessalien*)
	legiō, ōnis f.	Legion (*max. 6000 Soldaten*)
	devincere, -o, -vīci, -victum	völlig besiegen
	rēri, reor, ratus sum	glauben, meinen; berechnen
	comes, itis m. / f.	Begleiter(in)
35	appellere, -o, -puli, -pulsum (*vgl.* pellere)	herantreiben, heranbewegen
	nāvem appellere	anlegen, landen
	satelles, itis m.	Begleiter, Diener, Leibwächter
	adipīsci, -or, adeptus sum	erlangen, erreichen
	dictatūra, ae f.	Diktatur (*Amt in Notzeiten des Staates*)
40	fāma, ae f.	Gerede; Gerücht; Ruf; Ruhm
	moderātio, ōnis f.	Zurückhaltung, Beherrschung
	modestia, ae f.	Bescheidenheit; Mäßigkeit
	modestus, a, um	bescheiden
	clementia, ae f.	Milde, Güte, Gnade
45	clemēns, ntis	mild, sanft

parere, -io, peperi, partum	erzeugen, hervorbringen; sich verschaffen
abdicāre	sich lossagen von, (*ein Amt*) niederlegen
ipse, ipsa, ipsum	selbst, persönlich
privāre	rauben, berauben
50 Romānos libertāte privāre	die Römer der Freiheit berauben
privātus, i m.	Privatmann (*ohne politische Ämter*)
vīvere, -o, vīxi, vīctūrus, a, um	leben
superbia, ae f.	Stolz; Hochmut, Arroganz
superbus, a, um	stolz; hochmütig, arrogant
55 tolerandus, a, um	erträglich
inesse	enthalten sein, innewohnen
vidēri, videor, vīsus sum	scheinen
Brūtus, i m. *und* Cassius, i m.	Brutus und Cassius (*Caesarmörder*)

Fremdwort	Englisch	Italienisch	Spanisch	Französisch
	question	chiedere		
Illustrierte		illustrare		illustrer
versiert				versé
Konsens				
	tempest			tempête
Dissident				
	funeral			
	to invade			invasion
	fame		famoso	fameux
		modesto	modesto	modeste
	parents			
	to abdicate			
privat		privato		privé

	reddere, -o, reddidi, redditum	zurückgeben, wiedergeben; machen zu
60	dissēnsio, ōnis f.	Streit, Meinungsverschiedenheit
	praedīcere, -o, -dīxi, -dictum	vorhersagen
	status, ūs m. (*vgl.* stāre)	Zustand
	concutere, -io, -cussi, -cussum	erschüttern, schlagen
	labefactāre	ins Wanken bringen
65	lābi, -or, lāpsus, a, um sum	fallen, gleiten, wanken
	Octāvius, i m	Oktavian (*der spätere Augustus*)
	Lepidus, i m.	Lepidus (*Caesarianer und Triumvir*)
	triumvir / trēsvir, i m.	Triumvir
	animadvertere, -o, -verti, -versum	bemerken; vorgehen gegen
70	in (*m. Akk. bei Personen*)	gegenüber, gegen; an, auf
	ulcīsci, -or, ultus sum	rächen, bestrafen
	offendere, -o, offendi, offēnsum	anstoßen; kränken, beleidigen
	Cleopatra, ae f.	Kleopatra (*letzte Königin Ägyptens*)
	decertāre	um die Entscheidung kämpfen
75	pugna navālis	Seeschlacht
	classis, is f.	Flotte; Abteilung
	mors, mortis f.	Tod
	sibi mortem conscīscere, -o, -scīvi, -scītum	Selbstmord begehen
	reliquus, a, um	übrig; zurückbleibend
80	iūs tribūnicium, iūris tribūnicii n.	die Befugnis eines Volkstribunen
	declarāre	klar aussprechen; verkünden
	rē vērā	in Wirklichkeit
	mūnus, eris n.	Amt, Würde; Geschenk
	prīnceps, prīncipis m.	der Erste, Führende; der Prinzeps
85	Augustus, i m.	Augustus (*Oktavian verliehener Ehrentitel*)
	fieri, fīo, factus sum (*Passiv von* facere)	(gemacht) werden, geschehen, entstehen
	quiēs, quiētis f.	Ruhe; Untätigkeit; Frieden
	quiētus, a, um	ruhig, still, friedlich,
	deferre, -o, detuli, delātum	überbringen, melden; übertragen (*ein Amt*)
90	praestāre, -o, praestiti (*m. Dat.*)	übertreffen
	aliquando	irgendwann einmal
	mori, morior, mortuus sum	sterben
	spectāculum, i n. (*vgl.* spectāre)	Schauspiel

Fremdwort	Englisch	Italienisch	Spanisch	Französisch
	to predict			
Status, Staat	state	stato	estado	état
	*per*cussion			
labil				
deklarieren	to declare	dichiarare		déclarer
„Prinz"				
	quiet		quieto	
				spectacle

Blick vom Kapitol auf das forum Romanum. Im Mittelgrund: das lang gestreckte Gebäude, von dem zumeist nur die Säulenstümpfe übrig sind, die Basilica Iulia – ein Gerichtsgebäude, das Caesar in Auftrag gegeben hatte und dessen Bau Cicero in der Zeit der politischen Freundschaft zu Caesar beaufsichtigte. Im Hintergrund: der Palatin.

Vokabeln
in
alphabetischer
Reihenfolge

Bemerkung:

In dieser Liste sind die Vokabeln alphabetisch aufgeführt. Die Zahl in Klammern zeigt die betreffende Lektion an. Ein kursives Z mit einer Ziffer weist auf **zusätzliche** Wörter hin, die im Grammatik- oder Vokabelteil der bezeichneten Lektion zu finden sind. Auch diese sollten gelernt werden.

 A

a, ab (*m. Abl.*) (2)	von, von... weg; seit
a, ab (*m. Abl. beim Passiv*) (7)	von
abdere, -o, abdidi, abditum (*Z. 11*)	verbergen
abdicāre (20)	(sich) lossagen von, (ein Amt) niederlegen
abdūcere, -o, abdūxi, abductum (6)	wegführen, entführen
abhorrēre, -eo, -horrui (12)	zurückschrecken vor; abweichen von
abicere, -io, -iēci, -iectum (*Z. 13 u. 19*)	wegwerfen
abstinēre, -eo, -stinui, -stentum (19)	abhalten, fernhalten; sich enthalten
abūti, -or, -ūsus sum (*m. Abl.*) (19)	missbrauchen
ac profecto (3)	und wirklich, und in der Tat
accēdere, -o, accessi, accessum (7)	herantreten, anrücken
accidere, -o, accidi (*Z. 11 /12*)	zustoßen, sich ereignen
accipere, -io, accēpi, acceptum (10)	annehmen, empfangen, erhalten; hören
accurrere, -o, accurri, accursum (6)	herbeieilen
accusāre (15)	anklagen
accusātor, ōris m. (15)	Ankläger
acer, acris, acre (12)	hart, heftig, bitter, erbittert
aciēs, ei f. (7)	Schlachtreihe; Schlacht (Schärfe)
āctum est dē mē (10)	es ist um mich geschehen
ad (*m. Akk.*) (2)	zu, an, bei; zum Zweck
adamāre (7)	lieb gewinnen
addere, -o, addidi, additum *(11)*	hinzufügen
addūcere, -o, -dūxi, -ductum (18)	heranführen; veranlassen
adesse, adsum, affui (1)	anwesend sein, da sein; helfen, beistehen
adhūc (2)	bis jetzt; jetzt noch
adicere, -io, -iēci, -iectum (*Z. 13*)	hinzufügen
adimere, -o, -ēmi, -emptum (18)	an sich nehmen, rauben
adipisci, -or, adeptus sum (*Z. 19 / 20*)	erlangen, erreichen
adīre, -eo, adii (6)	herantreten, aufsuchen
adiuvāre, -o, -iūvi, -iūtum (*m. Akk.*) (5)	unterstützen, helfen
administrāre (3)	verwalten, lenken
admittere, -o, -mīsi, -missum (*Z. 12)*	zulassen
ad senātum referre (19)	dem Senat zur Abstimmung vorlegen
adulēscēns, ntis m. (19)	Jüngling, junger Mann
advenīre, -io, advēni, adventum (*Z. 8 /11*)	ankommen
adversārius, a, um (3)	feindlich; *substantiviert:* Feind
advocāre (1)	herbeirufen
aedificāre (3)	(er)bauen, errichten

aedificium, i n. (3)	Gebäude
aegrē ferre (13)	schwer ertragen, sich ärgern über
Aegyptus, i f. (3)	Ägypten
aequō animō (17)	mit Gleichmut, gleichmütig
aequus, a, um (17)	gleich(mäßig), eben; gerecht
aeternus, a, um (17)	ewig, auf Dauer
afferre, affero, attuli, allātum (17)	herbeitragen, -schaffen; bereiten, zufügen
afficere, -io, -fēci, -fectum (14)	versehen mit, erfüllen mit, antun
agere, -o, ēgi, āctum (10)	tun, treiben, handeln
aggredi, -ior, aggressus sum (Z. 19)	angreifen
agitāre (19)	heftig betreiben, jagen; anstacheln
Alba Longa (5)	Alba Longa (Stadt am Tiber)
aliquamdiu (20)	eine Zeit lang
aliquando (8)	irgendwann einmal, einst
aliquis, aliquid (4)	irgendjemand; irgendetwas
aliquot (7)	einige
alius, alia, aliud (3)	ein anderer
alter, a, um (Z. 12)	der eine; der andere
amāre (8)	lieben
ambulāre (11)	herumgehen, spazieren gehen
amīcus, a, um (m. Dativ); amīcus, i m. (13)	befreundet; Freund
amittere, -o, -mīsi, -missum (13)	verlieren; aufgeben
amor, amōris m. (10)	Liebe
animadvertere, -o, -verti, -versum (20)	bemerken; vorgehen gegen
animal, ālis n. (8)	Lebewesen, Tier
animō deficere (19)	den Mut sinken lassen
animus, i m. (3)	Sinn, Gemüt, Verstand, innere Einstellung
annus, i m. (2)	Jahr
ante (Adv.) (11)	früher, zuvor
ante (m. Akk.) (2)	vor
antea (11)	vorher, früher, zuvor
antīquus, a, um (4)	alt
aperīre, -io, aperui, apertum (16)	öffnen; aufdecken
apertus, a, um (Z. 12 /16)	offen, offenkundig
appārēre, -eo, -ui (1)	erscheinen
appāret (m. AcI) (9)	es ist offenbar, offenkundig
appellāre (m. doppeltem Akk.) (16)	bezeichnen als
appellere, -o, appuli, appulsum (20)	herantreiben, heranbewegen
apportāre (Z. 11)	herbeibringen, -tragen
appropinquāre (3)	sich nähern
aptus, a, um (Z. 19)	geeignet, passend
arātrum, i n. (5)	Pflug
arbitrāri (Z. 19)	glauben, meinen
arbor, oris f. (Z. 18)	Baum
arcēre, -eo, arcui (5)	abwehren, abhalten
arcessere, -o, arcessīvi, -ītum (Z. 18)	herbeiholen, kommen lassen
argenteus, a, um (15)	silbern
argentum, i n. (15)	Silber
Ariadna, ae f. oder Ariadne (10)	Ariadne (Tochter des Minos)
arma, ōrum n. (6)	Waffen
ars, artis f. (10)	Kunst, Kunstfertigkeit, Technik
artifex, icis m. (10)	Künstler

ascendere, -o, ascendi, ascēnsum (5)	hinaufsteigen, besteigen
Asia, ae f. (3)	Kleinasien
asper, era, erum (4)	rau, hart, schwierig
aspernāri (Z. 19)	verschmähen
at (3)	aber
Athenae, ārum f. (10)	Athen
Atheniēnses, ium m. (10)	die Athener
atque, ac (7)	und
ātrium, i n. (14)	Vorhalle, Empfangshalle, Atrium
atrōx, atrōcis (9)	schlimm, grässlich
attentus, a, um (2)	aufmerksam
auctor, ōris m. (Z. 11)	Förderer, Urheber; Verfasser
auctōritas, atis f. (13)	Ansehen, Einfluss, (Macht)
audācia, ae f. (11)	Verwegenheit, Kühnheit; Frechheit
audax, ācis (Z. 12 /15)	kühn, verwegen, frech, unverschämt
audēre, -eo, ausus sum (8)	wagen
audīre, -io, -īvi, -ītum (1)	hören, zuhören
auferre, aufero, abstuli, ablātum (17)	wegbringen, wegschaffen
augēre, -eo, auxi, auctum (13)	vermehren, vergrößern
Augustus, i m. (3)	(Kaiser) Augustus
aura, ae f. (8)	Luft
aureus, a, um (15)	golden
auris, is f. (11)	Ohr; Gehör
auspicium, i n. (Z. 19)	Vogelschau; Vorzeichen; Macht, Recht
aurum, i n. (15)	Gold
aut (12)	oder (aut... aut – entweder... oder)
autem (nachgestellt) (1)	aber
auxiliāri (Z. 19)	helfen
auxilium, i n. (6)	Hilfe
Aventīnus, i m./ um, i n. (5)	der Aventin (einer der sieben Hügel Roms)
avis, is f. (5)	Vogel
avus, i m. (5)	Großvater

B

barbaricus, a, um (2)	fremd, barbarisch
barbarus, i m. (13)	Fremder; Barbar
barbarus, a, um (13)	fremdländisch, barbarisch
beātus, a, um (6)	glücklich
bellāre (Z. 19)	bekriegen, Krieg führen
bellum civīle, belli civīlis n. (13)	Bürgerkrieg
bellum, i n. (2)	Krieg
belua, ae f. (15)	Ungeheuer
bene (3)	gut
beneficium, i n. (14)	Wohltat, gute Tat, Gefälligkeit
benignus, a, um (18)	gnädig, gewogen, freundlich
bēstia, ae f. (10)	wildes Tier; Ungeheuer
bibere, -o, bibi (14)	trinken
blandīri, -ior, blandītus sum (Z. 19)	schmeicheln
boni, ōrum m. (18)	die Guten (politischer Begriff Ciceros)

bonus, a, um (1)	gut
brevis, is, e (Z. 12)	kurz
brevi (tempore) (15)	innerhalb kurzer Zeit
Brūtus, i m. *und* Cassius, i m. (20)	Brutus und Cassius (*Caesarmörder)*

C

C. Caesar (17)	Gaius Iulius Caesar
C. Verrēs, Verris m. (15)	Gaius Verres (*Statthalter in Sizilien)*
cadere, -o, cecidi (18)	fallen; zu Grunde gehen
caedere, -o, cecīdi, caesum (11)	schlagen; niederschlagen, töten
caelum, i n. (5)	Himmel
candidus, a, um (8)	glänzend, weiß
canis, is m. (Z. 6)	Hund
cantāre (Z. 6)	singen
capere, -io, cēpi, captum (5)	ergreifen, fangen, erfassen; einnehmen
capitis damnāre (18)	zum Tode verurteilen
caput, itis n. (18)	Haupt, Kopf
carcer, eris m. (17)	Gefängnis, Kerker
carēre, -eo, -ui (*m. abl. sep.)* (18)	entbehren; nicht haben
caro, carnis f. (9)	Fleisch
cārus, a, um (Z. 17 /18)	lieb, teuer, wertvoll
casa, ae f. (6)	Hütte, Haus
castellum, i n. (2)	(kleines) Lager
castra, ōrum n. (16)	das Lager
catēna, ae f. (14)	Kette
Catilīna, ae **m**. (16)	Lucius Sergius Catilina
Cato, ōnis m. (17)	M. Porcius Cato (*Urenkel des Cato maior)*
causā (*Postposition m. Genitiv)* (Z. 17 /18)	wegen, um... willen; *verbal:* um... zu
causa, ae f. (15)	Grund, Ursache; Rechtsstreit, Prozess
cēdere, -o, cessi, cessum (Z. 7 / 19)	gehen, weichen
celer, celeris, celere (Z. 10)	schnell
celeriter (*Adv. zu* celer, is, e) (11)	schnell
cēna, ae f. (11)	(Abend)essen, Gastmahl
cēnsēre, -eo, cēnsui, cēnsum (18)	schätzen, meinen; beschließen
certāmen, -inis n. (5)	(Wett)streit, Auseinandersetzung
certāre (5)	streiten, kämpfen
(aliquem) certiōrem facere (16)	jemanden benachrichtigen
certe (*Adv. zu* certus, a, um) (11)	sicherlich, gewiss
cessāre (2)	zögern, trödeln
ceteri, ae , a (2)	die übrigen
ceterum (8)	übrigens; aber
cibus, i m. (Z. 11 /19)	Speise, Nahrung
circumvenīre, -io, -vēni, -ventum (18)	umzingeln, umgeben, umkreisen
citō (1)	schnell
cīvis, is m. (6)	Bürger
cīvitās, ātis f. (6)	Bürgerschaft, Gemeinde; Bürgerrecht
cladēs, is f. (13)	Niederlage, Unglück, Katastrophe
clamāre (1)	rufen, ausrufen
clārus, a, um (4)	hell, deutlich; berühmt
classis, is f. (20)	Flotte; Abteilung

clēmēns, clēmentis (19)	mild, sanft, gnädig
clēmentia, ae f. (19)	Milde, Güte, Gnade
Cleopatra, ae f. (20)	Kleopatra (*letzte Königin Ägyptens*)
co-, adhortāri (19)	ermuntern, auffordern
codicillus, i m. (15)	Schreibtafel, Notizbuch
cōgere, -o, coēgi, coāctum (9)	zusammenziehen; zwingen (*m. Inf.*)
cōgitāre (2; 15)	denken, nachdenken; (*m. Inf.*: beabsichtigen)
cognōscere, -o, cognōvi, cognitum (Z. 14 /17)	erkennen, erfahren, kennen lernen
colere, -o, colui, cultum (18)	bebauen; pflegen; verehren
colligere, -o, collēgi, collēctum (Z. 15)	sammeln, versammeln
collis, is m. (5)	Hügel
collocāre (16)	errichten, aufstellen
colloqui, -or, -locūtus sum (19)	unterreden, sich besprechen
colloquium, i n. (Z. 18)	Unterhaltung, Gespräch
comes, itis m. / f. (20)	Begleiter (in)
cōmis, is, e (*Adv.* cōmiter) (17)	freundlich
comitāri (Z. 19)	begleiten
commemorāre (8)	erwähnen, an etw. erinnern
committere, -o, -mīsi, -missum (4)	beginnen; begehen; anvertrauen
commovēre, -eo, -mōvi, -mōtum (19)	(stark) bewegen; beeindrucken
complēre, -eo, -plēvi, -plētum (10)	erfüllen, anfüllen
compōnere, -o, -posui,-positum (Z. 8 /12)	zusammensetzen, -stellen, bilden; beilegen
comprehendere, -o, -hendi, -hēnsum (17)	fassen, ergreifen
conāri (19)	versuchen
concēdere, -o, concessi, concessum (11)	zugeben; gestatten, erlauben
concidere, -o, concidi (Z. 11)	zusammenbrechen
concīdere, -o, concīdi, concīsum (Z. 11)	niederschlagen
concordia, ae f. (13)	Eintracht, Zusammenhalt, Einigkeit
concurrere, -o, concurri, -cursum (6)	zusammenströmen
concutere, -io, -cussi, -cussum (20)	erschüttern, schlagen
condemnāre (19)	verurteilen
condere, -o, condidi, conditum (5)	gründen
cōnferre, confero, -tuli, collātum (17)	zusammentragen; vergleichen
cōnficere, -io, -fēci, -fectum (14)	beenden, erledigen; erschöpfen; töten
cōnfirmāre (Z. 17 /19)	stärken, befestigen; versichern
cōnfugere, -io, confūgi (8)	die Flucht ergreifen; sich flüchten
congredi, -ior, congressus sum (Z. 19)	zusammentreffen
coniugium, i n. (7)	Ehe
coniungere, -o, coniūnxi, coniūnctum (7)	verbinden, vereinigen
coniūnx, coniugis m. / f. (7)	Ehemann, Ehefrau
coniurātio, ōnis f. (16)	Verschwörung
coniurātus, a, um / i m. (17)	verschworen / Verschwörer
cōnsēnsus, ūs m. (20)	Übereinstimmung
cōnsentīre, -io, -sēnsi, -sēnsum (13)	einer Meinung sein, übereinstimmen
cōnsiderāre (6)	erwägen, überlegen
cōnsilium capere (5)	einen Entschluss fassen
cōnsilium, i n. (5)	Rat; Absicht, Plan; Ent-, Beschluss
cōnsociāre (7)	eng verbinden, vereinigen
consolāri (Z. 19)	trösten
cōnspicere, -io, cōnspexi, cōnspectum (8)	erblicken
cōnstat (*m. AcI*) (8)	es steht fest (*dass..*)
cōnstituere, -o, cōnstitui, cōnstitūtum (10)	festsetzen, -legen; beschließen (*m. Inf.*)

cōnstruere, -o, cōnstrūxi, cōnstrūctum (9)	aufschichten; erbauen, errichten
cōnsul, is m. (Z. 11 /16)	Konsul
cōnsulātus, ūs m. (19)	das (eigentl.: der) Konsulat
cōnsulere, -o, -sului, -sultum (5)	mit Akk.: um Rat fragen; m. Dat.: sorgen für
cōnsultāre (17)	sich beraten, beratschlagen
cōnsultum, i n. (18)	Beschluss
contendere, -o, contendi, contentum (8)	eilen; kämpfen; m. Inf.: sich anstrengen
contentus, a, um (m. Abl.) (6)	zufrieden (mit etw.)
continēre, -eo, -tinui, -tentum (19)	zusammenhalten, umfassen
contra (m. Akk.) (11)	gegen
controversia, ae f. (5)	Streit, Auseinandersetzung
contumēlia, ae f. (17)	Schmähung, Beschimpfung
convenīre, -io, -vēni, -ventum (Z. 8)	zusammenkommen
conviva, ae **m.** (12)	Gast; Teilnehmer an einem Gastmahl
convocāre (16)	zusammenrufen
cōpiae, ārum f. (2)	Truppen; Vorräte
cōpiōsus, a, um (2)	reich
corpus, oris n. (10)	Leib, Körper
creāre (m. doppeltem Akkusativ) (16)	wählen zu; als Vollverb: erschaffen
credere, -o, credidi, creditum (8)	glauben, vertrauen
crēscere, -o, crēvi (crētum) (6)	wachsen, größer werden
crudēlis, is, e (9)	grausam
crudēlitās, ātis f. (9)	Grausamkeit
crudēliter (Adv.) 14)	grausam
cubiculum, i n. (15)	Schlafzimmer
culmen, inis n. (18)	höchster Punkt, Gipfel
cum (m. Ablativ) (1)	(zusammen) mit
cum (m. Konj.) (16)	als; weil; obwohl
cum (m. Ind.) (1; 5)	sooft, immer wenn, sobald; als (plötzlich)
cuncti, ae, a (1)	alle
cupere, -io, -īvi, -ītum (4)	begehren, wünschen, wollen
cupiditās, ātis f. (15)	Gier, Begierde
cupidus, a, um (15)	gierig
cūra, ae f. (6)	Kummer; Sorge; Fürsorge
cūrāre (6)	sorgen (für); besorgen
cūria, ae f. (16)	Senatsgebäude
custodīre, -io, -īvi, -ītum (12)	bewachen, schützen
custōs, custōdis m. (12)	Wächter

D

Daedalus, i m. (9)	Daidalos, Daedalus (griechischer Künstler)
damnāre (18)	verurteilen
dare, dō, dedi, datum (6)	geben
dē (m. Abl.) (2)	von... herab; in Bezug auf, über, um
dea, ae f. (3)	Göttin
dēbēre, -eo, dēbui, dēbitum (6)	schulden, verdanken; m. Inf.: müssen, sollen
dēcēdere, -o, -cessi, -cessum (Z. 7)	weggehen
decem (5)	zehn
dēcertāre (20)	um die Entscheidung kämpfen
dēclarāre (20)	klar aussprechen; verkünden

decus, oris n. (15)	Schmuck, Zierde
dēdere, -o, dēdidi, dēditum (Z. 11)	übergeben, ausliefern
deesse, desum, defui (6)	fehlen
dēfendere, -o, dēfendi, dēfēnsum (12)	verteidigen
dēfēnsor, ōris m. (12)	Verteidiger
dēferre, -o, dētuli, dēlātum (Z. 17 / 20)	überbringen, melden; übertragen (ein Amt)
dēficere, -io, -fēci, -fectum (Z. 16 / 19)	abtrünnig werden, fehlen
dēicere, -io, dēiēci, dēiectum (10)	herabwerfen
deinde (3)	sodann, darauf, dann
dēlectāre (4)	jmd. erfreuen
dēlēre, -eo, dēlēvi, -ētum (Z. 19)	zerstören
dēligere, -o, dēlegi, dēlēctum (10)	auswählen, erwählen
dēmittere, -o, -mīsi, -missum (Z. 12)	herabschicken; sinken lassen
dēmōnstrāre 16)	aufzeigen, beweisen, zeigen
dēns, dentis m. (Z. 6)	Zahn
dēpōnere, -o, dēposui, dēpositum (14)	ab-, niederlegen; hinterlegen
dēportāre (15)	wegbringen; verschleppen
dēsignāre (5)	bezeichnen, festlegen, bestimmen
dēsinere, -o, dēsii, dēsitum (m. Inf.) (4)	aufhören (etw. zu tun); ablassen von etw.
dēsistere, -o, destiti (Z. 19)	aufhören mit etw., Abstand nehmen von etw.
dēspērāre (10)	verzweifeln, die Hoffnung aufgeben
dētegere, -o, dētēxi, dētectum (8)	aufdecken, entdecken
deus, i m. (3)	Gott
dēvincere, -o, -vīci, -victum (Z. 11 /18)	völlig besiegen
dexter, dext(e)ra, dext(e)rum (17)	rechts; günstig
dextra (manus) (17)	die rechte (Hand), die Rechte
dī (12)	statt dei - Götter
dīcendi causā (18)	um zu sprechen
dīcere, -o, dīxi, dictum (4)	sagen, sprechen
dīcere (m. dopp. Akk.) (Z. 15)	bezeichnen als, nennen
dictāre (Z. 19)	oft, nachdrücklich sagen
dictātūra, ae f. (20)	Diktatur
diēs, diēi m. (6)	Tag
difficilis, is, e (11)	schwierig (zu tun)
difficultās, ātis f. (11)	Schwierigkeit; schwierige Lage
dīligenter (Adv. zu diligens) (7)	sorgfältig, aufmerksam
dīligentissimē (Z. 17)	am sorgfältigsten, sehr sorgfältig
dīligentia, ae f. (16)	Sorgfalt
dīligere, -o, dīlēxi, dīlēctum (8)	lieben, schätzen
dimicāre (20)	streiten, kämpfen
dimittere, -o, -mīsi, -missum (12)	entlassen, fortschicken
diripere, -io, -ripui, -reptum (Z. 19)	ausrauben, plündern
discēdere, -o, -cessi, -cessum (Z. 7)	auseinander gehen, sich trennen
discere, -o, didici (4)	lernen
disciplīna, ae f. (11)	Unterricht; Kenntnis; Disziplin, Zucht
discordia, ae f. (13)	Zwietracht, Uneinigkeit
disputāre (12)	sprechen über, diskutieren
dissēnsiō, ōnis f. (20)	Streit, Meinungsverschiedenheit
dissidēre, -eo, dissēdi (20)	uneinig sein, sich streiten
diu (1)	lange, lange Zeit
diversus, a, um (6)	unterschiedlich, verschieden
dividere, -o, divīsi, divīsum (5)	teilen; verteilen; aufteilen

dīvus, a, um (2)	göttlich, vergöttlicht
Dīvus Iūlius (2)	der vergöttlichte Iulius Caesar
docēre, -eo, -ui, doctum (8)	lehren, belehren, aufklären
doctrīna, ae f. (15)	Gelehrsamkeit, Bildung
doctus, a, um (8)	gelehrt, gebildet
dolēre, -eo, dolui (10)	Schmerz empfinden, bedauern, leiden
dolor, ōris m. (10)	Schmerz, Leid
dolus, i m. (6)	List
domina, ae f. (1)	(Haus)herrin
dominatiō, ōnis f. (12)	Herrschaft, Alleinherrschaft
dominatus, ūs m. (20)	Herrschaft
dominus, i m. (1)	Herr(scher); Hausherr
domum (*Akkusativ der Richtung*) (3)	nach Hause
domus, ūs **f.** (13)	Haus
dōnāre (4)	schenken
dōnum, i n. (4)	Geschenk, Gabe
dormīre, -io, -īvi (*Z. 17*)	schlafen
dubitāre (*m. Infinitiv*) (3)	zögern, *etw. zu tun*
nōn dubito, quīn (*m. Konjunktiv*) (19)	nicht daran zweifeln, dass...
dubium, i n. (19)	Zweifel
dubius, a, um (19)	zweifelhaft, unklar
dūcere, -o, dūxi, ductum (11)	führen, leiten
dūcere (*m. dopp. Akk.*) (*Z. 15*)	halten für
dum (*m. Ind. Präsens*) (17)	während
duo, duae, duo (5)	zwei
duodecim (5)	zwölf
durus, a, um (12)	hart, schlimm
dux, ducis m. (11)	Anführer, Feldherr

E

e, ex (*m. Abl.*) (8)	aus, heraus; in Folge von
ecce (1)	schau, sieh da
ēdere, -o, edidi, editum (*Z. 11*)	herausgeben
educāre (*Z. 19*)	ausbilden, erziehen
efferre, -o, extuli, ēlātum (17)	heraustragen, -bringen; erheben, rühmen
efficere, -io, -fēci, -fectum (*Z. 16*)	bewirken, zu Stande bringen
effugere, -o, -fūgi (16)	entkommen, entrinnen
egēre, -eo, egui (*m. abl. separ.*) (6)	nötig haben, bedürfen
ego (1)	ich
egredi, -ior, egressus sum (*Z. 19*)	hinausgehen; überschreiten
eicere, -io, -iēci, -iectum (*Z. 13*)	herauswerfen, -schleudern
ēligere, -o, ēlēgi, ēlēctum (*Z. 15*)	(aus)wählen
eloquēns, ntis (13)	redegewandt, beredt
eloquentia, ae f. (15)	Beredsamkeit, Redekunst
emere, -o, ēmi, emptum (19)	nehmen; kaufen
emittere, -o, -mīsi, -missum (*Z. 12*)	heraus-, wegschicken
enim (*nachgestellt*) (4)	denn, nämlich
enumerāre (2)	aufzählen
epistula, ae f. (*Z. 17*)	Brief
equidem (19)	(ich) jedenfalls, (ich) wenigstens, allerdings

eripere, -io, eripui, ereptum (15)	entreißen, rauben
errāre (9)	irren; sich irren
error, ōris m. (9)	Irrtum, Fehler
esse, sum, fui (1)	sein
et (1)	und, auch
etiam (2)	auch; sogar
Etrūria, ae f. (16)	Etrurien
Eurōpa, ae f. (8)	Europa
evadere, -o, -vāsi, -vāsum (20)	herausgehen, entkommen
evenīre, -io, evēni, eventum (9)	herauskommen, entstehen, geschehen
evertere, -o, everti, eversum (19)	umstürzen; zerstören
evocāre (Z. 3)	herausrufen, hervorrufen; verlocken
excēdere, -o, -cessi, -cessum (Z. 7)	herausgehen; überschreiten
exclamāre (7)	ausrufen, schreien
excogitāre (11)	erdenken, ausdenken
exemplum, i n. (19)	Beispiel, Vorbild
exercēre, -eo, -ui, -itum (15)	üben
exercitus, ūs m. (16)	Heer
exilium, i n. (15)	Verbannung
eximius, a, um (8)	herausragend, hervorragend
existimāre (18)	glauben; schätzen; halten für
existimāre (m. dopp. Akk.) (Z. 15)	halten für
(ex)optāre (11)	(dringend) wünschen
explicāre (3)	erklären, erläutern
expellere, -o, -puli, -pulsum (Z. 16)	austreiben, vertreiben
expōnere, -o, -posui, -positum (Z. 8)	aussetzen; ausstellen; erklären
expugnāre (Z. 3)	erobern
exsistere, -o, exstiti (8)	hervorgehen; erscheinen
exspectāre (1)	erwarten, warten auf
exstinguere, -o, exstīnxi, exstīnctum (13)	(aus)löschen; vernichten
exsultāre (13)	aufspringen; frohlocken, sich freuen über
exterus, a, um (11)	auswärtig
extrēmus, a, um (14)	der äußerste, letzte
exul, exulis (15)	verbannt; Verbannter
evenīre, -io, -vēni, -ventum (Z. 8)	herauskommen, sich ereignen

F

fabula, ae f. (8)	Geschichte, Fabel
facere, -io, fēci, factum (8)	tun, handeln, machen; herstellen
facere (m. dopp. Akk.) (Z. 15)	machen zu
facile (Adv. zu facilis, is, e) (8)	leicht; ohne weiteres
facilis, is, e (Z. 12)	leicht
facinus, oris n. (4)	Tat, Untat, Vergehen
factiō, ōnis f. (Z. 16)	Partei
facultās, ātis f. (Z. 17)	Fähigkeit; Möglichkeit
fallere, -o, fefelli, deceptum (14)	täuschen, hintergehen
fallit mē (m. AcI) (14)	es entgeht mir
falsus, a, um (19)	falsch
fāma, ae f. (20)	Gerede; Gerücht; Ruf; Ruhm
fames, is f. (10)	Hunger
familia, ae f. (1)	Familie

fascis, is m. (*Z. 6*)	Rutenbündel
fatālis, is, e (10)	verhängnisvoll, schicksalhaft
fatēri, -eor, fassus sum (*Z. 19*)	bekennen, gestehen, sagen
fatigāre (2)	jmd. ermüden
fātum, i n. (10)	Götterspruch; Schicksal; Verhängnis
febris, is f. (*Z. 9*)	Fieber
fēlīx, fēlīcis (10)	glücklich, erfolgreich
femina, ae f. (6)	Frau
fere (*nachgestellt*) (10)	fast; ungefähr
ferōx, ōcis (*Z. 12 /14*)	wild, trotzig
ferre, fero, tuli, lātum (13; 17)	tragen, bringen; ertragen; berichten
ferri (17)	*auch:* eilen; sich hinreißen lassen
fertilis, is, e (15)	fruchtbar
ferus, a, um (2)	wild; grausam
fidēlis, is, e (15)	treu, zuverlässig
fidēs, ēi f. (15)	Treue, Zuverlässigkeit
fīdus, a, um (4)	zuverlässig, treu
fieri, fio, factus, a, um sum (20)	(gemacht) werden, geschehen, entstehen
fīlia, ae f. (1)	Tochter
fīlius, i m. (1)	Sohn
fīlum, i n. (10)	Faden
fīnīre, -io, fīnīvi, fīnītum (3)	beenden; begrenzen
fīnis, is m. (6)	Grenze, Ende; Zweck, Ziel
fīnēs, ium m. (6)	Grenzen; Gebiet
finitimus, a, um (4)	benachbart; *substantivisch:* Nachbar
firmāre (2)	stärken; befestigen, sichern
firmus, a, um (19)	stark, fest
fluvius, i m. (2)	Fluss
fōns, fontis, m. (*Z. 6*)	Quelle
forma, ae f. (8)	Form, Gestalt; Schönheit
fortasse (4)	vielleicht
fortis, is, e (*Adv.* fortiter) (*Z. 14 /17*)	tapfer, tüchtig
fortūna, ae f. (4)	Schicksal; Zufall; Glück
forum, i n. (3)	Marktplatz
fossa, ae f. (5)	Graben
frangere, -o, frēgi, fractum (14)	brechen, zerbrechen
frater, fratris m. (5)	Bruder
frui, -or, ūsus sum (*m. Abl.*) (*Z. 19*)	nutzen, genießen
frūmentum, i n. (2)	Getreide
frūstra (8)	vergeblich
fuga, ae f. (14)	Flucht; Verbannung
fuga salūtem petere (14)	sein Heil in der Flucht suchen
fugāre (11)	vertreiben, verjagen
fugere, -io, fūgi (4)	fliehen, die Flucht ergreifen
fundamentum, i n. (5)	Grundlage; Grund(mauer)
fundere, -o, fūdi, fusum (8)	gießen; vergießen
fūnestus, a, um (20)	verhängnisvoll, unheilvoll
fungi, -or, functus sum (*m. Abl.*) (*Z. 19*)	verrichten, verwalten
fūnus, eris n. (20)	Bestattung, Leichenbegängnis
furibundus, a, um (16)	rasend (vor Zorn)
furor, ōris m. (10)	Raserei, Wahnsinn
futurus, a, um (16)	(zu)künftig

G

Gallia, ae f. (2)	Gallien
gaudēre, -eo, gavīsus sum (2)	sich freuen
gaudium, i n. (6)	Freude, Vergnügen
gemere, -o, gemui, gemitum (8)	stöhnen, seufzen
gener, generi m. (7)	Schwiegersohn
gēns, gentis f. (8)	Volk; Geschlecht; Familie
genus, eris n. (Z. 15 /16)	Art, Gattung; Geschlecht, Abstammung
gerere, -o, gessi, gestum (6)	ausführen, verrichten; tragen
Germāni, ōrum m. (2)	die Germanen
Germānia, ae f. (2)	Germanien
gladiātor, ōris m. (Z. 12)	Gladiator
gladius, i m. (5)	Schwert
glōria, ae f. (16)	Ruhm, Anerkennung
gradi, -ior, grassus sum (Z. 19)	gehen, schreiten
Graecus, a, um (1)	griechisch
Graecus, i m. (1)	Grieche
grātia, ae f. (8)	Gefallen; Dank; Beliebtheit
grātus, a, um (8)	angenehm, willkommen; dankbar
gravis, is, e (13)	schwer(wiegend), schlimm, ernst
grex, gregis m. (8)	Herde

H

habēre (m. doppeltem Akkusativ) (16)	halten für; Passiv: gelten als
habēre, -eo, habui, habitum (1)	haben, besitzen; halten
habitāre (2)	wohnen; bewohnen
hīc, haec, hoc (10)	dieser, diese, dieses
hīc (Adv.) (2)	hier
Hispānia, ae f. (2)	Hispanien, Spanien
Homērus, i m. (17)	Homer
homo, hominis m. (16)	Mensch
homo novus, hominis novi m. (16)	Aufsteiger, Emporkömmling
honor (s), ōris m. (14)	Ehre, Ehrung; Ehrenamt
honōribus afficere (14)	Ehrungen zukommen lassen
hōra, ae f. (3)	Stunde
hortāri (dep.) (19)	ermuntern, auffordern
hospes, hospitis m. (6)	Gast, Gastfreund
hospitium, i n. (7)	Gastrecht, Gastfreundschaft
hostis, is m. (7)	(äußerer) Feind; Staatsfeind
humānus, a, um (16)	menschlich; gebildet
humi (locativus) (13)	am Boden
humilis, is, e (Z. 12)	niedrig, unbedeutend
humus, i f. (13)	(Erd)boden

iacēre,- eo, -ui (13)	liegen
iacere, -io, ieci, iactum (13)	werfen, schleudern
iactāre (Z. 19)	(heftig) werfen, schleudern
iam (1)	schon
ibi (1)	dort
id studēre, ut (m. Konjunktiv) (14)	sich darum bemühen, dass...
īdem, eadem, idem (18)	der-, die-, dasselbe
igitur (nachgestellt) (6)	also, daher
ignis, is m. (10)	Feuer
ignōrare (1)	nicht wissen, nicht kennen
ignōscere, -o, ignōvi, ignōtum (12)	verzeihen
ignōtus, a, um (1)	unbekannt
ille, illa, illud (10)	jener, jene, jenes
illūstrāre (20)	erleuchten, erhellen; ans Licht bringen
illūstris, is, e (20)	klar, hell; berühmt
imitāri (19)	nachahmen, nacheifern
immittere, -o, -mīsi, -missum (Z. 12)	hineinschicken
immo vēro (18)	im Gegenteil
immolāre (10)	opfern
impedimentum, i n. (11)	Hindernis; (schweres) Gepäck
impedīre, -io, -īvi, -ītum (11)	hindern; behindern
impellere, -o, impuli, impulsum (18)	anstoßen; niederwerfen; antreiben
imperāre (1)	befehlen; herrschen über
imperātor, ōris m. (11)	Feldherr; Kaiser
imperium, i n. (2)	Befehl(sgewalt); Herrschaft; Reich
impetus, ūs m. (14)	Ansturm, Andrang, Angriff
impius, a, um (7)	unfromm, ruchlos
implēre, -eo, implēvi, implētum (7)	anfüllen, erfüllen
impōnere, -o, imposui, impositum (Z. 8 / 10)	hineinlegen; auferlegen
importāre (2)	hineintragen, einführen
imprīmis (18)	besonders
in (m. Ablativ) (1)	in, an, auf
in (m. Akk.) (1)	in, zu, in... hinein
in (m. Akk. bei Personen) (20)	gegenüber, gegen; an, auf
incendere, -o, incendi, incēnsum (8)	anzünden, entflammen
incendium, i n. (14)	Brand(stiftung), Feuer
incidere, -o, incidi (Z. 11)	hineinfallen; geraten in etw.
incipere, -io, coepi, inceptum (8)	anfangen, beginnen
incola, ae m. (6)	Einwohner, Bewohner
incolumis, is, e (10)	wohlbehalten, gesund
incrēdibilis, is, e (9)	unglaublich
incusāre (17)	beschuldigen, anklagen
indagāre (19)	forschen, untersuchen
inesse (20)	enthalten sein, innewohnen
infēlīx, īcis (10)	unglücklich
inferre, -o, -tuli, -lātum (Z. 17)	hineinbringen, -tragen
inficere, -io, -fēci, -fectum (Z. 16)	färben; vergiften
ingēns, ingentis (7)	ungeheuer, gewaltig
inicere, -io, -iēci, -iectum (Z. 13)	hineinwerfen; einflössen
inimīcitiae, ārum f. (20)	Feindschaft
inimīcus, a, um / i m. (18)	verfeindet; (persönlicher) Feind

inīre, -eo, -ii, -itum (3)	hineingehen; anfangen, beginnen
initium, i n. (2)	Anfang, Beginn
iniūria, ae f. (14)	Gewalttat; Unrecht
iniūstus, a, um (14)	ungerecht
inquit (eingeschoben in eine direkte Rede) (3)	sagt(e) er, sie, es
insidiae, ārum f. (16)	Hinterhalt; Anschlag; Falle
insidiās parāre (16)	einen Anschlag vorbereiten
instāre, -o, institi (7)	drohen, bevorstehen
instruere, -o, instrūxi, instrūctum (7)	aufstellen; ausrüsten; unterweisen
īnsula, ae f. (2)	Insel
intellegere, -o, intellēxi, intellēctum (6)	einsehen, erkennen, verstehen
inter (m. Akk.) (7)	zwischen, unter
intercēdere, -o, -cessi, -cessum (Z.7 /19)	dazwischen treten; Einspruch erheben
interdum (4)	manchmal, bisweilen
interea (14)	inzwischen, unterdessen
interficere, -io, -fēci, -fectum (16)	töten
interitus, ūs m. (12)	Untergang, Verderben
intermittere, -o, intermīsi, intermissum (11)	unterbrechen
interrogāre (14)	fragen, befragen
intrāre (10)	betreten, eintreten
invādere, -o, invāsi, invāsum (20)	eindringen; befallen
invenīre, -io, invēni, inventum (Z. 8 /10)	auf etwas stoßen, finden; erfinden
invidēre, -eo, -vīdi, -vīsum (m. Dat.) (5)	jemanden beneiden, missgünstig sein
invidia, ae f. (5)	Neid, Missgunst
invītāre (6 / Z. 18)	einladen
invītus, a, um (11 / Z. 18)	unfreiwillig, unwillig, gegen den Willen
ipse, ipsa, ipsum (20)	selbst, persönlich
īra, ae f. (6)	Zorn, Wut
īracundia, ae f. (17)	Zorn, Jähzorn
īrāsci, -or, suscēnsui (Z. 19)	zornig werden, zürnen
īrātus, a, um (5)	erzürnt, zornig
īre, eo, ii, ītum (3)	gehen
irridēre, -eo, irrīsi, -rīsum (5)	verlachen, verspotten
is, ea, id (8)	er, sie, es; dieser, diese, dieses
iste, a, istud (12)	dieser (da)
ita (2)	so, auf diese Weise
Italia, ae f. (2)	Italien
itaque (1)	daher, deshalb
iterum atque iterum (2)	immer wieder
iterum (2)	wiederum, zum zweiten Mal
iubēre, -eo, iussi, iussum (6)	befehlen, auffordern
iucundus, a, um (4)	angenehm, erfreulich
iūdex, icis m. (15)	Richter
iūdicāre (5)	Recht sprechen, urteilen, entscheiden
iūdicāre (m. dopp. Akk.) (Z. 15)	erklären zu, halten für
iūdicium, i n. (18)	Rechtsspruch, Urteil; Gericht, Prozess
iungere, -o, iūnxi, iūnctum (10)	verbinden, vereinigen
Iūno, Iūnōnis f. (8)	Iuno
Iuppiter, Iovis m. (8)	Iuppiter
iūre (8)	zu Recht, mit Recht
iūs, iūris n. (7)	Recht
iūs tribūnicium, iūris tribūnicii n. (20)	die Befugnis eines Volkstribunen

iussu (17)	auf Befehl
iussum, i n. (11)	Befehl
iūste (9)	gerecht, auf gerechte Weise
iūstitia, ae f. (9)	Gerechtigkeit
iūstus, a, um (9)	gerecht
iuvenis, is m. (6)	Jüngling, junger Mann
iuventūs, ūtis f. (15)	Jugend

L

labefactāre (20)	ins Wanken bringen
lābi, lābor, lāpsus sum (20)	fallen, gleiten, wanken
labor, ōris m. (11)	Arbeit; Mühe
labōrāre (1)	arbeiten; leiden (*an etw.*)
labyrinthus, i m. (9)	das Labyrinth
lacrima, ae f. (8)	Träne
laedere, -o, laesi, laesum (3)	verletzen, beschädigen
laetus, a, um (3)	froh, fröhlich
largīri, -ior, largītus sum (*Z. 19*)	schenken, spenden
Latīne (19)	lateinisch
latrō, ōnis m. (15)	Räuber
laudāre (8)	loben, gutheißen
laus, laudis f. (17)	Lob, Anerkennung, Ruhm
legātus, i m. (*Z. 19*)	Gesandter; General
legere, -o, lēgi, lēctum (15)	lesen; sammeln
legiō, ōnis f. (*Z. 18 /20*)	Legion
lenīre, -io, -īvi, -ītum (17)	besänftigen, mildern
lēniter (*Adv. zu* lēnis, is, e*)* (11)	sanft, mild
Lepidus, i m. (20)	Lepidus (*Caesarianer und Triumvir*)
lēx, lēgis f. (6)	Gesetz
libellus, i m. (15)	Büchlein, kleine Schrift
libenter (1)	gerne, bereitwillig
līber, a, um (10)	frei
līberāre (6)	befreien
līberi, ōrum m. (4)	Kinder
lībertās, ātis f. (13)	Freiheit
licet (*mit Infinitiv*) (5)	es ist erlaubt
litigāre (13)	streiten, zanken
lītus, oris n. (8)	Strand, Küste
loca, ōrum n. 15)	Gegend
locō equestri nātus (15)	dem Ritterstand entstammend
locus equestris (15)	Ritterstand
locus, i m. (15)	Ort, Platz; Gelegenheit
longe (*Adv. zu* longus, a, um) (12)	weit, bei weitem
longus, a, um (12)	lang
loqui, -or, locūtus sum (19)	reden, sprechen
Lucullus, i m. (11)	Lucullus (*Politiker des 1. Jahrh. v. Chr.*)
lūdus, i m. (6)	Spiel
lūdere, -o, lūsi, lūsum (8)	spielen; scherzen
lūmen, inis n. (18)	Licht
lūx, lūcis f. (18)	Licht

magister, tri m. (1)	Lehrer
magistrātus, ūs m. (15)	Beamter; Amt, Behörde
magnificus, a, um (3)	großartig, prächtig
magnus, a, um (2)	groß; bedeutend
maior, maius (Z. 16)	größer
maiōres, um m. (19)	Vorfahren
maledīcere, -o, -dīxi, -dictum (m. Dat.) (18)	beschimpfen, schlecht reden über
malum, i n. (18)	Übel
malum dare (11)	Schläge geben
malus, a, um (11)	schlecht, schlimm, übel
manēre, -eo, mānsi, mānsum (8)	bleiben
manus, ūs f. (17)	Hand; Schar
Marcus Antōnius (13)	Mark Anton (Gegner des Oktavian)
Marcus Tullius, i m. (1)	Marcus Tullius (Sohn des berühmten Cicero)
mare, is n. (8)	Meer
marītus, i m. (7)	Ehemann
Massilia, ae f. (15)	Massilia (heute Marseille)
māter, tris f. (8)	Mutter
maximus, a, um (2)	der, die, das größte; sehr groß
mē (1)	mich
melior, melius (Z. 16)	besser
memorāre (10)	erinnern, erwähnen
memoria, ae f. (14)	Erinnerung; Gedächtnis
memoriam depōnere (m. Gen.) (14)	etw. vergessen
mēns, mentis f. (8)	Sinn, Verstand, Gemüt, innere Haltung
mēnsis, is m. (17)	Monat
merēre, -eo, -ui, -itum (18)	verdienen, erwerben, gewinnen
merēri dē (18)	sich um etwas verdient machen
metuere, -o, metui (Z. 18)	sich fürchten; m. Dat.: fürchten um jmd.
meus, a, um (1)	mein
mihi (1)	mir
mihi in animo est (m. Infinitiv) (3)	ich habe im Sinn, ich beabsichtige (zu tun)
mīles, itis m. (11)	Soldat
minimē (4)	am wenigsten, keineswegs
minimus, a, um (Z. 16)	der kleinste, geringste
minor, minus (Z. 16)	kleiner, geringer
Mīnōs, ōis m. (9)	Minos (König von Kreta)
Mīnōtaurus, i m. (9)	Minotaurus (Mischwesen aus Mensch und Stier)
minus (16)	weniger
mīrāri (Z. 19)	sich wundern; bewundern
mīrus, a, um (3)	seltsam, wunderlich; wunderbar
miser, a, um (4)	elend, unglücklich
miserēri, -eor, miseritus sum (Z. 19)	bemitleiden, sich erbarmen
miseria, ae f. (18)	Elend, Unglück
Mithridātes, is m. (11)	Mithridates (König von Pontos)
moderātiō, ōnis f. (20)	Zurückhaltung, Beherrschung
modestia, ae f. (20)	Bescheidenheit, Zurückhaltung
modō (nachgestellt) (10)	eben, so eben, erst; nur
modus, i m. (8)	Maß; Art und Weise
mōlestia, ae f. (11)	Last, Belästigung; Ärger
mōlīri ,-ior, -itus sum (Z. 19)	ins Werk setzen, unternehmen, planen

mollis, is , e (16)	schlaff, weich(lich), lasch
monēre, -eo, -ui, monitum (1)	mahnen, ermahnen
mōns, montis m. (8)	Berg
mōnstrāre (2)	zeigen
mōnstrum, i n. (9)	Ungeheuer
monumentum, i n. (3)	Denkmal, Monument
morāri (Z. 19)	sich aufhalten
morbus, i m. (10)	Krankheit
mori, morior, mortuus sum (Z. 19 / 20)	sterben
mors, mortis f. (5)	Tod
mortuus, a, um (18)	tot
mōs, mōris m. (6)	Sitte, Brauch
movēre, -eo, mōvi, mōtum (8)	bewegen, erregen
mulcēre, -eo, mulsi, mulsum (14)	sanft streicheln
mulier, eris f. (12)	Weib, Frau
multi, ae, a (1)	viele
multīs annīs ante (11)	viele Jahre zuvor
mundus, i m. (1)	Welt
mūnus, eris n. (20)	Amt, Würde; Geschenk
mūrus, i m. (5)	Mauer
mūtāre (8)	tauschen, verwandeln, ändern

 N

nam (Konjunktion) (1)	denn
narrāre (3)	erzählen, berichten
narrātiō, ōnis f. (8)	Erzählung
nāsci, -or, natus sum (Z. 19)	geboren werden
nātiō, ōnis f. (9)	Nation, Volk, Stamm
nātus, a, um (7)	geboren; substant.: Kind
nāvem appellere (20)	anlegen, landen
nāvigāre (10)	segeln
nāvis, is f. (10)	Schiff
-ne (angehängt, bei neutralen Fragen) (12)	wird nicht übersetzt
nē (m. Konj.) (14)	dass nicht, damit nicht
nē (zur Einleitung eines Wunschsatzes) (12)	nicht, dass doch nicht
nē (mit Konjunktiv Perfekt)	verneinter Imperativ
nē... quidem (15)	nicht einmal
necāre (4)	töten
necessārius, a, um (8)	nötig, notwendig
necesse est (m. AcI) (8)	es ist nötig, es ist unausweichlich
nefārius, a, um (10)	frevelhaft, verbrecherisch, gottlos, ruchlos
nefās (indeklinabel) (15)	Vergehen, Frevel (gegen die Götter)
negāre (5)	ablehnen, verweigern
negāre (m. AcI) (9)	sagen, dass nicht; abstreiten, leugnen
neglegere, -o, neglēxi, neglēctum (8)	nicht beachten, vernachlässigen
negōtium, i n. (Z. 19)	Tätigkeit, Aufgabe; Geschäft
nēmo (8)	niemand
neque, nec (5)	und nicht, auch nicht, aber nicht
neque... neque (1)	weder... noch
neuter, neutra, neutrum (Z. 12)	keiner (von beiden)

nihil (11)	nichts
nimis (9)	zu, allzu, zu sehr
nisī (*Subj.*) (13)	wenn... nicht
nōbilī locō (16)	von vornehmer Herkunft
nōbilis, is , e (*Z. 12 /16*)	adlig, edel, berühmt
nōbīscum (3)	mit uns
nocēre, -eo, nocui, nocitum (8)	schaden, schädigen
nōli despērāre, nōlīte despērāre (10)	*verneinte Imperative (Sg. u. Pl.)*
nōmen, inis n. (5)	Name; Begriff
nōmināre (8)	nennen
nōmināre (*m. dopp. Akk.*) (*Z. 15*)	nennen, bezeichnen als
nōn (1)	nicht
nōn iam (8)	nicht mehr
nōn sōlum..., sed etiam (4)	nicht nur..., sondern auch
nōndum (10)	noch nicht
nōnne (3)	denn nicht, etwa nicht
nōnnūlli, ae, a (3)	einige
nōnnumquam (4)	manchmal
nōs (1)	wir; uns
nōscere, -o, nōvi, nōtum (17)	kennen lernen; *Perf.:* kennen, wissen
noster, tra, trum (2)	unser
nōtus, a, um (6)	bekannt
novus, a, um (5)	neu; nie dagewesen, unerhört
nūllus, a, um (8)	niemand, kein
nūllō modō (10)	auf keine Weise
num (3)	etwa
numquam (11)	niemals
nunc (1)	jetzt
nuntiāre (*Z. 14)*	verkünden, melden

O

obicere, -io, -iēci, -iectum (*Z. 13*)	entgegenwerfen; vorwerfen
oblīvīsci, -or, oblītus sum (*m. Gen.*) (19)	*etw.* vergessen
obsequium, i n. (13)	Gehorsam
observāre (5)	beobachten; beachten
obsistere, -o, obstiti (14)	entgegentreten, Widerstand leisten
obtemperāre (18)	gehorchen, willfährig sein
obtinēre, -eo, -tinui, -tentum (14)	innehaben, besitzen, behaupten
occāsio, onis f. (17)	Gelegenheit
occidere, -o, occidi (*Z. 11)*	untergehen
occīdere, -o, occīdi, occīsum (10)	niederhauen, töten
occultāre (10)	verbergen, verstecken
occupāre (10)	besetzen; ergreifen; in Anspruch nehmen
Octāvius, i m. (20)	Oktavian (*der spätere Augustus*)
odium, i n. (18)	Hass, Feindseligkeit
ōdisse (18)	hassen
offendere, -o, offendi, offēnsum (20)	anstoßen; kränken, beleidigen
offerre, -o, obtuli, oblātum (17)	entgegenbringen; anbieten
officia praestāre (18)	die Pflichten erfüllen
officium, i n. (11)	Pflicht; Dienstleistung

Olympus, i m. (8)	der Olymp (*Berg in Griechenland*)
omnēs boni (20)	alle Guten (*Optimaten und ihre Anhänger*)
omnis, -is, -e (8)	jeder, ganz; *Plur.*: alle
opīnio, onis f. (16)	Meinung, Ansicht
oportet (*m. AcI*) (8)	es ist nötig, notwendig (*dass...*)
oppidum, i n. (4)	Stadt
oppōnere, -o, -posui, -positum (*Z. 8*)	entgegenstellen
oppugnāre (2)	bestürmen; belagern; bekämpfen
optāre (11)	wünschen
optimus, a, um (*Z. 16*)	der beste
ōra, ae f. (8)	Küste
ōrāculum, i n. (8)	Götterspruch; Orakel
ōrāre (10)	bitten, flehen; beten
ōrātio, onis f. (10)	Rede
ōrātor, ōris m. (12)	Redner
orbis, is m. (*Z. 6*)	Kreis(lauf)
orbis terrārum (11)	Erdkreis, Erde, Welt
ōrdine (*Abl. modi*) (9)	der Reihe nach
ōrdo, inis m. (9)	Reihe, Ordnung; (gesellschaftlicher) Stand
orīri, orior, ortus sum (*Z. 19 /20*)	aufgehen; entstehen
ornamentum, i n. (15)	Schmuck(stück), Zierde
ornāre (15)	schmücken, ausstatten
ortus, a, um (*Z. 15*)	abstammend von, entstanden
ostendere, -o, ostendi, ostentum (7)	entgegen strecken, zeigen
ōtium, i n. (13)	freie Zeit, Muße

P

P. Clōdius, i m. (18)	P. Clodius (*Volkstribun 59/58 v. Chr.*)
paedagōgus, i m. (1)	„Pädagoge"
paenīnsula, ae f. (2)	Halbinsel
paenitet, -uit (18)	es reut
Palātium, i n. (3)	der Palatin (*einer der sieben Hügel Roms*)
parāre (6)	etw. (vor)bereiten, beschaffen, erwerben
parāre (*m. Inf.*) (11)	sich vorbereiten, im Begriff sein (*etw. zu t*
parātus, a, um sum (11)	ich bin (vor)bereit(et) (*etw. zu tun*)
parcere, -o, peperci (*m. Dat.*) (*Z. 18/ 19*)	schonen; sparen
parentēs, um m. (14)	Eltern
parēre , -eo, parui (1)	gehorchen
parere, -io, peperi, partum (20)	erzeugen, hervorbringen; sich verschaffen
pars, partis f. (18)	Teil; Seite; Richtung
partēs, ium f. (18)	Partei
parvus, a, um (4)	klein, gering
pāscere, -o, pāvi, pāstum (8)	weiden lassen (*Passiv:* weiden)
pāstor, ōris m. (8)	Hirte
pater, patris m. (7)	Vater
pati, -ior, passus sum (19)	erleiden, erdulden; zulassen
patientia, ae f. 19)	Geduld; Duldsamkeit
patrēs cōnscrīpti m. (19)	Väter, Senatoren
patria, ae f. (2)	Heimat, Vaterland
patrōnus, i m. (15)	Schutzherr, Patron; Anwalt

pauci, ae, a (11)	wenige
paulātim (6)	allmählich
paulum (*Adv.*) (11)	ein wenig, etwas
pāx, pācis f. (10)	Frieden
peccāre (4)	einen Fehler begehen; sündigen
peccātum, i n. (18)	Fehler, Vergehen
peior, peius (*Z. 16*)	schlechter
pellere, -o, pepuli, pulsum (19)	schlagen, stoßen; vertreiben
penūria, ae f. (6)	Not, Mangel (*an etw.*)
per (*m. Akk.*) (8)	durch... hindurch; über... hin
perantīquus, a, um (3)	sehr alt, uralt
perdere, -o, perdidi, perditum (11)	vernichten, verderben; vergeuden
perferre, -o, pertuli, perlātum (17)	ertragen, erdulden
perficere, -io, -fēci, -fectum (*Z. 16*)	vollenden
pergere, -o, perrēxi, perrēctum (7)	fortfahren, weitermachen
perīculōsus, a, um (2)	gefährlich
perīculum, i n. (2)	Gefahr
perīre, -eo, -ii (*Z. 13*)	zu Grunde gehen, sterben
permittere, -o, -mīsi, -missum (*Z. 12 u. 19*)	erlauben, gestatten
permovēre, -eo, permōvi, permōtum (7)	heftig bewegen; stark beeindrucken
perniciēs, ei f. (5)	Verderben, Untergang
perniciōsus, a, um (6)	Verderben bringend, unheilvoll
persuādēre, -eo, -suāsi, -suāsum (*m. Dat.*) (17)	überreden (*m. ut*); überzeugen (*m. AcI*)
perterrēre, -eo, -terrui, -territum (15)	(heftig) erschrecken
perturbāre (17)	(völlig) verwirren, durcheinander bringen
pervenīre, -io, pervēni, perventum (8)	erreichen, hinkommen, gelangen zu
pessimus, a, um (*Z. 16*)	der schlechteste
petere, -o, petīvi, petītum (8)	anstreben, zu erreichen suchen; bitten
peto ab eō auxilium (10)	ich bitte ihn um Hilfe
Pharsālus, i **f.** (20)	Pharsalos (*Stadt in Thessalien*)
philosophus, i m. (1)	Philosoph
pietās, ātis f. (7)	Frömmigkeit; Pflichtbewusstsein
piger, pigra, pigrum (11)	faul, träge
piget mē (*Z. 18*)	es bereitet mir Verdruss
pius, a, um (7)	fromm, pflichtbewusst
pila lūdere (8)	Ball spielen
piscis, is m. (*Z. 6*)	Fisch
plācāre (13)	besänftigen; glätten
placēre, -eo, placui, placitum (17)	gefallen
placet mihi (17)	es gefällt mir, ich beschließe
placidus, a, um (8)	sanft, friedlich
plānē (*Adv.*) (18)	deutlich, klar
plānius (*Adv.*) (14)	klarer, deutlicher
plēbs, plēbis f. (14)	(niederes) Volk
plēbs urbāna (14)	Stadtvolk
plērīque, plēraeque, plēraque (6)	die meisten
plerumque (6)	meistens
plūres, a (*Gen. plurium*) (*Z. 16* /18)	mehrere
plūrimi, ae, a (*Z. 16* /18)	die meisten
poena, ae f. (10)	Strafe, Bestrafung
Poeni, -ōrum m. (2)	die Punier, Karthager
pollicēri, -eor, pollicitus sum (*Z. 19*)	versprechen

Polydōrus, i m. (1)	Polydorus (*griechischer Eigenname*)
Pompeius, i m. (11)	Pompeius (*römischer Politiker u. Feldherr*)
pōnere, -o, posui, positum (9)	stellen, legen, setzen
pōns, pontis m. (Z. 6)	Brücke
populārēs, ium m. (18)	die Popularen (*„Volkspartei" in Rom*)
populus, i m. (1)	Volk
porrō (11)	weiter(hin), ferner
portāre (2)	tragen, bringen
posse, possum, potui (2)	können
possidēre, -eo, possēdi, possessum (Z. 4)	besitzen
post (*m. Akk.*) (5)	nach; hinter `
post (*Adv.*) (7)	später
postea (4)	nachher, später
posterior, ius (Z. 16)	der folgende
posterus, a, um (Z. 16)	(nach)folgend
postquam (*m. Ind. Perf.*) (5)	nachdem (*im D. mit Plusquamperfekt*)
postrēmo / postrēmum (*Adv.*) (13)	endlich, zuletzt, schließlich
postrēmus, a, um (Z. 16)	der letzte
postulāre (7)	fordern, verlangen
potestās, ātis f. (13)	Macht (*kraft eines Amtes*), Amtsgewalt
potiri, -ior, -ītus sum (*m. Abl.*) (Z. 19)	sich bemächtigen
potius (12)	eher, lieber
praebēre, -eo, praebui, praebitum (11)	gewähren, schenken, geben
sē praebēre (Z. 15)	sich erweisen (als)
praecēdere, -o, -cessi, -cessum (19)	vorangehen; übertreffen (*m. Akk.*)
praeceps, cipitis (20)	kopfüber; blindlings, Hals über Kopf
praeclārus, a, um (15)	ausgezeichnet; hell; berühmt
praeda, ae f. (15)	Beute
praedātor, ōris m. (15)	Räuber, Plünderer
praedīcere, -o, -dīxi, -dictum (20)	vorhersagen
praeferre, -fero, -tuli, -lātum (13)	vorziehen; vorantragen
praeficere, -io, -fēci, -fectum (Z. 14 u. 16)	an die Spitze stellen
praemittere, -o, -mīsi, -missum (Z. 12)	vorausschicken
praesidium, i n. (Z. 18 /19)	Wache, Schutztruppe
praestāre (*m. Akk.*) (18)	erfüllen; verleihen, gewähren
praestāre, -o, praestiti (*m. Dat.*) (20)	übertreffen
sē praestāre (Z. 15)	sich erweisen (als)
praeterea (8)	außerdem, abgesehen von
praeterīre, -eo, -ii, -itum (14)	vorübergehen, vorbeigehen; vergehen
praetermittere, -o, -mīsi, -missum (Z. 19)	vorübergehen lassen, sich entgehen lassen
praevenīre, -io, -vēni, -ventum (Z. 8)	zuvorkommen
prehendere, -o, prehendi, prehēnsum (17)	fassen, ergreifen
prīmō (*Adv.*) (3)	zunächst, zuerst
prīmus, a, um (2)	der, die, das erste
prīnceps, principis m. (20)	der Erste; der Prinzeps
prīncipium, i n. (4)	Beginn, Ursprung, Anfang
prīstinus, a, um (13)	alt, ehemalig
priusquam (*Subj.*) (4)	bevor, ehe
prīvāre (20)	rauben, berauben
prīvātus, i m. (20)	Privatmann
prō (*m. Abl.*) (13)	für, anstatt von; vor; im Verhältnis zu
probāre (18)	prüfen; billigen, gutheißen

probus, a, um (18)	erprobt, gut, tüchtig, anständig
procēdere, -o, -cessi, -cessum (Z. 7 /11)	Fortschritte machen, vorankommen
prōdere, -o, prōdidi, -ditum (Z. 11)	verraten
prōdesse, prōsum, prōfui (Z. 19)	nützen
proelium, i n. (2)	Kampf, Schlacht
profectō (3)	in der Tat, wirklich
proficīsci, -or, profectus sum (19)	aufbrechen; reisen; losmarschieren
profugere, -io, -fūgi (20)	flüchten, das Weite suchen
progredi, -ior, -gressus sum (Z. 19)	fortschreiten; vorrücken
proinde (1)	daher, deshalb
promittere, -o, -mīsi, -missum (Z. 12)	versprechen
properāre (1)	eilen; m. Inf.: sich beeilen
propior, propius (Z. 16)	näher liegend, gelegen
propitius, a, um (15)	geneigt, günstig
propōnere, -o, -posui, -positum (Z. 8)	vor Augen, in Aussicht stellen; vornehmen
propraetor, ōris m. (15)	Proprätor (Statthalter einer Provinz)
propter (m. Akk.) (14)	wegen
proripere, -io, -ripui, -reptum (16)	hervor-, fortreißen
prosper, a, um (9)	glücklich, gedeihlich, günstig
prospicere, -io, -spexi, -spectum (Z. 18)	m. Dat.: sorgen für; m. Akk.: voraussehen
providēre (Z. 18)	m. Dat.: sorgen für; m. Akk.: voraussehen
provincia, ae f. (2)	Provinz
provolāre (7)	hervorstürzen
proximus, a, um (Z. 16 /18)	der nächste, letzte
prudēns, prudentis (9)	klug, vorausschauend
prudentia, ae f. (6)	Klugheit
pudet mē (Z. 18)	ich schäme mich
puella, ae f. (8)	Mädchen
puer, i m. (1)	Junge
pūgna, ae f. (11)	Schlacht, Kampf
pūgna Actiaca (14)	Schlacht bei Aktium
pūgna nāvālis (20)	Seeschlacht
pūgnāre (11)	kämpfen
pulcher, chra, chrum (3)	schön
pulchritūdo, inis f. (8)	Schönheit
punīre, -io, punīvi, punītum (10)	bestrafen
pūrgāre (18)	reinigen; entschuldigen
pūrus, a, um (18)	rein, klar
putāre (8)	glauben
putāre (m. dopp. Akk.)	halten für

quā rē (18)	deshalb; weshalb
quaerere, -o, quaesīvi, quaesītum (20)	suchen; fragen
quaesō (13)	(ich) bitte
quālis, is, e (14)	wie beschaffen, welch
quam (bei Adjektiven u. Adverbien) (2)	wie
quam (bei Vergleichen) (12)	als, wie
quam (m. Superlativ) (16)	möglichst
quam celerrimē (12)	möglichst schnell

quam plūrimi (16)	möglichst viele
quamquam (5)	obwohl, obgleich
quandō (3)	wann?
quantus, a, um (16)	wie groß
-que (*angehängt*) (3)	und
querella, ae f. (4)	Klage, Gejammer
queri, -or, questus sum (*Z. 19*)	klagen, sich beklagen
quī, quae, quod (*adjekt. Interrogativpron.*) (6)	welcher, welche, welches
quī, quae, quod (*Relativpronomen*) (8)	der, die, das; welcher, welche, welches
quīdam, quaedam, quoddam (*adjekt.*) (12)	ein gewisser, bestimmter *etc.*
quidem (6)	zwar; gewiss; jedenfalls, wenigstens
quiēs, quiētis f. (20)	Ruhe; Untätigkeit; Frieden
quiētus, a, um (20)	ruhig, still, friedlich
quīn etiam (4)	ja sogar
quis; quid (3; 1)	wer?; was?
quis nostrum (5)	wer von uns?
quō (3)	wohin?
quō modō? (8)	wie?, auf welche Weise?
quod (12)	(die Tatsache) dass; wenn
quod (1)	weil, da
quoque (*nachgestellt*) (2)	auch
quot (10)	wie viel(e)
quotannis (10))	jährlich

R

rapere, -io, rapui, raptum (8)	rauben, an sich reißen, raffen
rārō (*Z. 14*)	selten
ratiō, ōnis f. (*Z. 16)*	Vernunft; Berechnung; Art u. Weise
rē vērā (20)	in Wirklichkeit
reconciliāre (7)	versöhnen
rēctē (*Adv. zu* rēctus*)* (9)	richtig
rēctum, i n. (19)	das Richtige
reddere, -o, reddidi, redditum (20)	zurückgeben, wiedergeben; machen zu
redīre, -eo, redii (4)	zurückkehren
redūcere (5)	zurückführen
referre, -fero, rettuli, relātum (19)	zurückbringen; melden
regere, -o, rēxi, rēctum (11)	lenken, herrschen, regieren
rēgīna, ae f. (10)	Königin
rēgnāre (7)	(als König) herrrschen
rēgnum, i n. (5)	Königsherrschaft; Königreich
relinquere, -o, relīqui, relictum (10)	zurücklassen, verlassen; übriglassen
reliquus, a, um (20)	übrig; zurückbleibend
remanēre, -eo, -mānsi, -mānsum (17)	(zurück)bleiben
reminīsci, -or, **recordatus sum** (*m. Gen.*) (19)	sich erinnern an etw.
Rēmus, i m. (4)	Remus
reperīre, -io, repperi, repertum (15)	auffinden, finden
repōnere, -o, -posui, -positum (15)	zurücklegen
reprehendere, -o, -prehendi, -prehēnsum (4)	tadeln
rēri, reor, ratus sum (*Z. 19 / 20*)	glauben, meinen; berechnen
rēs, rei f. (6)	Sache, Ding, Angelegenheit

rēs, rērum f. (*Plur.*) (6)	Lage, Verhältnisse
rēs adversae, rērum adversārum f. (19)	Unglück, widrige Umstände
rēs gerere (6)	Taten vollbringen
rēs pūblica, rei pūblicae f. (13)	(„öffentliche Angelegenheit") Staat
rēs secundae, rērum secundārum f. (19)	Glück, günstige Verhältnisse
respondēre, -eo, respondi, respōnsum (1)	antworten
restituere, -o, restitui, restitūtum (13)	wiedergeben; wiederherstellen
retinēre, -eo, retinui, retentum (11)	zurückhalten, abhalten
reverti, -or, reverti (*Z. 19*)	zurückkehren
rēx, rēgis m. (5)	König
Rhēnus, i m. (2)	der Rhein
ridēre, -eo, rīsi, rīsum (4)	lachen; auslachen
rīpa, ae f. (2)	Ufer
rogāre (3)	fragen; bitten
Rōma, ae f. (1)	Rom
Rōmae (1)	in Rom
Rōmam (*Akkusativ der Richtung*) (2)	nach Rom
Rōmānus, a, um (1)	römisch
Rōmānus, i m. (1)	Römer
Rōmulus, i m. (4)	Romulus
Rubicō, ōnis m. (20)	der Rubikon (*Grenzfluss in Mittelitalien*)
ruīna, ae f. (13)	Sturz, Fall; Trümmer
ruere, -o, rui (13)	sich stürzen, eilen, niederstürzen
rumpere, -o, rūpi, ruptum (14)	(zer)brechen, (zer)reißen

S

Sabīni, ōrum m. (4)	die Sabiner (*Nachbarstamm der Römer*)
saeculum, i n. (10)	Jahrhundert; Zeitalter
saepe (*Adv.*) (1)	oft
salūs, ūtis f. (10)	Rettung; Wohlergehen
salūtāre (11)	grüßen, begrüßen
salve! salvēte! (17)	sei gegrüßt! seid gegrüßt!
salvus, a, um (*Z. 13 /17*)	heil, gesund
sānāre (10)	heilen, gesund machen
sanguis, sanguinis m. (10)	Blut
sānus, a, um (10)	heil, gesund, vernünftig
sapiēns, sapientis (8)	weise, klug; geschickt
sapientia, ae f. (8)	Weisheit, Klugheit
satelles, itis m. (20)	Begleiter, Diener, Leibwächter
satis verberum (17)	genug (der) Schläge
satis (3)	genug, ausreichend
scelestus, a, um (15)	verbrecherisch
scelus, eris n. (4)	Verbrechen
schola, ae f. (1)	Schule
scīlicet (1)	natürlich, gewiss
scīre, -io, scīvi, scītum (1)	wissen, kennen
scrībere, -o, scrīpsi, scrīptum (*Z. 17*)	schreiben
sē conferre (18)	sich begeben
sē eripere (15)	sich losreißen, sich entziehen
sē gerere (14)	sich aufführen, benehmen, verhalten

sē habēre (11)	sich verhalten, beschaffen sein
sē proripere (16)	herausstürzen, davoneilen
sēcum (8)	bei sich, mit sich
sed (1)	aber
sedēre, -eo, sēdi, sessum (Z. 19)	sitzen
sedēs, is f. (Z. 6)	(Wohn)sitz
semper (Adv.) (1)	immer
senātor, ōris m. (17)	Senator
senātus, ūs m. (15)	Senat
senex, senis (Z. 6)	alter Mann, Greis
sententia, ae f. (12)	Satz; Meinung; Antrag
sentīre, -io, sēnsi, sēnsum (14)	fühlen; bemerken; erkennen
septem (10)	sieben
sequi, -or, secūtus sum (m. Akk.) (Z. 19 /20)	folgen; verfolgen
sermō, ōnis m. (12)	Gespräch, Rede
serva, ae f. (1)	Sklavin
servāre (10)	retten; bewahren, erhalten
servus, i m. (1)	Sklave
sevēre (Adv.) (11)	streng
sevērus, a, um (11)	streng
sex (5)	sechs
sextus, a, um (11)	der sechste
sī (4)	wenn, falls
sibi (8)	sich, für sich
sibi mortem cōnscīscere, -o, -scīvi, -scītum (20)	Selbstmord begehen
Sicilia, ae f. (2)	Sizilien
Siculi, ōrum m. (15)	Sikuler (Einwohner Siziliens)
sīgnum, i n. (7)	Zeichen
similis, is, e (18)	ähnlich
sine (m. Abl.) (10)	ohne
sinere, -o, sīvi, sītum (10)	lassen, zulassen, erlauben (m. AcI)
sitis, is f. (10)	Durst
situs, a, um (3)	gelegen, liegend, befindlich
sīve... sīve (15)	sei es... sei es
socer, i m. (7)	Schwiegervater
socius, i m. (17)	Gefährte; Kumpan; Bundesgenosse
solēre, -eo, solitus sum (2)	gewohnt sein (etw. zu tun)
sōlitūdō, inis f. (15)	Einsamkeit; Einöde, Wüste
sollicitāre (14)	aufwiegeln, aufhetzen, anstacheln
sōlus, a, um (Gen.: sōlīus) (5)	allein, einzig
spectāculum, i n. (20)	Schauspiel
spectāre (6)	betrachten
spēs, spei f. (6)	Hoffnung
spērāre (6)	hoffen; erhoffen
splendor, ōris m. (15)	Glanz, Pracht
spoliāre (15)	berauben, plündern
stāre, stō, steti (18)	stehen
stāre ā (mit Abl.) (18)	auf Seiten... stehen
stāre ā Pompeiō (18)	auf Seiten des Pompeius stehen
statim (1)	sofort, auf der Stelle
statua, ae f. (15)	Standbild, Statue
statuere, -o, statui, statūtum (18)	feststellen; festlegen; beschließen

status, ūs m. *(vgl. stare)* (20)	Zustand
studēre, -eo, studui (2)	sich bemühen, versuchen
studium, i n. (19)	Eifer, Bemühung; Leidenschaft, Sympathie
stultitia, ae f. (18)	Dummheit, Torheit
stultus, a, um (18)	dumm, töricht
sub *(m. Abl.)* (14)	unter; unterhalb von; unten an
subigere, -o, subēgi, subāctum *(Z. 12 /14)*	unterwerfen
subīre, -eo, -ii, -itum (9)	auf sich nehmen, erleiden
subitō (5)	plötzlich
succēdere, -o, successi, successum (11)	nachfolgen; gelingen
succurrere, -o, succurri, succursum (13)	herbeieilen, zu Hilfe kommen
summus, a, um (3)	der oberste, höchste, wichtigste
sunt (1)	sie sind
superāre (2)	übertreffen; besiegen
superbia, ae f. (20)	Stolz; Hochmut, Arroganz
superbus, a, um (20)	stolz; hochmütig, arrogant
superior, ius *(Z. 16)*	höher gelegen; überlegen
supra (10)	oben, oberhalb
suprēmus, a, um *(Z. 16)*	der höchste, oberste
suscipere, -io, -cēpi, -ceptum (15)	unternehmen, auf sich nehmen; übernehmen
sustinēre, -eo, -tinui, -tentum (14)	aushalten, auf sich nehmen
suus, a, um (3)	sein, ihr

T

tabula, ae f. (2)	Tafel; Gemälde
tacēre, -eo, tacui, tacitum (1)	schweigen
tālis, is, e (6)	so beschaffen, solch
tālis... quālis (14)	so beschaffen... wie
tam (1)	so
tamen (5)	dennoch
tamquam (8)	gleichsam, wie
tam... quam (12)	so... wie
tandem (1)	endlich, schließlich
tantum (16)	nur
tantus, a, um (16)	so groß
taurus, i m. (8)	Stier
tē (1)	dich
tempestās, ātis f. (20)	Sturm; Zeit
templum, i n. (3)	heiliger Bezirk, Tempel
tempus, oris n. (4)	Zeit, Gelegenheit
tenēre, -eo, tenui, tentum (19)	festhalten, halten
tergum, i n. (8)	Rücken
terra, ae f. (2)	Land, Erde
terrēre, -eo, terrui, territum (8)	jmd. erschrecken
terror, ōris m. (20)	Schrecken, Entsetzen
Thēseus, i m. (10)	Theseus
timēre, -eo, timui (2)	jmd. fürchten; sich fürchten
timidus, a, um (8)	furchtsam, schüchtern
timor, ōris m. (10)	Furcht
tolerandus, a, um (20)	erträglich

tolerāre (10)	ertragen
tollere, -o sustuli, sublātum (13)	aufheben, emporheben; beseitigen
tōtus, a, um (10)	ganz, gesamt
trādere, -o, trādidi, trāditum (10)	übergeben, ausliefern; berichten (*m. AcI*)
trādūcere, -o, -dūxi, -ductum (Z. 16)	hinüberführen
trahere, -o, trāxi, tractum (9)	ziehen, schleppen; erhalten, herleiten
trānsferre, -o, -tuli, -lātum (Z. 17)	hinübertragen; übertragen
trēs, tria (14)	drei
trēs viri (14)	die Triumvirn
tribuere, -o, tribui, tribūtum (9)	zuteilen, geben; zahlen
tribūnus, i m. (18)	(Volks)tribun
triclīnium, i n. (12)	Triklinium
triumvir / trēsvir, i m. (20)	Triumvir
trucīdāre (17)	töten, umbringen
tū (1)	du
Tulliānum, i n. (17)	das Tullianum (*Staatsgefängnis)*
tum (1)	da, dann, damals, darauf
tunc (20)	dann, sodann, da
turba, ae f. (6)	Schar, Menge
turpis, is, e (20)	hässlich; schändlich
turris, is f. (9)	Turm
tuus, a, um (1)	dein

U

ubi (1)	wo?
ubi *(Relativpron.)* (3)	wo
ubi *(m. Ind. Perf.)* (7)	sobald, nachdem
ulcīsci, -or, ultus sum (20)	rächen, bestrafen
ūllus, a, um (Z. 12)	irgendein(e)
ulterior, ius (Z. 16)	entfernter, jenseitig
ultimus, a, um (Z. 16)	der letzte
umquam (15)	jemals
undique (6)	von allen Seiten, von überall her
ūnus, a, um (4)	ein (einziger)
urbānus, a, um (14)	städtisch; gebildet
urbs, urbis f. (6)	Stadt
ūrere, -o, ussi, ustum (10)	(ver)brennen, anzünden
ut *(m. Konj.)* (14)	dass; so dass; damit
ut *(m. Nomen)* (12)	als, wie
ut *(m. Ind.)* (12)	wie
uter, utra, utrum (Z. 12)	wer (von beiden)
uterque, utraque, utrumque (Z. 12)	jeder (von beiden), beide
ūti, -or, ūsus sum *(m. Abl.)* (19)	gebrauchen, verwenden, nutzen
ūtile (19)	das Nützliche
ūtilis, is, e (19)	nützlich
utinam (13)	O dass doch, o wenn doch
uxor, ōris f. (6)	Gattin

vacāre (*m. abl. sep.*) (19)	frei sein von
vacuus, a, um (*m. abl. sep.*) (19)	frei von
vādere, -o, vāsi, vāsum (20)	gehen, schreiten
valdē (4)	sehr
valēre, -eo, valui (12)	stark, gesund, kräftig sein, gelten
validus, a, um (12)	stark, gesund, kräftig
varius, a, um (4)	vielfältig, verschieden
vās, vāsis n. (*Pl.* vāsa, vāsōrum) (15)	Vase, Gefäß
vāstāre (15)	verwüsten
vāstus, a, um (15)	leer, öde, verwüstet
vectīgal, vectīgālis n. (9)	Tribut, Steuer
vehemēns, ntis (*Adv.* vehementer) (17)	leidenschaftlich, heftig
vehere, -o, vēxi, vectum (9)	fahren, bringen, transportieren
vel... vel (4)	(entweder)... oder
velle, volo, volui (10)	wollen, bereit sein
velut (3)	wie, wie zum Beispiel
veniam dare (12)	Verzeihung gewähren
venia, ae f. (12)	Gnade, Verzeihung
venire, -io, vēni, ventum (1)	kommen
Venus, eris f. (10)	Venus (*Göttin der Liebe*)
verbera, um n. (17)	Schläge, Peitschenhiebe
verbum, i n. (3)	Wort; Ausspruch
verēri, -eor, veritus sum (*Z. 19*)	(sich) fürchten
versāri (20)	sich aufhalten; sich beschäftigen mit
vērum, i n. (19)	das Wahre, die Wahrheit
vērus, a, um (19)	wahr, echt
vester, tra, trum (4)	euer
vestīgium, i n. (15)	Spur
vestrum (*gen. partitivus*) (16)	von euch
vetāre, -o, vetui, vetitum (19)	verbieten
vetus, eris (14)	alt
vexāre (4)	quälen; heimsuchen
via, ae f. (3)	Weg, Straße
victor, ōris m. (13)	Sieger
victōria, ae f. (13)	Sieg
vidēre, -eo, vīdi, vīsum (2)	sehen, erblicken
vidēri, videor, vīsus sum (20)	scheinen
villa, ae f. (1)	Landhaus
villa urbāna (1)	Haus in der Stadt, Stadthaus
vincere, -o, vīci, victum (13)	siegen, besiegen; übertreffen
vincīre, -io, vinxi, vinctum (17)	fesseln, binden
vincula, orum n. (17)	Gefängnis, Haft
vinculum, i n. (14)	Band, Fessel
vindicare (14)	rächen, bestrafen
vīnum, i n. (12)	Wein
vir, viri m. (2)	Mann
virga, ae f. (11)	Rute
virgō, virginis f. (6)	junges Mädchen; Jungfrau
virtūs, ūtis f. (11)	Tapferkeit, Tüchtigkeit, Tugend
vīs, vim, vī (*Pl.* vīrēs, ium) f. (17)	Kraft, Gewalt
visitāre (3)	besuchen

vīta, ae f. (6)	Leben
vītam agere (6)	ein Leben führen
vītam dēgere, -o (17)	sein Leben verbringen
vītāre (*m. Akk.*) (*Z. 12 u. 18*)	(ver)meiden, aus dem Weg gehen
vitium, i n. (18)	Fehler, Laster
vīvere, -o, vīxi, vīctūrus, a, um (14)	leben, sein Leben verbringen
vīvus, a, um (11)	lebend, lebendig, zu Lebzeiten
vōbīs (*Dativ*) (2)	euch
vōcāre (1)	rufen; nennen
vōs (1)	ihr; euch
vōx, vōcis f. (7)	Stimme

Die Rostra („Schiffsschnäbel", benannt nach Beutestücken aus den Latinerkriegen (4. Jh. v. Chr.), die hier als Trophäen angebracht waren. An diesem Ort wurden feurige Reden gehalten; auch Cicero mag hier gestanden haben. Allerdings sind die republikanischen Rostra nicht mehr erhalten; sie fielen der Neugestaltung durch Caesar zum Opfer. Dahinter die Säulen des Saturntempels und die Wand des Tabularium, des Staatsarchivs.

Wege zu Cicero - Anhang

INHALT

TAFEL DER KONJUGATIONEN I

1)   Die a – und e – Konjugation:

STÄMME	PRÄSENSSTAMM					
	INDIKATIV					
	PRÄSENS		IMPERFEKT		FUTUR I	
	Aktiv	Passiv	Aktiv	Passiv	Aktiv	Passiv
ama**-	- o	- or	-ba- m	-ba- r	-b- o	-b- or
mone-	- s	- ris	-ba- s	-bā- ris	-b- is	-b- eris
	- t	- tur	-ba- t	-bā- tur	-b- it	-b- itur
	- mus	- mur	-bā- mus	-bā- mur	-b- imus	-b- imur
	- tis	- mini	-bā- tis	-bā- mini	-b- itis	-b- imini
	- nt	- ntur	-ba- nt	-ba- ntur	-b- unt	-b- untur

** Bei der ersten Person Singular Präsens Aktiv und Passiv wird das -a- verschluckt, also
amo, amor.

2)   Die restlichen Konjugationen:

STÄMME	PRÄSENSSTAMM					
	INDIKATIV					
	PRÄSENS		IMPERFEKT		FUTUR I	
	Aktiv	Passiv	Aktiv	Passiv	Aktiv	Passiv
audi-	- o	- or	-ē-bam	-ē-bar	- am	- ar
dic- (i)	- s	- ris	-ē-bās	-ē-bāris	- ēs	- ēris
cap- i	- t	- tur	-ē-bat	-ē-bātur	- et	- ētur
dicere nur im Präsens	- mus	- mur	-ē-bāmus	-ē-bāmur	- ēmus	- ēmur
mit Bindevokal -i-	- tis	- mini	-ē-bātis	-ē-bāmini	- ētis	- ēmini
außer: dico, dicunt	- unt	- untur	-ē-bant	-ē-bantur	- ent	- entur
diceris. So auch:						
caperis.						

STÄMME	PRÄSENSSTAMM					Besondere Formen
	KONJUNKTIV					
	PRÄSENS		IMPERFEKT			
	Aktiv	Passiv	Aktiv	Passiv		
ama*- + e	- m	- r	- rem	- rer		* *bei amare entfällt im*
mone- + a	- s	- ris	- rēs	- rēris		*Präsens das -a-:*
audi- + a	- t	- tur	- ret	- rētur		*amem / r, ames / ris etc.*
dic- (e)* + a	- mus	- mur	- rēmus	- rēmur		* *im Imperfekt der* kons.
cap- i* + a	- tis	- mini	- rētis	- rēmini		Konjugation *tritt -e-*
	- nt	- ntur	- rent	- rentur		*als Bindevokal hinzu:*
						dicerem / r, diceres etc.
						* *-e- statt -i- bei der* kurz-
						vokal. Konjugation *im*
						Imperfekt: caperem / r etc.

II

TAFEL DER KONJUGATIONEN II

PERFEKTSTAMM					
AKTIV					
STÄMME	PERFEKT		PLUSQUAMPERFEKT		FUTUR II
	Indikativ	*Konjunktiv*	*Indikativ*	*Konjunktiv*	*(Indikativ)*
amav-	- i	- erim	- eram	- issem	- ero
monu-	- isti	- eris	- erās	- issēs	- eris
audiv-	- it	- erit	- erat	- isset	- erit
dix-	- imus	- erimus	- erāmus	- issēmus	- erimus
cep-	- istis	- eritis	- erātis	- issētis	- eritis
	- ērunt	- erint	- erant	- issent	- erint

PERFEKTSTAMM					
PASSIV					
STÄMME	PERFEKT		PLUSQUAMPERFEKT		FUTUR II
Part. Perf. Pass.	*Indikativ*	*Konjunktiv*	*Indikativ*	*Konjunktiv*	*(Indikativ)*
amatus, a, um;	sum	sim	eram	essem	ero
monitus; auditus	es	sīs	erās	essēs	eris
dictus; captus	est	sit	erat	esset	erit
amati, ae, a; mo-	sumus	sīmus	erāmus	essēmus	erimus
niti; auditi; dicti;	estis	sītis	erātis	essētis	eritis
capti	sunt	sint	erant	essent	erunt

Die Imperative der zweiten Person Singular Aktiv:

amare	monere	audire	relinquere	capere
ama!	mone!	audi!	relinque*!	cape!
amāte!	monēte!	audīte!	relinquite!	capite!

*Ausnahmen: Imperative Singular von dicere, ducere, facere, ferre :   dic! duc! fac! fer!

Die Imperative der Deponentien:

hortari	fateri	partiri	sequi	pati
(auffordern)	(bekennen, sagen)	(teilen)	(folgen)	(erdulden)
hortāre!	fatēre!	partīre!	sequere!	patere!
hortāmini!	fatēmini!	partīmini!	sequimini!	patimini!

Infinitive und Partizipien – ein Überblick

Infinitiv Präsens		Infinitiv Perfekt		Infinitiv Futur	
AKTIV	*PASSIV*	*AKTIV*	*PASSIV*	*AKTIV*	*PASSIV*
vocare	vocari	vocavisse	vocatum esse	vocaturum esse	vocatum iri
monēre	monēri	monuisse	monitum esse	moniturum esse	monitum iri
audire	audiri	audivisse	auditum esse	auditurum esse	auditum iri
ducere	duci	duxisse	ductum esse	ducturum esse	ductum iri
capere	capi	cepisse	captum esse	capturum esse	captum iri

Partizip Präsens	Partizip Perfekt	Partizip Futur
AKTIV	*PASSIV*	*AKTIV*
vocans, -ntis	vocatus, a, um	vocaturus, a, um
monens, -ntis	monitus, a, um	moniturus, a, um
audiens, -ntis	auditus, a, um	auditurus, a, um
ducens, -ntis	ductus, a, um	ducturus, a, um
capiens, -ntis	captus, a, um	capturus, a, um

Der Infinitiv Futur Passiv bleibt unverändert.
Bei den Infinitiven Perfekt Passiv und Futur Aktiv richtet sich das Partizip nach dem Subjekt bzw. Subjektsakkusativ, *z. B*:

> Notum est fili**as** Sabinorum a Romanis rapt**as** esse. (AcI)
> Es ist bekannt, dass die Töchter der Sabiner von den Römern geraubt worden sind.
> Polydor**us** caes**us** esse videtur. (NcI)
> Polydorus scheint geschlagen worden zu sein.

> Apparuit Catilin**am** coniurationem factur**um** esse.
> Es war offensichtlich, dass Catilina eine Verschwörung anzetteln wollte.
> Apparuit civ**es** cum civibus pugnatur**os** esse.
> Es war offensichtlich, dass Bürger mit Bürgern kämpfen würden.

IV

TAFEL DER DEKLINATIONEN

a - Deklination	o – Deklination		e - Deklination	u - Deklination
	masculina	*neutra*		
SINGULAR	SINGULAR	SINGULAR	SINGULAR	SINGULAR
serva	servus	oppidum	res	casus
servae	servi	oppidi	rei	casūs
servae	servo	oppido	rei	casui
servam	servum	oppidum	rem	casum
a servā	servo	in oppido	re	casu
serva	serve	(oppidum)	(res)	(casus)
PLURAL	PLURAL	PLURAL	PLURAL	PLURAL
servae	servi	oppida	res	casūs
servarum	servorum	oppidorum	rerum	casuum
servis	servis	oppidis	rebus	casibus
servas	servos	oppida	res	casūs
a servis	a servis	in oppidis	rebus	casibus
servae	servi	(oppida)	(res)	(casūs)

DIE DRITTE DEKLINATION					
konsonantische Deklination		Mischgruppe		i - Deklination	
masc. / fem.	*neutra*	*auf -es / -is*	*ungleichsilbige*	*masc. / fem.*	*neutra*
SINGULAR	SINGULAR	SINGULAR	SINGULAR	SINGULAR	SINGULAR
rex	corpus	navis	mons	turris	mare
regis	corporis	navis	montis	turris	maris
regi	corpori	navi	monti	turri	mari
regem	corpus	navem	montem	tur**rim**	mare
a reg**e**	corpor**e**	nav**e**	in mont**e**	in tur**ri**	in mar**i**
rex	(corpus)	(navis)	(mons)	(turris)	(mare)
PLURAL	PLURAL	PLURAL	PLURAL	PLURAL	PLURAL
reges	corpor**a**	naves	montes	turres	mar**ia**
reg**um**	corporum	nav**ium**	mont**ium**	tur**rium**	mar**ium**
regibus	corporibus	navibus	montibus	turribus	maribus
reges	corpor**a**	naves	montes	turris (-es)	mar**ia**
a regibus	corporibus	navibus	in montibus	in turribus	in maribus
reges	(corpora)	(naves)	(montes)	(turres)	(maria)

Übersicht über die DRITTE DEKLINATION

I   Die konsonantische Gruppe

$$\boxed{\text{- e \quad - a \quad - um}}$$

1)   SUBSTANTIVE:

a)   mascul. und fem.:   *imperator, oris; rex, gis; consul , is; aetas, atis; virtus, utis*
b)   neutrum: *corpus, oris; scelus, eris; carmen, inis*

2)   ADJEKTIVE:

a)   mit **einer** Endung: *dives, itis; pauper, eris; vetus, eris*
b)   alle Komparative: *longior, longius; maior, maius*

II   Die Mischgruppe

$$\boxed{\text{- e \quad - ia \quad - ium}}$$

1)   SUBSTANTIVE:

a)   gleichsilbige auf **-es** und **-is:**   *clades, is; hostis, is; navis, is*
b)   ungleichsilbige: *ars, artis; mons, montis; nox, noctis*
                         (Stamm endet auf <u>zwei</u> Konsonanten)

2)   PARTIZIPIEN:

a)   Partizip Präsens Aktiv: *laudans, ntis; delens, ntis; audiens, ntis; regens, ntis*

III   Die i - Stämme

$$\boxed{\text{- i \quad - ia \quad - ium}}$$

1)   REINE I - STÄMME:

a)   Substantive, femininum: *turris, sitis, vis, febris, securis*   ▷ Akkus.: **-im**
b)   Substantive, neutrum: *exemplar, mare, animal, moenia*

2)   ADJEKTIVE:

a)   **drei**endig: *celer, celeris, celere*
b)   **zwei**endig: *brevis, is, e; nobilis, is, e*   } Akkus.: **-em**
c)   **ein**endig: *audax, Gen.: audacis; sapiens, ntis; prudens, ntis*

VI

Steigerung der Adjektive,   SUPERLATIV:

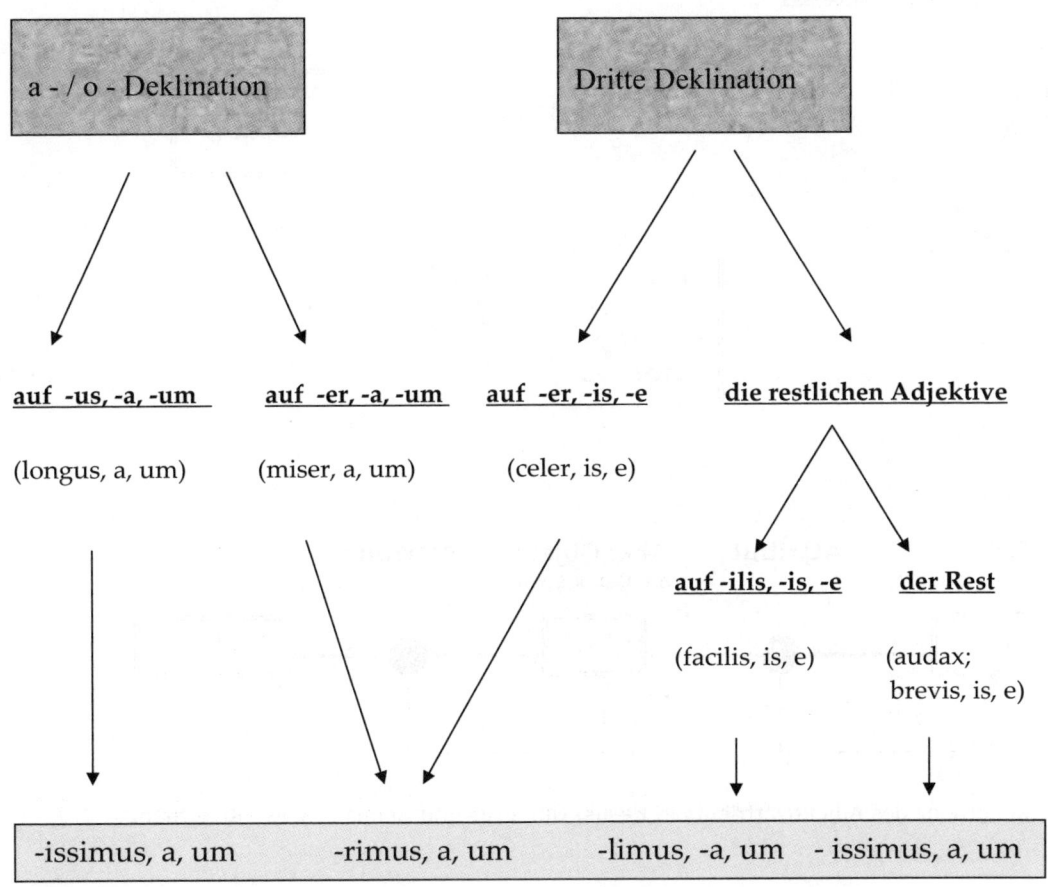

a - / o - Deklination			Dritte Deklination	

auf -us, -a, -um	auf -er, -a, -um	auf -er, -is, -e	die restlichen Adjektive
(longus, a, um)	(miser, a, um)	(celer, is, e)	

auf -ilis, -is, -e	der Rest
(facilis, is, e)	(audax; brevis, is, e)

-issimus, a, um	-rimus, a, um	-limus, -a, um	- issimus, a, um

Anmerkung:

Die Adjektive auf -is, is, e, deren Superlativ auf *-limus, a, um* endet, sind relativ wenige:
humilis, is, e – niedrig, similis, is, e – ähnlich, dissimilis, is, e – unähnlich, facilis, is, e – leicht
difficilis, is, e – schwierig...
Die meisten Adjektive auf -is, -is, -e haben -issimus, a, um als Superlativendung.

Die Verwendungsmöglichkeiten des Adjektivs

1) als Attribut:

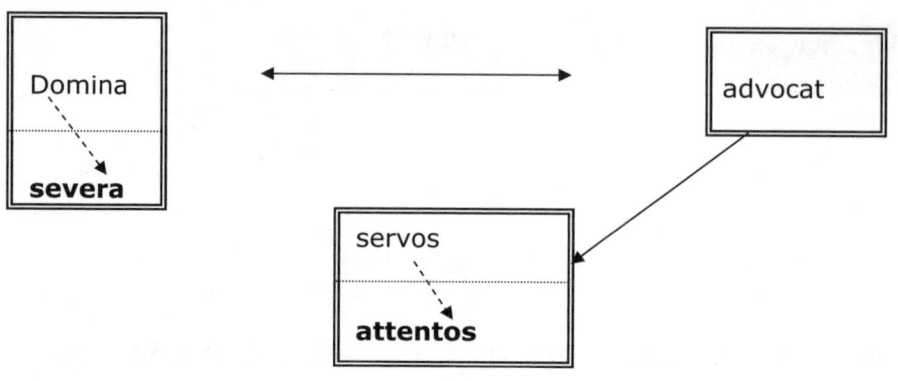

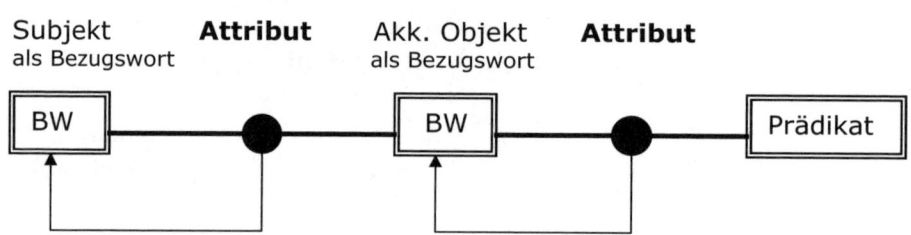

Kongruenz des Adjektivattributs in Kasus, Numerus und Genus = KNG –Kongruenz

Übersetzung: Die **strenge** Herrin ruft die **aufmerksamen** Sklaven herbei.

2)   Adjektiv als Prädikatsnomen:

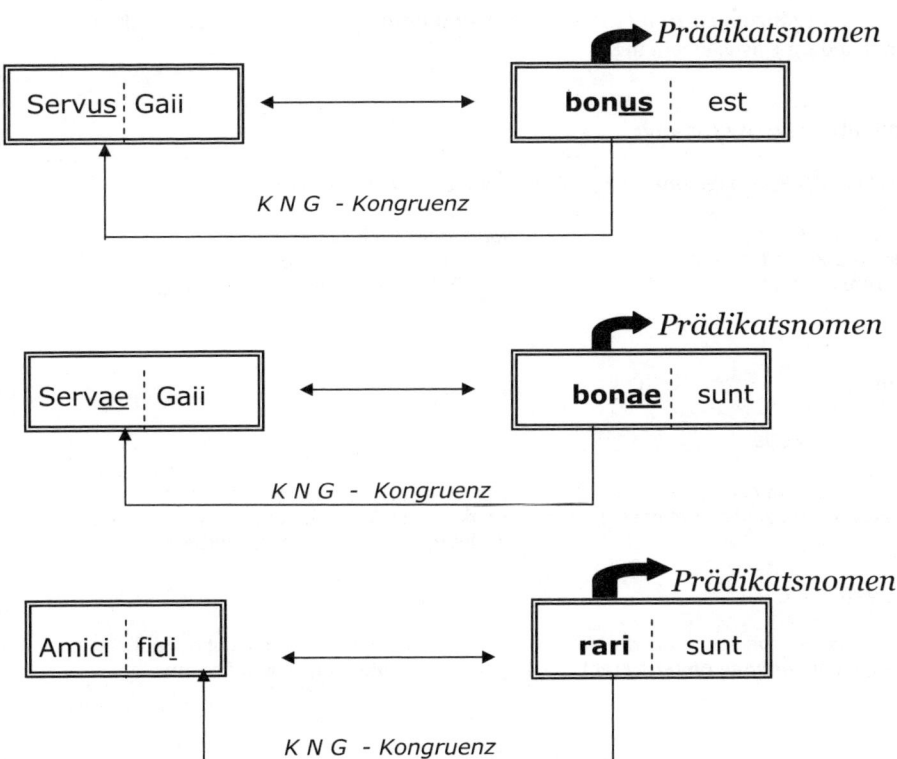

Übersetzungen: Der Sklave des Gaius ist **gut.**
                      Die Sklavinnen des Gaius sind **gut.**
                      Treue Freunde sind **selten.**

Das Prädikatsnomen kann natürlich auch von einem Substantiv gestellt werden:

Mucia **uxor** Marci est.   Mucia ist **die Frau** des Marcus.

Adjektive, besonders aber Substantive, müssen sich nicht immer in Kasus, Numerus
und Genus nach ihrem Bezugswort, d. h. dem Subjekt, richten. Sie können in allen
Kasus erscheinen, je nach der semantischen Funktion des Prädikatsnomens.
Beispiele dazu finden Sie auf der folgenden Seite:
(** *Zum Adjektiv als praedicativum s. XII und XIII.*)

Prädikatsnomina als notwendige Ergänzungen von *esse*

Prädikatsnomina als Ergänzungen zum Hilfsverb esse sind immer notwendig; diese Prädikatsnomina können in <u>jedem</u> Kasus erscheinen.

1)   im Nominativ bzw. Akkusativ:

Hierbei ist zumeist die KNG – Kongruenz maßgeblich (*s. a.* ACI – Konstruktionen):

Marcus ***mercator*** est.	Markus ist ein Kaufmann.
Nonnullae arbores ***altae*** sunt.	Manche Bäume sind hoch.
Flumen ***transitum*** erat.	Der Fluss war überschritten worden.

2)   im Genitiv:

a)   *als gen. possessoris:*

Res publica ***omnium civium*** sit	Der Staat soll allen Bürgern gehören!
Magistratuum est saluti civium consulere.	Es ist Pflicht/Aufgabe der Behörden, für das Wohlergehen der Bürger zu sorgen.

b)   *als gen. qualitatis:*

Nonnulli philosophi non solum ***maximi ingenii***, sed etiam ***summae pietatis*** erant.	Einige Philosophen waren nicht nur äußerst geistvoll, sondern auch sehr fromm.

c)   *als gen. pretii:*

Vita servorum ***parvi*** erat.	Das Leben der Sklaven war wenig wert.

3)   im Dativ:

a)   *als dat. possessoris:*

Homini soli ratio est.	Einzig der Mensch besitzt Vernunft.

b)   *als dat. finalis:*

Consulatus Ciceroni ***magnae laudi*** fuit.	Das Konsulat verhalf Cicero zu großer Anerkennung („gereichte... zu...").

4)   im Ablativ:

a)   *als abl. qualitatis:*

Milites ***summa virtute*** erant.	Die Soldaten waren äußerst tapfer.

b)   *als abl. loci / bzw. separativus:*

Marcus ***in Colosseo*** est.	Marcus ist im Colosseum.
Cicero ***a partibus*** Pompeii fuit.	Cicero stand auf Seiten des Pompeius.

X

Die Attribute im Lateinischen

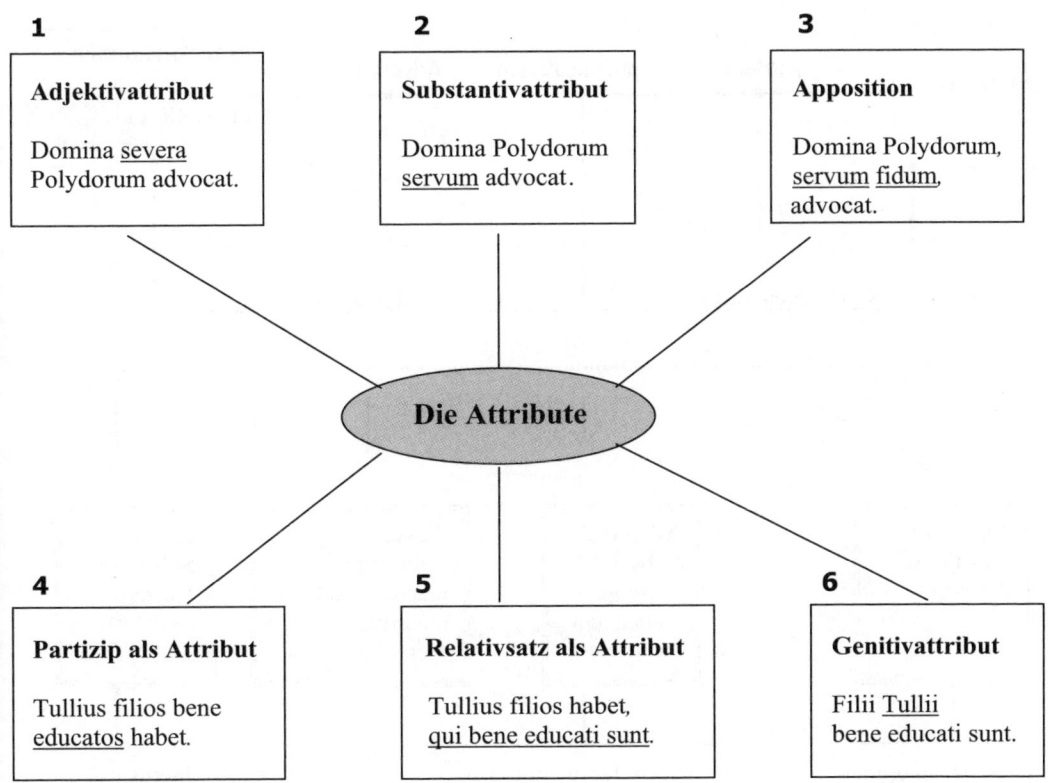

1

Adjektivattribut

Domina <u>severa</u>
Polydorum advocat.

2

Substantivattribut

Domina Polydorum
<u>servum</u> advocat.

3

Apposition

Domina Polydorum,
<u>servum fidum</u>,
advocat.

Die Attribute

4

Partizip als Attribut

Tullius filios bene
<u>educatos</u> habet.

5

Relativsatz als Attribut

Tullius filios habet,
<u>qui bene educati sunt</u>.

6

Genitivattribut

Filii <u>Tullii</u>
bene educati sunt.

1) Die <u>strenge</u> Herrin ruft Polydorus herbei.
2) Die Herrin ruft <u>den Sklaven</u> Polydorus herbei.
3) Die Herrin ruft Poydorus, <u>einen treuen Sklaven</u>, herbei.
4) Tullius besitzt gut <u>erzogene</u> Söhne (*oder:* Söhne, die gut erzogen sind).
5) Tullius hat Söhne, <u>die gut erzogen sind</u>.
6) Die Söhne <u>des Tullius</u> sind gut erzogen.

Einige Satzglieder und ihre Füllungsarten

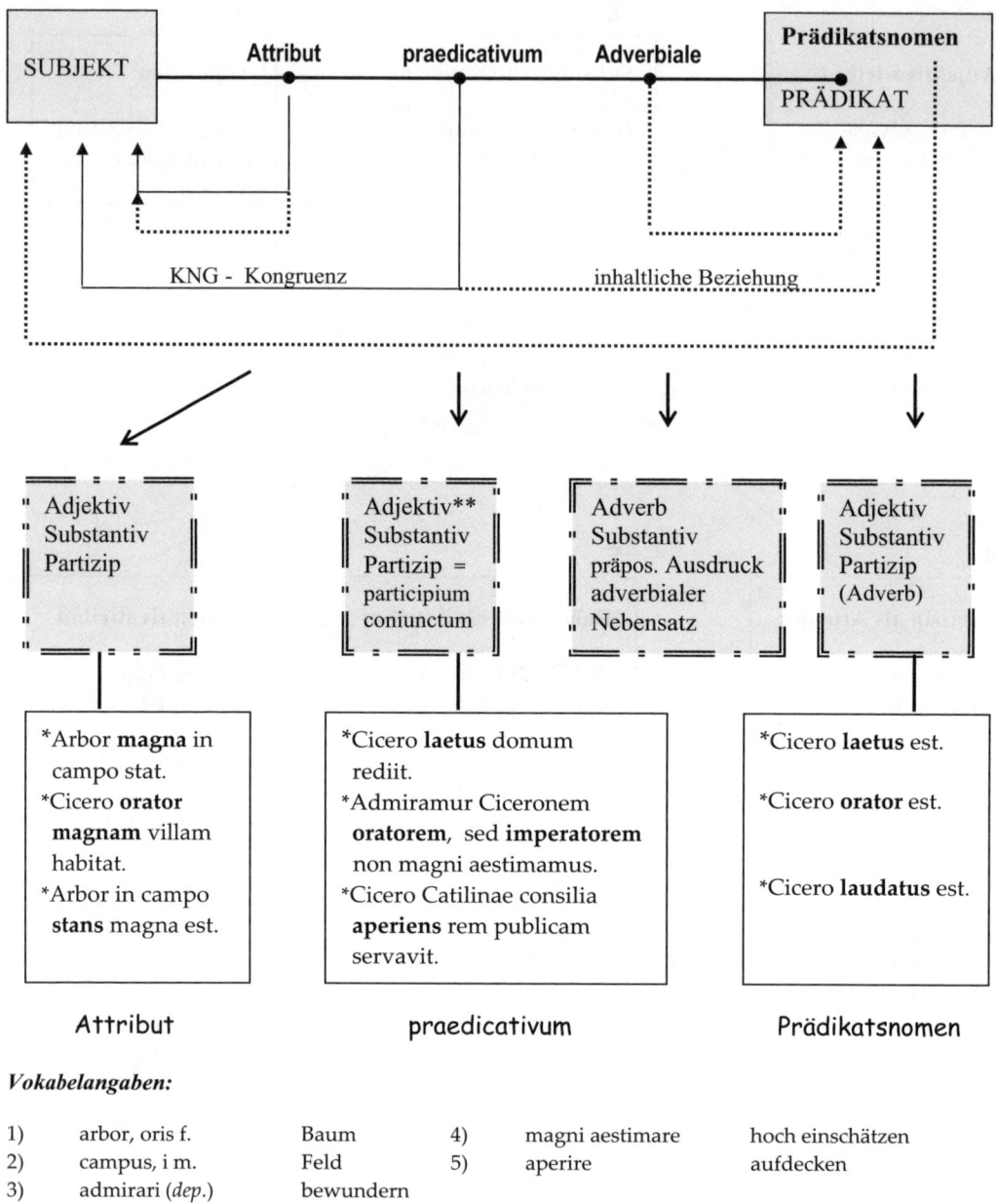

Vokabelangaben:

1)	arbor, oris f.	Baum	4)	magni aestimare	hoch einschätzen
2)	campus, i m.	Feld	5)	aperire	aufdecken
3)	admirari (dep.)	bewundern			

* Der Bezug der obigen Satzglieder zum Subjekt ist nur als Beispiel um der Deutlichkeit willen ausgewählt; natürlich können sich Attribute und praedicativa auch auf Akkusativ- und Dativobjekte beziehen.
 ** Auch Pronomina und Ordinalzahlen können als praedicativum verwendet werden.

Das praedicativum – ein „Mischwesen" aus Attribut und Adverbiale

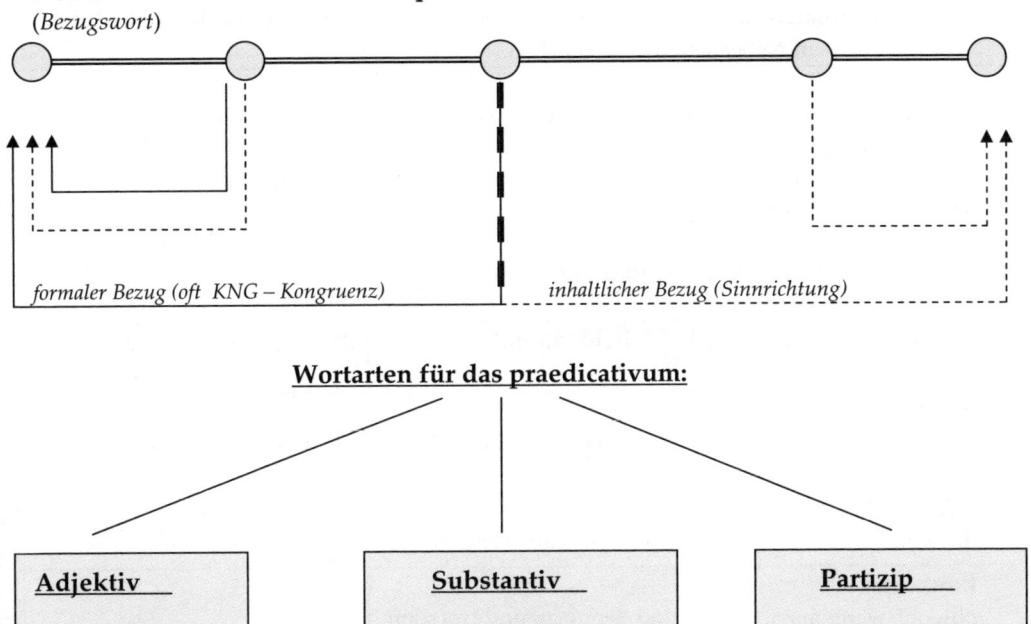

Wortarten für das praedicativum:

Adjektiv	Substantiv	Partizip
Convivae Tullium **laeti** salutant. Caesar **opulentus** e Gallia rediit.	P. Crassus **praefectus equitum** in Galliam ierat, sed **legatus** Romam rediit.	Polydorus a domina iterum iterumque **vocatus** non apparet.

Die Gäste begrüßen Tullius **fröhlich.** Caesar kehrte aus Gallien **reich** zurück.

P. Crassus war **als Reiteroberst** nach Gallien gegangen, aber er kehrte **als Legat** nach Rom zurück.

Obwohl Polydorus immer wieder von seiner Herrin gerufen wurde, erscheint er nicht.

- Das praedicativum hat die **formalen** Eigenschaften eines Attributs und die **inhaltlichen** einer adverbialen Bestimmung (= eines Adverbiales).

- **Formal** richtet sich das praedicativum nach seinem Bezugswort; man kann es also nicht von einem Adjektivattribut unterscheiden. *Dieses Bezugswort kann in jedem Kasus stehen!*

- **Inhaltlich** erfüllt das praedicativum die Funktion eines Adverbiales: Durch das praedicativum erfahren wir etwas über die Art und Weise, **wie** sich die durch das Verb ausgedrückte Handlung abspielt. Auch Pronomina und Ordinalzahlen können ein praedicativum sein. Wird ein Partizip als praedicativum (= participium coniunctum) verwendet, dann bietet sich ein adverbialer Nebensatz als Übersetzung an (*vgl. folgende Seite*).

Die Partizipialkonstruktionen

> **Definition:** Partizipialkonstruktionen sind **nominale** Wendungen, die eine nebensächliche oder begleitende Handlung ausdrücken. Sie sind Alternativen zu einem **adverbialen Nebensatz** und werden im Deutschen am besten deshalb ebenfalls mit einem Nebensatz wiedergegeben.

 Form des Partizips bestimmen → Bezugswort des Partizips suchen (KNG!)→ Partizip- und Prädikat - Bezirk abtrennen→ Prädikat - Bezirk übersetzen→ Partizipbezirk übersetzen als Nebensatz unter Beachtung des Zeit- und Sinnverhältnisses (*oder auf weitere Möglichkeiten zurückgreifen*).

Übersicht über die Übersetzungsmöglichkeiten:

I unterordnend	II beiordnend	III präpositional
1) temporal als, nachdem, während, immer wenn	und dabei, und dann	bei, mit, unter, während, nach
2) kausal da, weil	und daher, und deshalb	wegen, infolge, aus
3) konzessiv obwohl, wenn auch, während doch	und dennoch, und trotzdem	trotz
4) modal indem, dadurch dass; wobei; ohne dass	und so, (*neg.*) aber nicht	durch, unter, (*neg.*) ohne
5) konditional wenn, falls	und in diesem Fall	bei, im Falle von

Übungssätze:

1) Lucius nihil **dicens** nos reliquit.
2) Caesar quinque legionibus in Gallia **relictis** in Italiam revertit.
3) Scientiam **petentes** magnas divitias nobis parabimus.
4) Pace **facta** hostes subito castra Romanorum oppugnare coeperunt, sed ea paucis nostris **defendentibus** expugnare non potuerunt.
5) Multorum oculi te non **sentientem**, Catilina, observabunt.
6) Mendaci homini ne verum quidem **dicenti** credere non solemus.
7) Hannibal a suis in patriam **revocatus** Italiam relinquere debuit.
8) Romani Hannibalem a Scipione **devictum** timere non desierunt.
9) Coniurati Caesare **necato** libertatem rei publicae restituere non potuerunt.
10) Hostes oppidum nullo **resistente** celeriter occupaverunt.
11) Te **recusante** ego istum hominem defendam.

XIV

Wortarten und Satzglieder: Die Füllungsarten

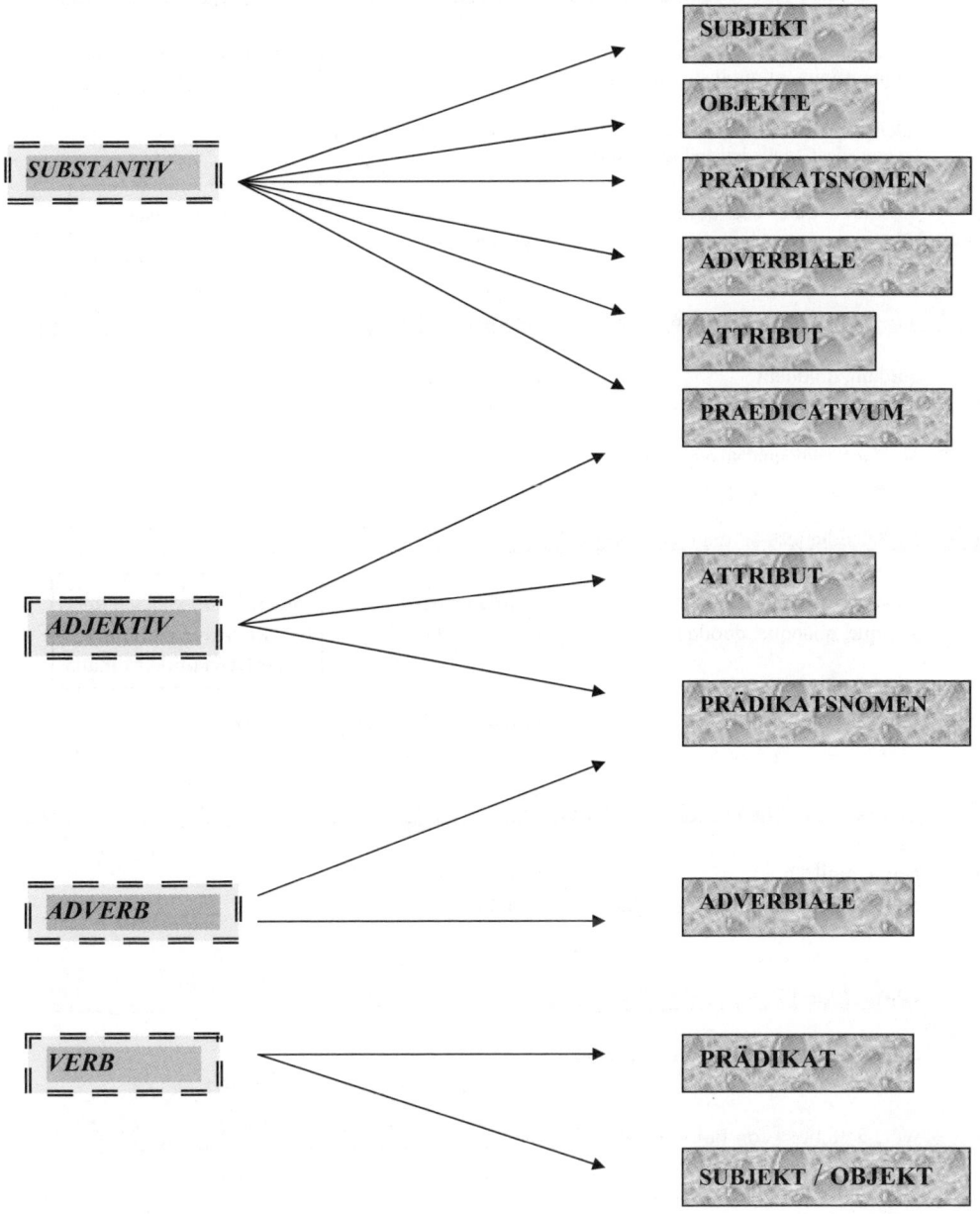

** Das **Partizip** kann Subjekt, Objekt (*wenn es substantiviert ist*), Attribut, praedicativum und Prädikatsnomen stellen. **Pronomina** können Subjekt, Objekte, Prädikatsnomen, Attribut und praedicativum sein.

Übersicht über die wichtigsten Indefinitpronomina

<table>
<tr><td colspan="3">1)   irgend jemand, irgend etwas; irgend ein, irgend eine, irgend ein:</td></tr>
</table>

a)	aliquis, aliquid	*(substantivisch)*
b)	aliqui, aliqua, aliquod	*(adjektivisch)*

> stehen meist in Sätzen mit bejahendem Sinn!

⟶ *Nach si, nisi, ne, Relativ- und Interrogativpronomina und num fällt ali- um!*
(si <u>quis</u> dicat – *falls jemand sagen sollte*)

c)	quisquam, quic- oder quidquam	*(substantivisch)*
d)	ullus, a, um (*Gen.* ullius)	*(adjektivisch)*

> stehen in verneinenden Sätzen

<table>
<tr><td colspan="3">2)   ein (gewisser), eine (gewisse), ein (gewisses):</td></tr>
</table>

a)	quidam, quiddam	*(substantivisch)*
b)	quidam, quaedam, quoddam	*(adjektivisch)*

⟶ *Im Plural heißt* quidam *auch: „einige"*

<table>
<tr><td colspan="3">3)   jeder, jede, jedes; insgesamt, alle:</td></tr>
</table>

a)	quisque, quidque	*(substantivisch)*
b)	quisque, quaeque, quodque	*(adjektivisch)*

> stehen *enklitisch* nach Relativ-, Reflexivpronomina, Superlativi und Ordinalia

⟶ z. B.: optimus quisque – *alle Guten;* quinto quoque anno – *in jedem fünften Jahr*

<table>
<tr><td colspan="3">4)   niemand, nichts; kein, keine, kein:</td></tr>
</table>

a)	nemo, nihil	*(substantivisch)*
b)	nullus, nulla, nullum (*Gen.* nullius)	*(adjektivisch)*

<table>
<tr><td colspan="3">5)   keiner (von beiden) etc.:</td></tr>
</table>

neuter, neutra, neutrum (*Gen.* neutrius)

<table>
<tr><td colspan="3">6)   wer, welcher (von beiden) etc.:</td></tr>
</table>

uter, utra, utrum (*Gen.* utrius)

<table>
<tr><td colspan="3">7)   jeder (von beiden) etc.; der eine.... der andere etc.:</td></tr>
</table>

uterque, utraque, utrumque (*Gen.* utriusque)
alter, altera, alterum   (*aber:* alius, alia, aliud – <u>ein</u> anderer!)

Kasuslehre: Der Genitiv, semantische und syntaktische Funktionen

Eigenart	Frage	semantische F.	syntaktische F.
I **Zugehörigkeit:** 1) Eigentümer (prägnant: es ist Aufgabe, Pflicht, Angelegenheit, ein Zeichen von + Infinitiv)	Wessen?	**possessivus**	Attribut / Prädikatsnomen
2) nähere Bestimmung (nomen dictaturae)		**explicativus / definitivus**	Attribut
3) tätige Person	Wessen?	**subiectivus**	Attribut
4) Person oder Sache, auf die sich eine Handlung – durch ein Nomen ausgedrückt- bezieht	Zu, vor wem? Auf, über, gegen Wen oder was?	**obiectivus**	
II **Bewertung:** 1) spezielle oder gleich bleibende Eigenschaft	Wie beschaffen?	**qualitatis**	Attribut / Prädikatsnomen
2) Wert / Preis	Zu welchem Preis? Um wie viel?	**pretii**	Attribut, Adverbiale, Prädikatsnomen
III **Teilung:** 1) Rest- bzw. Gesamtmenge	Von welcher Menge?	**partitivus**	Attribut
2) genaue Bezeichnung (*montes auri*)	Aus was bestehend?	**materiae**	Attribut, (Prädikatsnomen)
IV **Bereich:** 1) nach Ausdrücken des Erinnerns und Vergessens	(Wozu gehörig?) Wessen? Was, wen?	**(obiectivus, partitivus)**	Attribut / Objekt
2) nach unpersönlichen Verben (*paenitet, pudet...*)		**(respectus)**	Objekt
3) Gerichtswesen	Weswegen, in welcher Hinsicht?	**criminis**	Objekt (Adverbiale)
4) bei interest, refert (*Romanorum interest, aber: sua interest*	Wem liegt daran?		(Prädikatsnomen, Objekt)

1) Villa Marci Tullii magna est.

2) Mucia domina servorum servarumque est.

3) Monumenta Romae urbis nobis adhuc admirationi sunt.

4) Virtute paucorum virorum imperium Romanorum magnum factum est.

5) Boni oratoris est cives suos recta veraque docere.

6) Boni consulis est rei publicae bene consulere.

7) Stultitiae est in eadem causa iterum peccare.

8) Templum in Palatio situm Apollinis erat.

9) Nomen dictaturae Romanis odio fuit.

10) Metus hostium tam magnus erat, ut quam celerrime fugerent.

11) Metus Germanorum Romanis semper fuit.

12) Spes salutis nulla erat.

13) Catilina cupidus regni erat.

14) Cicero orator ingentis eloquentiae fuit.

15) Ad Sequanos iter erat paucorum dierum.

16) Quid consilii nunc capiamus?

17) Quis vestrum bonum consilium capere potest?

18) Copia frumenti paucos dies suppeditabat.

19) Milites relicti castris satis praesidii erant.

20) Catilinam scelerum non paenituit.

21) Socii Catilinae coniurationis accusati et capitis damnati sunt.

22) Ciceronis consulis interfuit Catilinam urbe expellere.

23) *Aber:* <u>Mea, tua, sua, nostra, vestra</u> maxime interest pacem esse (*Abl. Sing.*).

Die Kasus im Lateinischen - DER DATIV:

Charakter	Frage	semant. Funktion	syntakt. Funktion
1) im engeren Sinn:			
a) bei transitiven Verben:	Wem ?		(indirektes) Objekt
b) bei intransit. Verben: (*favere, invidere, studere, persuadere, parcere*)	Wen *oder* Was?		(direktes) Objekt
c) bei intrans. Komposita (von *esse, stare, venire*)			(direktes) Objekt
2) Dativ des Interesses:			
a) Person oder Sache, zu deren Vor- oder Nachteil eine Handlung geschieht	Für Wen? Zu wessen (Un)gunsten?	**commodi**	Objekt
b) Besitzer	Wem gehört... ?	**possessoris**	Prädikatsnomen
c) innere Anteilnahme	Wem?	**ethicus**	Objekt
d) örtl. u. geistiger Ausganspunkt einer Betrachtung	Von wo *oder* von wem aus gesehen?	**iudicantis**	Adverbiale
e) handelnde Person (nur beim Gerundiv!)	Von wem?	**auctoris**	
3) Dativ des Zwecks:			
a) Zweck, Absicht (oft in Verbindung mit einem dativus commodi!)	Wozu? Zu welchem Zweck?	**finalis**	Adverbiale, Prädikatsnomen

1)   Catilina id studuit, ut rei publicae noceret.
2)   Romani parcere gentibus victis volebant.
3)   Orgetorix Helvetiis persuasit, ut finibus suis egrederentur.
4)   Bonus gubernator rei publicae omnibus civibus esse saluti debet.
5)   Res a Caesare gestae Romanis magnae admirationi fuerunt.
6)   Caesar T. Labienum castris praesidio reliquit.
7)   Orgetorigi magna inter Helvetios auctoritas erat.
8)   Militibus Romanis pons faciendus erat.
9)   Vercingetorix locum idoneum castris delegit.
10)   Laborantibus suis Caesar equitatum auxilio misit.
11)   Mercatoribus nullus erat aditus ad Nervios.
12)   Clytaemnestra Agamemnoni crimini dedit, quod filiam immolavisset.
13)   Multis hominibus avaritia est, sed prudentia deest.
14)   Romani Tarquinio inviti paruerunt.

BESONDERHEITEN:

1)   Verben mit Dativobjekt, denen im Deutschen Transitiva entsprechen:

studere - eifrig betreiben
maledicere – beschimpfen
parcere – schonen (sparen)
nubere – heiraten (viro)

favere – begünstigen, fördern
persuadere – überreden, überzeugen
invidere – beneiden
mederi – heilen

2)   Transitive Verben, die bei Bedeutungswechsel intransitiv werden:

cavere – für sich sorgen
prospicere – *wie* providere
timere, metuere – besorgt sein um etw. / jmd.

providere – sorgen für
consulere – sich kümmern um, sorgen für
temperare, moderari – zügeln, mäßigen

3)   Dativ bei Komposita von esse, venire, stare:

prodesse – nützlich sein
adesse – helfen
superesse – übrig sein, jmd. überleben
praestare – übertreffen

obesse – behindern, hinderlich sein
interesse – teilnehmen
praeesse – an der Spitze stehen, leiten
subvenire – zu Hilfe kommen

4)   Dativ bei Adjektiven:

perniciosus, a, um – Verderben bringend
idoneus, a, um – passend, geeignet
utilis, is, e – nützlich
periculosus, a, um – gefährlich

salutaris, is, e – heilsam
iucundus, a, um – erfreulich, angenehm
infestus, a, um – feindlich
aptus, a, um – geeignet, passend

Der Ablativ - seine semantischen und syntaktischen Funktionen

I Instrumentalis/Comitativus

Charakter	Frage	semantische F.	syntaktische F.
1) Werkzeug, Mittel	Womit? Wodurch?	**instrumenti**	Adverbiale (Objekt)
2) begleitende Person (freundl. u. feindl. Ge-meinschaft	Mit wem?	**sociativus**	Adverbiale (Objekt)
3) Art u. Weise; Begleit-umstände; Folge	Wie? Auf welche Weise? Unter wel-chen Umständen? Mit welch. Ergebnis?	**modi**	Adverbiale
4) Beweggrund, Ursache, Anlass	Warum? Worüber? Worauf? Woran?	**causae**	Adverbiale (Objekt, Attribut)
5) Bewertung einer Person oder Sache	Wie beschaffen?	**qualitatis**	Attribut, Prädikats-nomen
6) Hinsicht, nähere Be-stimmung, Einschränkung	In welcher Hinsicht? Worin?	**limitationis, respectus**	Adverbiale (Attribut)
7) Maß u. Grad eines Un-terschieds	Um wie viel? Wie viel?	**mensurae, differentiae**	Adverbiale, Attribut
8) Wert- u. Preisangabe	Für wie viel?	**pretii**	Adverbiale, Attribut

II Separativus

1) Ausgangspunkt a) örtlich b) zeitlich	Woher? Seit wann?		Adverbiale
2) Abstammung, Herkunft a) eigentl. Abstammung b) Urheber	Woher abstammend? Von wem?	**originis** **auctoris**	Attribut, Adverbiale, Prädikatsnomen
3) Vergleichspunkt	Von wo aus gesehen?	**comparationis**	Adverbiale
4) Trennung, Getrenntsein a) *privare, egere, libe-rare, carere* b) *re- amovere, abstinere* c) Komposita mit *de-, dis-* und *se-*	Von wo getrennt? Wovon?	**separativus** im engeren Sinn	Adverbiale (Attribut, Objekt)

III Locativus / Temporis

1) Ort (beachte den ursprünglichen Lokativ auf – i: *domi* etc.)	Wo?	**locativus**	Adverbiale
2) Zeit(raum)	Wann? Innerhalb welcher Zeit?	**temporis**	Adverbiale

1) Miles gladio se fortiter defendit, sed hasta vulneratus est.

2) Imperator magno dolore afficiebatur, quod milites summo cum studio pugnantes proelio acerrimo victi sunt.

3) Zama oppidum quinque dierum iter a Carthagine abest.

4) L. Sulla rerum potitus multos inimicos non modo honoribus et bonis, sed etiam vita privavit.

5) I. Brutus rem publicam regno Tarquinii Superbi liberavit; at populus Romanus numquam timore regum liber erat.

6) Ciceroni nemo perniciosior fuit M. Antonio.

7) Catilina, vir nobili genere natus, magna audacia maloque ingenio erat.

8) Caesar omnibus ducibus audacia et celeritate praestitit.

9) Non iure, sed sua culpa Cicero a Clodio Roma in exsilium pulsus erat.

10) Quamquam Scaeva multis vulneribus laborabat, omnes socios tantum fortitudine praecessit, ut solus fere hostes muris castrorum prohiberet.

11) Antiquis temporibus Romae servi parvo emebantur, sed Graeci servi dimidio cariores erant ceteris, cum hos doctrina superarent.

12) Praedones praedae cupiditate impulsi e latebris suis veniebant, ut oppida Asiae diriperent.

13) Prima luce Caesar idoneo loco aciem instruxit.

14) Ex arbore vetere saepe pulcherrima poma pendent.

15) Rhenus flumen ex Alpibus montibus effluit.

16) Multi senatores initio belli civilis a Pompeii partibus stabant.

17) Caesar memoria tenebat Helvetios multis annis ante iniuriis se non abstinuisse.

18) Piratae fuga celerrima salutem petiverunt.

19) Incolae oppidi oppugnati fame debilitati atque metu coacti a duce hostium pacem petiverunt.

Angaben:

1)	hasta, ae f.	Lanze	11) carus, a, um		teuer
2)	vulnerare	verwunden	12) doctrina, ae f.		Gelehrsamkeit
3)	rerum potiri	sich der Herrschaft bemächtigen	13) superare		übertreffen
4)	privare	berauben	14) praedo, onis m.		Räuber
5)	ingenium, i n.	Charakter, Geisteskraft	15) latebra, ae f.		Versteck
6)	praestare	übertreffen (*m. Dat.*)	16) idoneus, a, um		geeignet
7)	culpa, ae f.	Schuld	17) pomum, i n.		Frucht
8)	tantum	so sehr	18) initium, i n.		Anfang, Beginn
9)	praecedere	übertreffen (*m. Akk.*)	19) se abstinere		sich enthalten
10)	dimidium, i n.	Hälfte	20) debilitare		schwächen

Relativsatz: weitere Möglichkeiten der Verschränkung

1) Partizip: 1) Magna est vis iustitiae, **qua sublata** omnia humana iacent.

2) Scientia, **quam tenentes** beati estis, ab hominibus doctis laudatur.

> Noch deutlicher als bei den mit einem AcI verschränkten Relativsätzen sieht man, dass das Relativpronomen Teil (= Satzglied) der Konstruktion ist, die in den Relativsatz eingebettet ist.
>
> Es hat also keine syntaktische Beziehung zum Prädikat des Relativsatzes: **qua** (S. 1) ist Subjekt des ablativus absolutus, **quam** (S. 2) ist Objekt zu dem participium coniunctum **tenentes**.

Übersetzung:

<u>a) als relativischer Satzanschluss:</u>

1) Groß ist die Macht der Gerechtigkeit; wenn **diese** beseitigt (worden) ist, liegen alle menschlichen Angelegenheiten danieder.

2) Die Kenntnis wird von allen gelehrten Menschen gelobt; wenn ihr **diese** besitzt, seid ihr glücklich.

<u>b) mit präpositionalem Ausdruck (*unter Bewahrung des Relativsatzes*):</u>

1) Groß ist die Macht der Gerechtigkeit, **nach deren Beseitigung** alle menschlichen Angelegenheiten daniederliegen.

2) Die Kenntnis wird von allen gelehrten Menschen gelobt, **bei deren Besitz** ihr glücklich seid.

weitere Beispiele:

Caesar naves, quibus amissis Britanniam adire non posset, bene custodiri iussit.
Non ea sunt habenda bona, quibus abundantem licet esse miserrimum.

Übersetzung:
Caesar ließ die Schiffe gut bewachen, nach deren Verlust er Britannien nicht würde betreten können.

Nicht diejenigen Dinge soll man für Güter halten, trotz deren Besitz man sehr unglücklich sein kann (*wörtl.: an denen Überfluss habend man sehr unglücklich sein kann) oder:* an denen man Überfluss haben und trotzdem sehr unglücklich sein kann.

2) adverbialer Nebensatz:

> Tritt zu dem Relativsatz ein weiterer Nebensatz hinzu, so muss das Relativpronomen <u>zweifach</u> übersetzt werden:
>
> 1) als **Relativpronomen** in <u>dem Kasus</u>, der von dem Prädikat des Relativsatzes benötigt wird,
> 2) als **Personalpronomen** in dem hinzu gekommenen Nebensatz in <u>dem Kasus</u>, in dem das lateinische Relativpronomen steht:

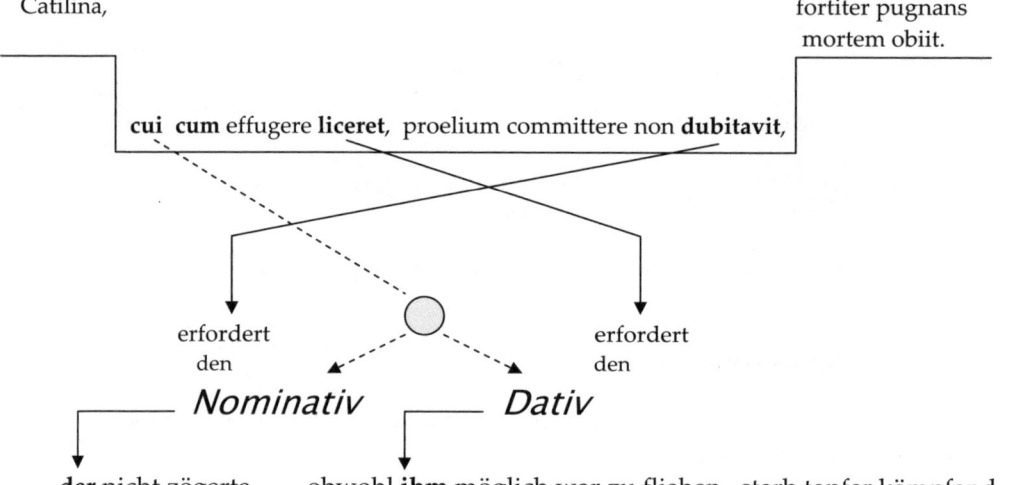

Catilina, fortiter pugnans mortem obiit.

cui cum effugere **liceret**, proelium committere non **dubitavit**,

erfordert den **Nominativ**

erfordert den **Dativ**

der nicht zögerte,...... , obwohl **ihm** möglich war zu fliehen, starb tapfer kämpfend.

Übersetzungsmöglichkeiten:

a) wie oben beschrieben: doppelte Wiedergabe des Relativpronomens
b) als relativischer Satzanschluss („...; **dieser** zögerte nicht, die Schlacht zu beginnen, obwohl es **ihm** möglich war zu fliehen.")

weitere Beispiele:

1) Admiramur Alexandrum magnum, **cui si** vita longior contigisset, totum orbem terrarum subegisset.

2) Oedipus, **qui si** interfectus esset, dei non tam acerbum fatum dedissent, patrem occidit, Thebas venit et matrem in matrimonium duxit.

XXIV

Der Konjunktiv im HAUPTSATZ

1) als modus des Wunsches: ⟶   *optativ*

a) erfüllbar gedachte Wünsche der Gegenwart und der Vergangenheit
(mit Präsens bzw. Perfekt):
Valeas! *(Mögest du doch gesund sein!)*   Utinam id concedant!
(Mögen sie es doch zugeben!)
Utinam vere auguraverim! *(Möge ich doch richtig vorhergesagt haben!)*

b) unerfüllbar gedachte Wünsche der Gegenwart und Vergangenheit
(mit Imperfekt bzw. Plusquamperfekt):
Utinam mater valeret! *(Wäre Mutter doch gesund!)*   Utinam res publica stetisset!
(Hätte der Staat doch Bestand gehabt!)

2) als modus der Aufforderung (an die erste Pers. Plural):   ⟶   *adhortativ*

Eamus! *(Lasst uns gehen! Wir wollen gehen!)*
Etiam in rebus secundis superbiam fugiamus! *(Lasst uns auch im Glück
den Übermut meiden!)*

3) als modus des Befehls (an die dritte Person Sg. und Pl.):   ⟶   *iussivus*

Se quisque noscat! *(Jeder lerne sich selbst kennen!)*
Alter alteri ne invideat! *(Einer soll den anderen nicht beneiden!)*
Videant consules, ne quid res publica detrimenti capiat! *(Die Konsuln sollen
darauf achten, dass der Staat keinen Schaden erleide!)*

4) als modus des Verbots (an die zweite Person Sg. und Pl.):   ⟶   *prohibitivus*

mit ne und *Perfekt* oder *noli / nolite* und *Infinitiv:*
Ne id feceris oder noli id facere! *(Tue das nicht!)*

5) als modus des Zweifels oder der Überlegung: ⟶   *dubitativus*

(Präsens für die Gegenwart, Imperfekt für die Vergangenheit)
Quid faciam? *(Was soll ich tun?)*   Quid facerem? *(Was hätte ich tun sollen?)*

6) als modus des Zugestehens, Einräumens: ⟶   *concessivus*

(Präsens und Perfekt; Prädikat steht meistens am Anfang des Satzes.)
Sit fur, tamen amicus meus est. *(Mag er auch ein Dieb sein, dennoch ist er...)*

7) als modus der Vorstellung: ⟶   *potentialis/ irrealis*

a) potentialis d. Gegenwart *(mit Präs. oder Perf.)* und der Vergangenheit *(mit Imperf.):*
Dicat / dixerit quis *(Jemand könnte sagen)*
Diceres *(Man hätte sagen können)*

b) Irrealis d. Gegenwart *(mit Imperfekt)* und Vergangenheit *(mit Plusquamperfekt):*
Nos non adiuvares. *(Du würdest uns nicht helfen).* Nos non adiuvisses.
(Du hättest uns nicht geholfen.)

Der Konjunktiv im NEBENSATZ

1) in Konditionalsätzen:

a)   als potentialis der Gegenwart (*mit Präsens oder Perfekt*)
b)   als irrealis a) der Gegenwart (*mit Imperfekt*), b) der Vergangenheit (*mit Plusquamperfekt*)

2) in innerlich abhängigen Nebensätzen:

a)   in Begehrssätzen (*ut / ne*), abhängig von Verben des Begehrens, Wünschens
     - in verneinten Begehrssätzen nach *verba timendi et impediendi*, positiv zu übersetzen
b)   in Finalsätzen (*ut / ne*) und Temporalsätzen mit finalem Nebensinn (*dum* – damit unter-
     dessen und *priusquam* – damit nicht erst, bevor)
c)   in indirekten Fragesätzen und solchen mit *quin*
d)   in Nebensätzen mit obliquem Konjunktiv (statt des Indikativs) und solchen der *oratio obliqua*
e)   in Relativsätzen mit adverbialem Nebensinn (Begehren/final – kausal – konzessiv – konsekutiv)

3) erweiterter Gebrauch
   (Nebensätze, in die der Konjunktiv später eindrang):

a)   bei Temporalsätzen (mit *cum*)
b)   bei Kausalsätzen (mit *cum*)
c)   bei Konzessivsätzen (mit *cum*)
d)   bei Konsekutivsätzen (mit *ut, ut non*)

4)   BEISPIELE :

1a) Si quid dictum sit obscure, de re dubites.
1b) Si auxilia venirent, hostes vinceremus.   -   Nisi auxilia venissent, hostes nos vicissent.
2a) Optamus, ut vos quam celerrime ad nos veniatis.   -   Timemus, ne serius veniatis.
2b) Helvetii obsides Sequanis dant, ut sine maleficio transeant. -
     Caesar diem ad deliberandum sumpsit, dum milites, quos imperaverat, convenirent. -
     Caesar in hostes impetum fecit, priusquam aciem instruere possent.
2c) Dic mihi, quid facias / feceris. - Ignorabam, quid faceres / fecisses. - Non dubito, quin
     miseris adesse deceat.
2d) Naturam accusamus, quod nobis exiguam vitam det. – Homines semper naturam
     accusabant, quod sibi exiguam vitam daret. – Te accuso, quod mihi iniurias feceris. -
     Te accusavi, quod magnam mihi iniuriam fecisses.
2e) Helvetii legatos miserunt, qui a Caesare pacem peterent. – Quis dignus est, qui aliis
     imperet? -
     Me caecum, qui illud periculum non viderim! – Quis est, qui non cum caritate benevola
     priscorum virorum illustrium memoriam colat, quos numquam viderit? - Non is sum,
     qui mortis periculo terrear. - Germani, qui suos interfici viderent, se e castris eiecerunt. –
     Nemo tam stultus est, qui non videat coniurationem esse factam. – Reperti sunt duo
     equites, qui Ciceronem interficere parati essent.

Der Gebrauch des Konjunktivs – Übersicht

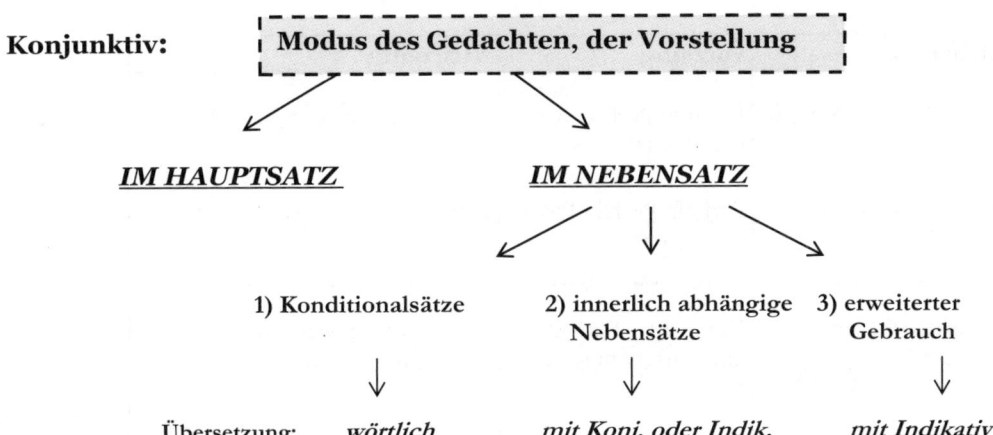

Konjunktiv: ┌──────────────────────────────────────┐
                 ╵ **Modus des Gedachten, der Vorstellung** ╵
                 └──────────────────────────────────────┘

IM HAUPTSATZ   **IM NEBENSATZ**

1) Konditionalsätze   2) innerlich abhängige   3) erweiterter
                          Nebensätze   Gebrauch

Übersetzung: *wörtlich*   *mit Konj. oder Indik.*   *mit Indikativ*

Konjunktiv im Hauptsatz
1) Konjunktiv Präsens
* optativus (erfüllbar gedachter Wunsch)
* hortativus (Aufforderung)
* iussivus (Befehl)
* prohibitivus (Verbot – *im klass. Latein Perfekt*)
* dubitativus (Zweifel, Überlegung)
* concessivus (Einräumung)
* potentialis (Möglichkeit, auch mit Perfekt)
2) Konjunktiv Imperfekt
* unerfüllbar gedachter Wunsch der Gegenwart
* Irrealis der Gegenwart
* Potentialis der Vergangenheit
3) Konjunktiv Plusquamperfekt
* unerfüllbar gedachter Wunsch der Vergangenheit
* Irrealis der Vergangenheit

Konjunktiv im Nebensatz		
In Konditionalsätzen	*In innerlich abhängigen Sätzen*	*Erweiterter Gebrauch*

* Potentialis
  a) der Gegenw. (Präs. / Perf.)
  b) der Vergang. (Imperf.)
 	
* Irrealis
  a) der Gegenw. (Imperf.)
  b) der Vergang. (Plusqpf.)
	* Begehrssätze (*ut / ne*)
	* Finalsätze (*ut / ne*)
	* indirekte Fragesätze
	* Sätze mit coni. obliquus
	* Sätze der indirekten Rede
	* Relativsätze mit adverbialem
	  Nebensinn
		* Temporalsätze (*cum*)
		* Kausalsätze (*cum*)
		* Konzessivsätze (*cum*)
		* Konsekutivsätze (*ut / ut non*)

Verbformen, die ein Zeitverhältnis, aber keine Zeitstufe anzeigen

gleichzeitig	vorzeitig	nachzeitig
Infinitiv Präsens Aktiv u. Passiv	Infinitiv Perfekt Aktiv und Passiv	Infinitiv Futur Aktiv und Passiv
Partizip Präsens Aktiv	Partizip Perfekt Passiv	Partizip Futur Aktiv
Konjunktiv Präsens und Imperfekt	Konjunktiv Perfekt und Plusquamperfekt	*- urus sim; - urus essem* (coniugatio periphrastica)

CONSECUTIO TEMPORUM

Durch die consecutio temporum (*Abfolge der Zeiten*) wird die Verwendung der Zeiten in den lateinischen Nebensätzen, sofern sie innerlich abhängig sind, geregelt:

Steht im Hauptsatz Präsens, Fut. I oder II, dann steht im Nebensatz:	Steht im Hauptsatz ein Tempus der Vergangenheit, dann steht im Nebensatz:
a) *bei Gleichzeitigkeit*: Konj. Präsens,	a) *bei Gleichzeitigkeit*: Konj. Imperfekt
b) *bei Vorzeitigkeit*: Konj. Perfekt,	b) *bei Vorzeitigkeit*: Konj. Plusquampf.
c) *bei Nachzeitigkeit*: *-urus, -a, -um sim*	c) *bei Nachzeitigkeit*: *- urus, -a, -um essem*

Beispiel für die Nachzeitgkeit:

Non ignoro, quid facturus sis.	Ich weiß genau, was du tun wirst / willst.
Non ignoravi, quid facturus esses.	Ich wusste genau, was du tun würdest / wolltest.

XXVIII

Techniken bei der Übersetzung eines lateinischen Satzes

Es gibt kein einheitliches, immer anwendbares Übersetzungsrezept, dennoch sollte man folgende Methoden beherrschen, die man, je nach Beschaffenheit des Satzes, anwenden bzw. miteinander kombinieren muss:

1) die „Grundmethode": Prädikat – Subjekt – Objekt (und dann die übrigen Ergänzungen)
2) die analytische Methode: (empfiehlt sich bei langen Satzperioden mit vielen Nebensätzen)
3) die Wortblockmethode: (angezeigt bei satzwertigen Konstruktionen wie part. coni. *u. ä.*)

Im Folgenden wird eine schrittweise Kombination aller Methoden gezeigt:

1)   **Hauptsatz finden** durch Eliminierung der Nebensätze, dabei einleitende Wörter beachten:

a)   PRÄDIKAT ←——→ SUBJEKT   (kann auch in der Personalendung des Prädikats stecken)
       (Form bestimmen und dann übersetzen)

b)   weitere | NOTWENDIGE ERGÄNZUNGEN | finden:

- Akkusativ-Objekt (*bei manchen Verben auch Dativ - Objekt*)
- Infinitive (*z. B. bei Hilfsverben wie conari, posse, debere*)
- Prädikatsnomen (*nach Formen von esse oder Hilfsverben mit dopp. Akk., z. B. „halten für... "*)
- Adverbialia (*in Verbindungen mit esse, Erläuterungen von Verbformen u. ä.*)
- AcI (*als Subjekt oder Objekt nach verba dicendi, sentiendi, affectus, unpers. Ausdrücken u. a.*)
- Subjekts- oder Objektssätze (*z. B. indirekte Frage-, Begehrssätze und faktische Sätze*)

         ⟹   Das bisher Erarbeitete übersetzen!

c)   weitere, nicht notwendige Ergänzungen bzw. freie Angaben

- Dativ-Objekt (*als indirektes neben einem Akkusativobjekt bei transitiven Verben*)
- Adverbialia (*Orts-, Zeit-, Umstandsbestimmungen ausgedrückt durch Adverben, präpositionale Ausdrücke, bloße Ablative u. ä.*)
- Attribute (*Adjektive, Substantive, Appositionen, Partizipien, Genitive, Relativsätze*)
- praedicativa (*Frage: „als was?" , „wie?"- Adjektive, Substantive und Partizipien*)

         ⟹   Bei Attributen und praedicativa die KNG – Kongruenz beachten und übersetzen!

d)   SATZWERTIGE KONSTRUKTIONEN (AcI, part. coniunct., abl. abs., Gerund.-Konstr.)

- Rahmenbezirk (Prädikatbezirk) und Partizipbezirk abtrennen (*oft Schema: a – b – a*)
- Partizip bestimmen, herleiten und Bezugswort suchen (KNG – Kongruenz !)
- Zeitverhältnis zwischen Partizip und Prädikat (*Part. Präs.: gleichzeitig, Perf.: vorzeitig*)
- logisches Verhältnis bestimmen (temporal, kausal, konzessiv, modal, konditional; final nur beim Part. Fut. Aktiv)
- weitere Übersetzungsmöglichkeiten: präpositionaler Ausdruck oder Beiordnung; hierbei muss das Sinnverhältnis durch entsprechende Präpositionen (z. B. „nach", „trotz", „wegen") oder Ergänzungen („und dann", „und dennoch", „und deswegen") zum Ausdruck gebracht werden.

2)   **Nebensätze übersetzen:**

- Subjunktionen oder Interrogativ- bzw. Relativpronomina finden (*Kommasetzung als Hilfe*); bei mehrdeutigen Wörtern (*z.B. quod*) auf den Kontext achten.
- genauso verfahren wie bei den Hauptsätzen; wieder eine Kombination der Methoden möglich.

Relativsätze mit adverbialem / konjunktivischem Nebensinn

Relativsätze können über den bloß beschreibenden attributiven Charakter eine logische Beziehung zum Prädikat des übergeordneten Satzes herstellen. Sie vertreten dann adverbiale Nebensätze. Das Prädikat des Relativsatzes erscheint dann im Konjunktiv.

Folgende Möglichkeiten eines konjunktivischen / adverbialen Nebensinns gibt es:

> - kausaler Nebensinn   (*Übersetzung mit Indikativ*)
> - konzessiver bzw. adversativer Nebensinn   (*Übersetzung mit Indikativ*)
> - finaler Nebensinn (auch Begehren)   (*Übersetzung mit Hilfsverb „sollen"*)
> - konsekutiver Nebensinn   (*Übersetzung mit Indikativ*)
> - *seltener:* konditionaler Nebensinn   (*Übersetzung der Art des Konditionalsatzes entsprechend*)

Beispiele:

1)   Caesar milites in litore reliquit, qui navibus praesidio essent.
2)   Quis nostrum est, qui neget Ciceronem consulem servavisse rem publicam?
3)   Caesar dictator a coniuratis, qui regnum timerent, occisus est.
4)   Cicero Catilinam, qui coniurationem fecisset, Roma expulit.
5)   Catilina non is erat, qui mortis periculo terreretur.
6)   Catilina multos iuvenes invenit, qui fortes et fidi essent.
7)   Germani, qui libertatem amarent, primum <u>legibus</u> a Romanis <u>impositis</u> parebant.
8)   Quis est, qui memoriam virorum <u>illustrium</u> non cum <u>caritate</u> <u>benevola</u> colat, quos numquam viderit?
9)   Qui modeste paret, dignus est, qui aliquando imperet.
10) Qui illum <u>concursum</u> in oppido factum (esse) videret, urbem captam (esse) diceret.
11) Nulla <u>acies</u> humani ingenii tanta est, quae <u>penetrare</u> in caelum possit.
12) <u>Delegisti</u>, Catilina, quosdam, quos Romae relinqueres, quos tecum educeres.
13) Quid est <u>impudentius</u> <u>Tarquinio</u>, qui bellum gereret cum iis, qui superbiam eius non tulerant?
14) Me <u>caecum</u>, qui haec ante non viderim!   (*vgl. a. Anhang XXVI, 2 e.*)

---

1)	legem imponere	ein Gesetz auferlegen
2)	illustris, is, e	berühmt
3)	caritas, atis f.	Liebe, Wertschätzung
4)	benevolus, a, um	wohlwollend
5)	concursus, us m.	Zusammenströmen
6)	acies, ie f.	*hier:* Schärfe, Scharfsinn
7)	penetrare	eindringen, vordringen
8)	deligere	auswählen
7)	impudens, ntis	schamlos, unverschämt
8)	Tarquinius, i m.	Tarquinius Superbus (*der letzte König Roms, aus Rom vertrieben*)
9)	caecus, a, um	blind, dumm

XXX

Gerundium – Gerundivum ÜBERBLICK

	Gerundium	Gerundiv
Wortart	Verbalsubstantiv	Verbaladjektiv
Genus Verbi	Aktiv	Passiv (*als Prädikatsnomen mit Bedeutung der Notwendigkeit*)
Numerus	Singular	Singular und Plural
Genus	neutrum	alle drei Geschlechter
Deklinationsgruppe	o - Deklination	o- und a-Deklination
Erweiterungen durch	Objekt; Adverbiale	dativus auctoris

Hauptsächliche Verwendung im Satz	* als Genitivattribut
	* als Adverbiale im Ablativ
	  bzw. im prä- oder postpositionalen Ausdruck
	
	↓
	
	HÄUFIGE SINNRICHTUNG:
	
	temporal, modal, final
	↓ ↓ ↓
	in + Abl. per +Akk. ad, in +Akk.;
	    bloßer Abl. Gen.+ causa,
	                 gratia
		* als Prädikatsnomen
		* als praedicativum
		* als Attribut
		  (als verwandeltes Gerundium)
		
		↓
		
		HÄUFIGE SINNRICHTUNG:
		
		temporal modal, final
		↓ ↓ ↓
		in + Abl. per + Akk. ad, in + Akk.
		    bloßer Abl. Gen. + causā,
		                 gratiā

Übersetzungsmöglichkeiten	* mit einem Verbalsubstantiv * mit erweitertem Infinitiv * mit adverbialem Nebensatz	* Gerundiv als Attribut: wie beim Gerundium

Beispiele für Übersetzungsmöglichkeiten:

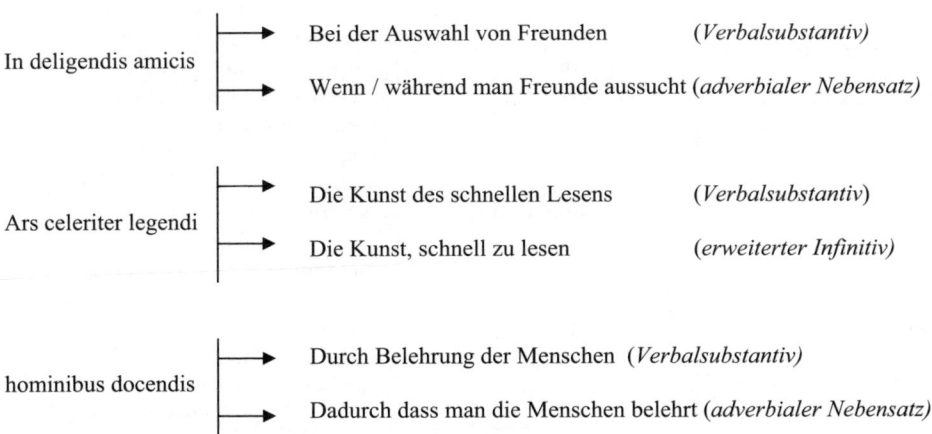

In deligendis amicis
- → Bei der Auswahl von Freunden   (*Verbalsubstantiv*)
- → Wenn / während man Freunde aussucht (*adverbialer Nebensatz*)

Ars celeriter legendi
- → Die Kunst des schnellen Lesens   (*Verbalsubstantiv*)
- → Die Kunst, schnell zu lesen   (*erweiterter Infinitiv*)

hominibus docendis
- → Durch Belehrung der Menschen (*Verbalsubstantiv*)
- → Dadurch dass man die Menschen belehrt (*adverbialer Nebensatz*)

Die Präfixe und ihre Bedeutung bei verba composita

Präfix	Bedeutung	Beispiele
1) a, ab, abs, au	ab-, weg-, fort-	abicere – wegwerfen
2) ad	heran-, an-, dabei-, hinzu-, herbei-, zu-, an	adesse – da(bei) sein, adicere – hinzufügen accurrere – herbeilaufen aggredi - angreifen
3) ante	vor-, voraus-, voran-	anteponere – vorziehen antecedere – vorangehen, übertreffen
4) circum	um... herum, umher	circumvenire – umzingeln cirumdare – umgeben circumspicere – umherblicken
5) cum→ co, con	zusammen-, verstärkend	convenire – zusammenkommen componere – zusammenstellen conicere – (heftig) schleudern
6) de	herab-, hinab-, weg-, ab-; verstärkend	deportare – wegbringen detinere – abhalten descendere – herabsteigen devincere – völlig besiegen
7) e, ex	aus-, heraus-, ent-; verstärkend	emittere – herausschicken exire – herausgehen effugere – entfliehen
8) in	ein-, hinein-, auf-, an-	importare – einführen inferre – hineintragen imponere – auferlegen
9) inter	(da)zwischen-, unter-, dabei	interesse – dabei sein intermittere – unterbrechen intercedere – dazwischen treten
10) ob	dagegen-, entgegen-, gegenüber-	obesse – *dagegen sein*:: hindern ostendere – entgegenstrecken: zeigen
11) per	durch-, hindurch-, bis zum Ende, sehr, völlig	perspicere – durchschauen perficere – *zu Ende machen* : vollenden permovere – sehr bewegen
12) post	nach-, hintan-	postponere – hintansetzen
13) prae	vor-; voraus-, voran-	praeesse – vorstehen, leiten praedicere – voraussagen praeponere – voranstellen praeficere – an die Spitze stellen
14) praeter	vorbei-, vorüber-, über-	praeterire – vorbeigehen; übergehen praetermittere – vorübergehen lassen; auslassen
15) pro	vor-, hervor-	procedere – hervorkommen producere – (her)vorführen prohibere – *vorhalten* : abhalten, fernhalten, hindern

16)	sub	unter-, darunter-, von unten nach oben, heimlich, zu Hilfe	suscipere – unternehmen subducere – von unten hinauf- führen subvenire – zu Hilfe kommen succurrere – zu Hilfe eilen suspicere – *von unten nach* *oben schauen* : bearg- wöhnen, verdächti- gen
17)	super	über-, übrig-	superesse – übrig sein
18)	trans	über-, hinüber	tradere – übergeben transire – überschreiten, hinübergehen

Man muss beachten, dass die Präfixe bei einigen Verben ihre ursprüngliche Bedeutung zu Gunsten einer übertragenen verlieren.

Zum Beispiel kommt man bei ***committere*** mit „zusammenschicken" nur weiter, wenn man ein wenig seine Phantasie spielen lässt.

So mag hinter ***proelium committere*** - „eine Schlacht beginnen" die bildliche Vorstellung des Zusammentreibens der beiden feindlichen Schlachtreihen stehen, bei ***scelus committere*** – „ein Verbrechen begehen" das Zusammenführen von Plan und Ausführung und bei ***promittere*** – „versprechen" das Vorschicken von Worten, denen die Tat folgen soll.

Ansonsten gelten bei der Synthese von Präfix und Simplex zum Kompositum die Regeln der Assimilation:

adportare → apportare; conmittere → committere; absferre → auferre   u. a.

Einige Proben aus Ciceros Reden

Die hier gebotenen Textauszüge besitzen den Schwierigkeitsgrad des schriftlichen Latinums; so haben Sie das Ziel vor Augen, zu dem Sie am Ende des Lektürekurses gelangen müssen, um die Prüfung zu bestehen. Sie können sich jetzt schon einmal testen:

Text 1 (Cic. Verr. II 4, 72 ff.)

Cicero klagte im Jahr 70 v. Chr. C. Verres wegen ausbeuterischer Erpressung der Provinz Sizilien an; er erwähnt zunächst die Geschichte der Stadt Segesta, der Verres besonders übel mitgespielt hatte, um dann auf die berühmte Statue der Diana von Segesta einzugehen:

Itaque Verres hoc nefario scelere commisso nihil postea tota in Sicilia neque sacri neque religiosi existimavit esse; ita sese in ea provincia per triennium gessit, ut ab isto non solum hominibus, verum etiam dis immortalibus bellum indictum (esse) putaretur.

5 Segesta est oppidum pervetus in Sicilia, iudices, quod ab Aenea fugiente a Troia atque in haec loca veniente conditum esse demonstrant. Itaque Segestani non solum perpetua societate atque amicitia, verum etiam cognatione se cum populo Romano coniunctos esse arbitrantur.

Hoc quondam oppidum, cum illa civitas cum Poenis suo nomine ac sua spon-
10 te bellaret, a Carthaginiensibus vi captum atque deletum est, omniaque, quae ornamento urbi esse possent, Carthaginem sunt ex illo loco deportata.

Fuit apud Segestanos ex aere Dianae simulacrum, <u>cum</u> summa antiquissima praeditum religione, <u>tum</u> singulari opere artificioque perfectum. Hoc trans-
latum Carthaginem locum tantum hominesque mutaverat, religionem pristi-
15 nam conservabat; nam propter eximiam pulchritudinem etiam hostibus dig-
na, quam sanctissime colerent, videbatur.

Aliquot saeculis post P. Scipio bello Punico tertio Carthaginem cepit; qua in victoria –videte hominis virtutem et diligentiam- convocatis Siculis omnibus, quod diutissime saepissimeque Siciliam vexatam a Carthaginiensibus esse
20 cognoverat, iubet omnia conquiri; pollicetur sibi magnae curae fore, ut omnia civitatibus, quae cuiusque fuissent, <u>restituerentur</u>.

Tum illa, quae quondam erant Himera sublata, Thermitanis sunt reddita, tum alia Gelensibus, alia Agrigentinis, in quibus etiam ille nobilis <u>taurus</u>, quem crudelissimus omnium tyrannorum Phalaris habuisse dicitur, quo vivos
25 supplicii causa <u>demittere</u> homines et subicere flammam solebat. Quem taurum cum Scipio redderet Agrigentinis, dixisse dicitur aequum esse illos cogitare, utrum esset Agrigentinis utilius, suis<u>ne</u> servire <u>anne</u> populo Romano, cum

idem monumentum et domesticae crudelitatis et nostrae mansuetudinis haberent.

30 Illo tempore Segestanis maxima cum cura haec ipsa Diana, de qua dicimus, redditur; reportatur Segestam; in suis antiquis sedibus summa cum gratulatione civium et laetitia reponitur.

Haec erat posita Segestae sane excelsa in basi, in qua grandibus litteris P. Africani nomen erat incisum eumque Carthagine capta restituisse perscrip-

35 tum. Colebatur a civibus, ab omnibus advenis visebatur; cum quaestor essem, nihil mihi ab illis est demonstratum prius.

Nachdem Verres diese Statue zu Gesicht bekommen hatte, „verliebte" er sich sofort in sie und zwang die Segestaner nach zahlreichen Schikanen, sie ihm herauszugeben. Cicero hält u. a. den Moment des Abtransports der Diana fest und versenkt sich in die Gefühle der Bevölkerung:

Videte, quanta religio fuerit apud Segestanos. Repertum esse, iudices, scitote neminem, neque liberum neque servum, neque civem neque peregrinum, qui illud signum auderet attingere; barbaros quosdam Lilybaeo scitote adductos

40 esse operarios; ii denique illud ignari totius negotii ac religionis mercede accepta sustulerunt.

Quod cum ex oppido exportabatur, quem conventum mulierum factum esse arbitramini, quem fletum maiorum natu? Quorum nonnulli etiam illum diem memoria tenebant, cum illa eadem Diana Segestam Carthagine revecta vic-

45 toriam populi Romani reditu suo nuntiavisset. Quam dissimilis hic dies illi tempori videbatur! Tum imperator populi Romani, vir clarissimus, deos patrios reportabat Segestanis ex urbe hostium recuperatos; nunc ex urbe sociorum praetor eiusdem populi turpissimus atque impurissimus eosdem illos deos nefario scelere auferebat.

<u>Angaben zu den unterstrichenen Wörtern:</u>

1)	cum... tum	einerseits... andererseits (ganz besonders)
2)	restituere	zurückerstatten
3)	taurus	*Gemeint ist eine große Plastik*
4)	demittere	*hier:* hinabsteigen lassen
5)	-ne... anne	ob... oder
6)	sane	durchaus, ganz, überaus

Text 2   *(Verr. II 3, 207 f.)*

In diesem Text greift Cicero die Zustände der Provinzialverwaltung im Allgemeinen an; der Fall des Verres ist nur die Spitze des Eisbergs, aber gerade deshalb muss man hart vorgehen, damit das Übel sich nicht noch weiter ausbreitet:

Lugent omnes provinciae, queruntur omnes liberi populi, regna denique etiam omnia de nostris cupiditatibus et iniuriis expostulant; locus intra Oceanum

iam nullus est neque tam longinquus neque tam reconditus, quo non per haec tempora nostrorum hominum libido iniquitasque pervaserit; sustinere iam
5   populus Romanus omnium nationum non vim, non arma, non bellum, sed luctum, lacrimas, querimonias non potest.

In eius modi re ac moribus, si is, qui erit adductus in iudicium, cum manifestis in flagitiis tenebitur, alios eadem fecisse dicet, illi exempla non deerunt; rei publicae salus deerit, si improborum exemplis improbi iudicio ac periculo
10   liberabuntur.

Placent vobis hominum mores? Placet ita geri magistratus, ut geruntur? Placet socios sic tractari, quod restat, ut per haec tempora tractatos videtis? Cur haec a me opera consumitur? Quid sedetis? Cur non in media oratione mea consur- gitis atque disceditis? Vultis autem istorum audaciam ac libidines
15   aliqua ex parte resecare? Desinite dubitare, utrum sit utilius propter multos improbos uni parcere an unius improbi supplicio multorum improbitatem coercere.

Angaben zu den unterstrichenen Wörtern:
1)   expostulare   *hier:* sich beklagen
2)   manifestis in flagitiis teneri   handfester Verbrechen überführt sein
3)   quod restat   künftig
4)   aliqua ex parte   wenigstens teilweise, in gewisser Hinsicht

Text 3   *(Verr. II 5, 180 ff.)*

Im folgenden Textauszug wird deutlich, dass sich Cicero sehr wohl bewusst ist, auf welche Widerstände er bei der Nobilität mit seiner Anklage gegen Verres stößt, und das besonders in sei- ner Eigenschaft als homo novus:

Quaeret aliquis fortasse: „Tantumne igitur laborem, tantas inimi- citias tot hominum suscepturus es?" Non studio quidem, hercule, ullo neque voluntate; sed non idem licet mihi, quod iis, qui nobili genere nati sunt, qui- bus omnia populi Romani beneficia dormientibus deferuntur; longe alia mihi
5   lege in hac civitate et condicione vivendum est.

Venit mihi in mentem M. Catonis, hominis sapientissimi et vigilantissimi; qui cum se virtute, non genere populo Romano commendari putaret, cum ipse sui generis initium ac nominis a se gigni et propagari vellet, hominum poten- tissimorum suscepit inimicitias, et maximis laboribus suis usque ad summam
10   senectutem summa cum gloria vixit.

Postea Q. Pompeius, humili atque obscuro loco natus, nonne plurimis in- imicitiis maximisque suis periculis ac laboribus amplissimos honores est adeptus? Modo C. Fimbriam, C. Marium, C. Caelium vidimus non mediocribus inimicitiis ac laboribus contendere, ut ad istos honores pervenirent, ad

15 quos vos per ludum et per neglegentiam pervenistis.

Haec eadem est <u>nostrae rationis regio et via</u>, horum nos hominum <u>sectam</u> atque instituta sequimur.

Videmus, quanta sit in invidia quantoque in odio apud quosdam nobiles homines novorum hominum virtus et industria; si tantulum <u>oculos</u>

20 <u>deiecerimus</u>, <u>praesto esse insidias</u>; si ullum locum aperuimus suspicioni aut crimini, <u>accipiendum statim vulnus esse</u>; semper nobis vigilandum, semper laborandum videmus.

Inimicitiae sunt, subeantur; labor, suscipiatur; etenim tacitae magis et occultae inimicitiae timendae sunt quam indictae atque apertae. Hominum nobilium

25 non fere quisquam nostrae industriae favet; nullis nostris officiis benivolentiam illorum adlicere possumus; quasi natura et genere diiuncti sint, ita dissident a nobis animo ac voluntate. Quare quid habent eorum inimicitiae periculi, quorum animos iam <u>ante</u> habueris inimicos et invidos, <u>quam</u> ullas inimicitias susceperis?

30 Quam ob rem <u>mihi</u>, iudices, <u>optatum</u> illud <u>est</u> in hoc reo finem accusandi facere, cum et populo Romano satis factum et receptum officium Siculis, necessariis meis, erit persolutum; <u>deliberatum</u> autem <u>est</u>, si res opinionem meam, quam de vobis habeo, fefellerit, non modo eos persequi, ad quos maxime culpa corrupti iudicii, sed etiam illos, ad quos conscientiae contagio

35 pertinebit.

Angaben zu den unterstrichenen Wörtern:

1)	M. Catonis	_Übersetzen Sie als Subjekt._
2)	nostrae rationis regio et via	Richtung und Weg unserer Haltung / Denkweise
3)	secta, ae f.	Grundsatz
4)	oculos deicere	die Augen abwenden, unaufmerksam werden
5)	praesto esse insidias	_Der AcI hängt noch von_ videmus (Z. 21) _ab._
6)	accipiendum... esse	s. o.
7)	ante	_zusammen mit_ quam: bevor
8)	mihi optatum est	= optavi
9)	deliberatum est	= deliberavi

Text 4   (De imp. Cn. Pomp. 5, 12 ff.)

Im Jahr 66 war der Krieg gegen den König von Pontos, Mithridates, der den Römern schon seit Jahren große Schwierigkeiten bereitete, in die entscheidende Phase getreten; ein unfähiger Kommandant war abgelöst worden, und nun ging es darum, den geeigneten Feldherrn zu finden, der in der Lage wäre, den Krieg erfolgreich zu beenden. In der Rede De imperio Cn. Pompei setzt sich Cicero für Pompeius ein, der schon mehrere militärische Erfolge in seiner Laufbahn zu verzeichnen hatte. In diesem Textauszug verdeutlicht Cicero dem Volk von Rom die Notwendigkeit des Krieges:

Maiores nostri saepe mercatoribus aut naviculariis nostris iniuriosius tractactis bella gesserunt; vos tot milibus civium Romanorum uno nuntio atque uno tempore necatis quo tandem animo esse debetis? Legati quod erant appellati superbius, Corinthum patres vestri, totius Graeciae lumen, extinctum esse
5 voluerunt; vos eum regem <u>inultum</u> esse patiemini, qui legatum populi Romani consularem vinculis ac verberibus atque omni supplicio excruciatum necavit? Illi libertatem imminutam civium Romanorum non tulerunt; vos ereptam vitam neglegetis? Ius legationis verbo violatum illi persecuti sunt; vos legatum omni supplicio interfectum relinquetis? Videte, ne, ut illis pulcher-
10 rimum fuit tantam vobis imperii gloriam tradere, sic vobis turpissimum sit id, quod accepistis, tueri et conservare non posse.

Quid? Quod salus sociorum summum <u>in periculum ac discrimen vocatur</u>, quo id tandem animo ferre debetis? Regno est expulsus Ariobarzanes rex, socius populi Romani atque amicus; imminent duo reges toti Asiae non solum vobis
15 inimicissimi, sed etiam vestris sociis atque amicis; civitates autem omnes cuncta Asia atque Graecia vestrum auxilium exspectare propter periculi magnitudinem coguntur; imperatorem <u>certum</u> a vobis deposcere, cum praesertim vos alium miseritis, neque audent neque id se facere sine summo periculo posse arbitrantur........

Und weiter:

20 Quare, si propter socios nulla ipsi iniuria lacessiti maiores nostri cum Antiocho, cum Philippo, cum Aetolis, cum Poenis bella gesserunt, quanto vos studiosius <u>convenit</u> iniuriis provocatos sociorum salutem una cum imperii vestri dignitate defendere, praesertim cum <u>de</u> maximis vestris vectigalibus <u>agatur</u>? Nam ceterarum provinciarum vectigalia, Quirites, tanta sunt, ut iis ad
25 ipsas provincias tutandas vix contenti esse possimus, Asia vero ita opima est ac fertilis, ut et ubertate agrorum et varietate fructuum et magnitudine pastionis et multitudine earum rerum, quae exportentur, facile omnibus terris antecellat.

Itaque haec vobis provincia, Quirites, si et belli utilitatem et pacis digni-
30 tatem retinere vultis, non modo a calamitate, sed etiam a metu calamitatis est defendenda.

Angaben zu den unterstrichenen Wörtern:

1)	inultus, a, um	ungestraft
2)	in periculum ac discrimen vocare	in höchste Gefahr bringen
3)	certus, a, um	ein bestimmter (*gemeint ist Pompeius*)
4)	convenit (*m. AcI*)	es gehört sich, ist nötig
5)	de... agitur	es geht um... ; es steht... auf dem Spiel

L. Sergius Catilina war gegen Cicero bei den Konsulatswahlen unterlegen und plante nun den Staats-
streich, bei dem er auch Cicero töten lassen wollte. Doch dieser war informiert worden. In der ersten
Rede gegen Catilina, unmittelbar nach dem vereitelten Anschlag, ging es Cicero darum, Catilina, der
sämtliche Beteiligung an den staatsfeindlichen Aktionen abstritt, zu demaskieren und ihn zum
Verlassen Roms zu bewegen. Dies käme einem Schuldgeständnis gleich.

Quae cum ita sint, Catilina, perge, quo coepisti, egredere aliquando ex urbe;
patent portae; proficiscere! Nimium diu te imperatorem tua illa <u>Manliana</u>
castra desiderant. Educ cum te etiam omnes tuos, si minus, quam plurimos;
purga urbem! Magno me metu liberabis, <u>dum modo</u> inter me atque te murus
5   intersit. Nobiscum versari iam diutius non potes; non feram, non patiar, non
sinam.
Magna dis immortalibus habenda est atque huic ipsi Iovi Statori, anti-
quissimo custodi huius urbis, gratia, quod hanc tam taetram, tam horribilem
tamque infestem rei publicae pestem totiens iam effugimus. Non est saepius in
10   uno homine summa salus periclitanda rei publicae.
Quamdiu mihi consuli designato, Catilina, insidiatus es, non publico me
praesidio, sed privata diligentia defendi. Cum proximis comitiis consularibus
me consulem in <u>campo</u> et competitores tuos interficere voluisti, compressi
conatus tuos nefarios amicorum praesidio et copiis nullo tumultu publice
15   concitato; denique, quotienscumque me petivisti, per me tibi obstiti, quamquam videbam perniciem meam cum magna calamitate rei publicae esse
coniunctam.
Nunc iam aperte rem publicam universam petis, templa deorum im-
mortalium, tecta urbis, vitam omnium civium, Italiam denique totam ad
20   exitium et vastitatem vocas. Quare quoniam id, quod est primum et quod
huius imperii disciplinaeque maiorum proprium est, facere nondum audeo,
faciam id, quod est <u>ad</u> severitatem lenius et <u>ad</u> communem salutem utilius.
Nam si te interfici iussero, residebit in re publica reliqua coniuratorum manus;
sin tu, quod te <u>iam dudum</u> hortor, exieris, exhaurietur ex urbe tuorum
25   comitum magna et perniciosa sentina rei publicae.
Quid est, Catilina? Num dubitas id me imperante facere, quod iam tua sponte
faciebas? Exire ex urbe iubet consul hostem. Interrogas me, num in exilium;
non iubeo, sed, si me consulis, suadeo. Quid est enim, Catilina, quod te iam in
hac urbe delectare possit? In qua nemo est extra istam coniurationem
perditorum hominum, qui te non metuat, nemo, qui non oderit.

Angaben zu den unterstrichenen Wörtern:

1)	Manlianus, a, um	des Manlius *(vgl. u. Text 6)*
2)	dum modo *(m. Konj.)*	wenn nur
3)	campus, i m.	das Marsfeld (*auf dem die Wahlen stattfanden)*
4)	ad	im Hinblick auf
5)	iam dudum	schon lange

Im weiteren Verlauf der ersten Rede gegen Catilina erläutert Cicero genauer, warum er Catilina den Weggang aus der Stadt ermöglichen will:

Quamquam nonnulli sunt in hoc ordine, qui aut ea, quae imminent, non videant aut ea, quae vident, dissimulent; qui spem Catilinae mollibus sententiis aluerunt coniurationemque nascentem non credendo corroboraverunt; quorum auctoritate multi non solum improbi, verum etiam imperiti,
5   si in hunc animadvertissem, crudeliter et regie factum esse dicerent. Nunc intellego, si iste, quo intendit, in Manliana castra pervenerit, neminem tam stultum fore, qui non videat coniurationem esse factam, neminem tam improbum, qui non fateatur. Hoc autem uno interfecto intellego hanc rei publicae pestem paulisper reprimi, non in perpetuum comprimi posse. Quodsi sese
10   eiecerit secumque suos eduxerit et eodem ceteros undique collectos naufragos aggregaverit, extinguetur atque delebitur non modo haec tam adulta rei publicae pestis, verum etiam stirps ac semen malorum omnium. Etenim iam diu, patres conscripti, in his periculis coniurationis insidiisque versamur, sed nescio quo pacto omnium scelerum ac veteris furoris et audaciae maturitas in
15   nostri consulatus tempus erupit. Hic si ex tanto latrocinio iste unus tolletur, videbimur fortasse ad breve quoddam tempus cura et metu esse relevati, periculum autem residebit et erit inclusum penitus in venis atque in visceribus rei publicae.

Angaben zu den unterstrichenen Wörtern:

1)	quamquam	freilich
2)	regie	*hier:* diktatorisch, selbstherrlich
3)	Manlianus, a, um	des Manlius *(ein Genosse Catilinas, der in Etrurien ein Heer aufgestellt hatte)*
4)	nescio quo pacto	auf irgendeine Weise, irgendwie

Nachdem Catilinas in Rom verbliebene Anhänger verhaftet worden sind, wendet sich Cicero in einer weiteren Rede an den Senat, um zu Beginn seine Verdienste besonders hervorzuheben:

Video, patres conscripti, in me omnium vestrum ora atque oculos esse conversos, video vos non solum de vestro ac rei publicae, verum etiam, si id periculum depulsum sit, de meo periculo esse sollicitos. Est mihi iucunda in malis et grata in dolore vestra erga me voluntas, sed eam, per deos immortales, deponite atque obliti salutis meae de vobis ac de vestris liberis cogitate!
5   Mihi si haec condicio consulatus data est, ut omnes acerbitates, omnes dolores

cruciatusque perferrem, feram non solum fortiter, verum etiam libenter, dum
modo meis laboribus vobis populoque Romano dignitas salusque pariatur.

Ego sum ille consul, patres conscripti, cui non forum, in quo omnis
10   aequitas continetur, non campus consularibus auspiciis consecratus, non curia,
summum auxilium omnium gentium, non domus, commune perfugium, non
lectus ad quietem datus, non denique haec sedes honoris umquam vacua
mortis periculo atque insidiis fuit. Ego multa tacui, multa pertuli, multa
concessi, multa meo quodam dolore in vestro timore sanavi. Nunc si hunc
15   exitum consulatus mei di immortales esse voluerunt, ut vos populumque Romanum ex caede miserrima, coniuges liberosque vestros virginesque Vestales
ex acerbissima vexatione, templa atque delubra, hanc pulcherrimam patriam
omnium nostrum ex foedissima flamma, totam Italiam ex bello et vastitate
eriperem, quaecumque mihi uni proponetur, fortuna subeatur....
20   Quare, patres conscripti, consulite vobis, prospicite patriae, conservate vos,
coniuges, liberos fortunasque vestras, populi Romani nomen salutemque
defendite; mihi parcere ac de me cogitare desinite! Nam primum debeo spe-
rare omnes deos, qui huic urbi praesident, pro eo mihi, ac mereor, relaturos
esse gratiam; deinde si quid obtigerit, aequo animo paratoque moriar. Nam
25   neque turpis mors forti viro potest accidere neque immatura consulari nec
misera sapienti.

Angaben zu den unterstrichenen Wörtern:
1)   quaecumque   *zu* fortuna
2)   ac mereor   wie ich es verdiene

Historischer Hintergrund zu einigen wichtigen Reden Ciceros

Von Ciceros Reden (Gerichts-, Senats- und Volksreden) sind 57 vollständig erhalten. Hier seien einige genannt:

1)   Die Verrinen: Anlass war die räuberische Plünderung der Provinz Sizilien durch C. Verres (73 – 71). Da die Bewohner Siziliens Cicero während seiner Quästur (75) kennen und schätzen gelernt hatten, wandten sie sich an ihn mit der Bitte, Verres *de pecuniis repetundis* zu verklagen (d. h. man wollte die Rückerstattung der erpressten Güter erreichen).
Nach zahlreichen Verschleppungsversuchen der Gegner gelang es Cicero, sein Beweismaterial (gegen den Widerstand des L. Metellus, der nach Verres nun die Provinz verwaltete) in nur der Hälfte der ihm zugestandenen Zeit zusammenzutragen und dem Gericht vorzulegen. Damit war die Hoffnung des Verres, den drohenden Prozess auf das folgende Jahr zu verschieben, in dem der ihm wohlgesinnte Prätor M. Metellus die Repetundenprozesse leiten sollte, zerstört worden. Zudem hatte Cicero auf eine ausgefeilte Rede, deren Vorbereitung zu viel Zeit gekostet hätte, verzichtet. Statt dessen ließ er neun Tage lang Belastungszeugen aufmarschieren, Dokumente und Briefe verlesen, die die zahlreichen Vergehen des Verres bewiesen. Sein Verteidiger Hortensius, der damals der bedeutendste Redner Roms war, verzichtete auf ein Plädoyer, nachdem sein Mandant Rom Hals über Kopf verlassen hatte.
Im sodann folgenden Urteil wurde diese freiwillige Verbannung bestätigt. Verres lebte fortan unbehelligt in Massilia (Marseille), bis er im Jahr 43 durch denselben Mann, allerdings aus unterschiedlichem Anlass, wie Cicero den Tod fand.
Das Material für die zweite Phase des Prozesses, die durch Verres' Flucht überflüssig geworden war, hat Cicero in den fünf Reden der *actio secunda* ausgearbeitet und so der Nachwelt erhalten. Durch diesen Erfolg erlangte Cicero als Redner große Anerkennung und löste Hortensius von seiner Vorrangstellung ab.

2)   De imperio Cn. Pompei: In dieser ersten Staatsrede (66) setzte sich Cicero als Prätor für den Oberbefehl *(imperium)* des Cn. Pompeius im Krieg gegen Mithridates, den König von Pontos, ein. Dieser war bei der Erweiterung seines Reiches (Eroberung Bithyniens, Kappadokiens und Paphlagoniens) in Kleinasien mit den Römern zusammengestoßen. Seit 89 war es zu drei Kriegen gekommen, in deren Verlauf Mithridates sogar Athen plünderte und Sulla bei Chaironeia besiegte. Die Stelle des Oberbefehlshabers war vakant, nachdem sich die Soldaten gegen ihren Führer Lucullus erhoben hatten und ihm –trotz langjähriger Erfolgeden Weitermarsch verweigerten. Lucullus wurde durch einen unfähigen Kommandeur (Glabrio) abgelöst. Die folgenden Niederlagen zwangen Rom, nach einem neuen, besseren Feldherrn zu suchen.
Cicero empfahl dem Senat Pompeius, der sich bereits im Krieg gegen die aufständischen Sklaven (Spartakusaufstand, 74 – 71) zusammen mit Crassus und durch sein Kommando gegen die Seeräuber (67) ausgezeichnet hatte. Pompeius erscheint in dieser Rede, in der zunächst über Bedeutung, Größe und Schwierigkeit dieses Krieges gesprochen wird, als der ideale Römer und Feldherr, der die wichtigsten Tugenden (*temperantia, iustitia, fortitudo, virtus, auctoritas* und *felicitas*) in sich vereinigt.
Die Berechtigung der römischen Weltherrschaft wird –und hier ist die Kritik am damaligen Verhalten der Oberschicht unüberhörbar- von der ethischen Beschaffenheit der leitenden Beamten abhängig gemacht: Herrschaft über Andere ist nur dann nicht fragwürdig, wenn sie auf der moralischen Überlegenheit der Herrschenden beruht.

3) Die Catilinarien: Im Jahr 63 befand Cicero sich auf dem Höhepunkt seiner politischen Laufbahn. Er war *suo anno* (d.h. zum frühestmöglichen Zeitpunkt) zum Konsul gewählt worden, obwohl sein Gegenkandidat L. Sergius Catilina – von Crassus und Caesar massiv unterstützt- mit verführerischen Parolen (Entschuldung der *plebs*) geworben hatte.

Als Catilina bei den folgenden Wahlen im Sommer 63 erneut unterlag (auch auf Betreiben Ciceros), entschied er sich für den Staatsstreich. Mehrere Anschläge bis hin zum Attentat auf Cicero waren geplant; doch der hatte durch Beziehungen zum Kreis der Verschwörer alles erfahren und konnte so die Pläne Catilinas vereiteln.

Am Tag nach dem misslungenen Anschlag berief er am 7. November (63) den Senat ein und attackierte Catilina (*„Quo usque tandem..."*), der die Frechheit besaß, zu dieser Sitzung zu erscheinen und das Unschuldslamm zu spielen, so heftig, dass er aus Rom flüchtete und sich zu seinem in Etrurien stehenden Heer begab.

Im Zuge der Verhandlungen hielt Cicero am folgenden Tag seine zweite Rede gegen Catilina, um das Volk von den Vorgängen zu unterrichten und die Stimmung gegen die Verschwörer zu schüren.

War Catilinas Schuld (durch seine Flucht aus Rom) jetzt offensichtlich, so konnte man seinen in Rom zurückgebliebenen Anhängern noch nichts beweisen. Das gelang erst, nachdem Gesandte der Allobroger (eines gallischen Stamms), die Catilina zum Aufstand gegen Rom bewegen wollte, den Staat von dem Umsturzversuch unterrichteten und Briefe der Verschwörer übergaben, die eine Handhabe zur Verhaftung der Hauptverantwortlichen (Lentulus, Cethegus u. a.) boten. Dies geschah dann auch am Morgen des 3. Dezember, und der Senat sprach Cicero seinen Dank für die Rettung des Staats aus.

Am Abend informierte Cicero das Volk von Rom (3. Rede gegen Catilina), wobei er in grellen Farben die große Gefahr für die Stadt ausmalte, um seine ruhmreiche Tat umso leuchtender hervorzuheben: Er verglich sich mit dem Gründer der Stadt, Romulus, und stellte seine Taten mit denen des Pompeius auf eine Stufe (was diesen wiederum nicht begeisterte). Als Lohn forderte Cicero keine Ehrenstatuen oder andere Denkmäler, sondern ewiges Gedenken durch die Nachwelt.

Am 5. Dezember fand die Senatssitzung statt, in der über Leben und Tod der verhafteten Catilinarier entschieden wurde. Auf Grund des *senatus consultum ultimum* (der Vollmacht, die der Senat in Krisen den Konsuln verlieh) hätte Cicero die Verschwörer hinrichten lassen können (was allerdings mit juristischen Problemen verbunden gewesen wäre, da die Verhafteten keine unmittelbare Gefahr für den Staat mehr darstellten); doch die politische Lage (die Popularen sprachen dieser Vollmacht generell die Berechtigung ab) veranlasste ihn dazu, eine Befragung des Senats durchzuführen. Als die Mehrheit für die Todesstrafe war, setzte sich der gewählte Prätor C. Iulius Caesar für eine lebenslängliche Haft ein, wobei er Cicero auf die Gefahr hinwies, die eine Verurteilung römischer Bürger ohne Bestätigung durch die Volksversammlung mit sich bringen könne. Da diese Rede nicht ohne Wirkung auf die Senatoren blieb, ja sogar der Antragsteller D. Silanus seine Formulierung *summum supplicium* („Todesstrafe") nun abgeschwächt verstanden wissen wollte („eine sehr strenge Bestrafung"), griff der entschiedene Gegner Caesars, Cato (Nachfahre des berühmten Cato Censorius), in die Debatte ein. Er beschuldigte Caesar der Komplizenschaft mit den Verschwörern und hob eindringlich die Gefahr hervor, die ein rasches und radikales Handeln erfordere. Diese Rede führte zu einem erneuten Stimmungsumschwung, dieses Mal zu Gunsten des Todesurteils.

(Der Redestreit zwischen Caesar und Cato findet sich bei dem Historiker Sallust, coni. Catil. 51 ff., als Höhepunkt seines Werkes komponiert.)

In dieser Debatte hatte Cicero mit seiner vierten Rede gegen Catilina, die er nach Caesars Ausführungen hielt, einen schwachen Eindruck hinterlassen: Einerseits drängte er zur sofortigen Entscheidung, andererseits ließ er kaum durchblicken, welchen Standpunkt er vertrat.

Catos entschlossenes Eingreifen ermöglichte erst die Verurteilung der Verschwörer noch am selben Tag. Im unterirdischen Gewölbe des Tullianum fanden sie ihren Tod.

Cicero sah in dieser letztlich doch festen Haltung sein politisches Ziel, die *concordia ordinum* (Zusammenhalt der Stände), erreicht und konnte sich in seinem Erfolg sonnen. Der militärische Sieg über Catilina im Frühjahr 62 bei Pistoria (Pistoia) war nur noch Formsache.

4) Pro Sestio (56): Die politische Lage hatte sich besonders nach 61 rasch zu Ungunsten der Optimaten und Ciceros gewandelt: Pompeius war aus Kleinasien zurückgekehrt und schloss sich, enttäuscht über den Senat, der seine Maßnahmen im Osten nicht billigte und seinen Veteranen kein Land geben wollte, den Popularen an. Es kam zum so genannten ersten Triumvirat, einer geheimen Absprache zwischen Crassus, Caesar und Pompeius (60).

Man wollte nichts dulden, was einem der drei missfalle. Die Zusammenballung einer solchen Macht leitete den endgültigen Untergang der *libera res publica* ein. Caesar wurde verabredungsgemäß 59 Konsul; gegen den Willen des Senats, aber mit Zustimmung des Volkes nahm er die Agrarreform in Angriff, nach der Pompeius' Veteranen, aber auch bedürftigen Bürgern Roms, Land aus dem Staatsbesitz zugesprochen werden sollte. Caesars bedenkenloses Übergehen des Senats machte dessen Schwäche deutlich. In dieser Zeit hatte auch die populare Agitation gegen Cicero zugenommen, und zwar in Gestalt des Clodius Pulcher, der wegen des *Bona – Dea* – Skandals zu seinem Todfeind geworden war.

Durch die Machenschaften des Triumvirats und besonders des Clodius wurde Cicero schließlich wegen unrechtmäßiger Verurteilung römischer Bürger (gemeint waren die Catilinarier) geächtet. Ohne die Gesetzesvorlage des Clodius abzuwarten, ging Cicero in die Verbannung nach Nordgriechenland (58). Im September 57 konnte er, nachdem auch Caesar seine Zustimmung gegeben hatte, auf Betreiben zahlreicher Freunde und unter dem Jubel „ganz Italiens" nach Rom zurückkehren.

In der Rede „Pro Sestio" (März 56) hatte Cicero Gelegenheit, sein politisches Programm zu entwickeln und nebenbei seinem Mandanten Sestius zu danken. Sestius, der sich als Volkstribun tatkräftig für Ciceros Rückkehr aus dem Exil eingesetzt hatte, war von den gewalttätigen Anhängern des Clodius *de vi* angeklagt worden, weil er den Senat vor dem Bandenterror durch Bewaffnete hatte schützen lassen.

Neben dieser Verteidigung und dem Entwurf seines Programms (schön zu lesen ist seine Definition der Optimaten, s. u.) war für Cicero natürlich auch die Selbstdarstellung wichtig: Er zelebriert sich als der zweifache Retter Roms, indem er nicht nur seine Verdienste bei der Aufdeckung der Catilinarischen Verschwörung ins Gedächtnis ruft, sondern seinen vorzeitigen und kopflosen Weggang in die Verbannung nachträglich als wohl überlegte Rettungsaktion Roms rechtfertigt: Durch sein Ausweichen nach Griechenland habe er der Vaterstadt einen blutigen Bürgerkrieg erspart (*Sest. 22, 49 ff.*).

Ciceros Selbstüberschätzung geht so weit, dass er sich gar mit der *res publica* gleichsetzt: Während seiner Abwesenheit sei die *res publica* nicht mehr vorhanden gewesen, mit seiner Rückkehr habe auch sie wieder in Rom Einzug gehalten, was durch den auffallenden Erntesegen in dieser Zeit zusätzlich dokumentiert worden sei.

Dieses ständige Selbstlob ist auch seinen Zeitgenossen reichlich auf die Nerven gegangen, während das erste nachchristliche Jahrhundert sogar scharfe Worte der Kritik findet (Quintilian).

Interessant ist eine Stelle der Rede, an der er den Begriff „Optimaten" erläutert; sie seien „alle Guten", bei denen Standesunterschiede keine Rolle mehr spielten. Das Programm der *concordia ordinum* wird also erweitert durch die Vorstellung des *consensus omnium bonorum*. *Boni* sind demnach alle die, die sich um den Staat kümmern, den führenden Optimaten folgen und sich mit allen Kräften für ein *otium cum dignitate* (Wahrung einer Ruhe, bei der das Ansehen und der Rang nicht geschmälert werden) einsetzen (*Sest. 45, 96 ff.*). Es handelt sich hierbei nicht einfach um ein reaktionäres Beharren auf althergebrachten Vorstellungen, sondern um den Versuch, die Basis der Aristokratie zu stärken, sie aber gleichzeitig an ihre politische Verantwortung zu erinnern.

5) **De provinciis consularibus (Juni 56):** Das Triumvirat hatte erste Risse bekommen, die die Machthaber auf der Konferenz von Luca (Lucca) wieder schließen konnten. Caesar sollte seine gallischen Provinzen für weitere fünf Jahre behalten, während Crassus und Pompeius im Jahr 55 noch einmal Konsuln werden sollten.

Die Ergebnisse dieser Absprache waren noch nicht bekannt, als man im Senat daran ging, den ungeliebten und gefährlich gewordenen Caesar seines Kommandos in Gallien zu entheben (Cato wollte sogar seine Auslieferung an die Germanen erreichen!). In dieser Situation erinnerte Pompeius Cicero an seine Pflicht, sich Caesar dankbar zu erweisen; denn der habe ja schließlich seiner Rückkehr aus der Verbannung nichts in den Weg gelegt. Auch diente Ciceros Bruder Quintus, so zu sagen als Pfand des Wohlwollens, bei Caesar als Legat.

Dieser sanfte Druck bewirkte, dass Cicero, zur Überraschung der Optimaten, sich für die Verlängerung von Caesars *imperium* in Gallien einsetzte. Caesar wird als der ideale Feldherr geschildert, der als Einziger in der Lage sei, die begonnene Eroberung Galliens auch erfolgreich zu Ende zu führen. Der Eroberungszug Caesars, mag er auch zu Beginn aus einer Defensivmaßnahme gegen die Helvetier erwachsen sein, wird von Cicero, im Widerspruch zur römischen Vorstellung eines *bellum iustum,* als eine für Rom günstige und vorteilhafte Tat gerechtfertigt. Caesars Erweiterung des Reiches bis zum Ozean (gemeint ist die Nordsee) habe die Existenz der Alpen überflüssig gemacht, die bisher gewissermaßen als Stadtmauern Roms gegolten hätten.

Andererseits wird in dieser Rede auch deutlich, wie peinlich Cicero dieser erzwungene politische Stellungswechsel war. Der Redner versucht darzulegen, dass es nie Missstimmigkeiten zwischen ihm und dem *imperator* gegeben habe, und selbst wenn es welche gegeben hätte, so hätte er sich trotzdem, ganz im Interesse des Staates, für die Verlängerung von Caesars *imperium* ausgesprochen.

Durch diese Rede hatte sich Cicero politisch isoliert; einzig zu Caesar bestand in den folgenden Jahren ein herzliches Verhältnis, wobei Bruder Quintus der Mittelsmann war.

6) **Pro M. Marcello (46):** Im Januar 49 hatte Caesar den Rubico (Grenzfluss zwischen der gallischen Provinz in Oberitalien und dem Mutterland) überschritten und damit den Bürgerkrieg ausgelöst. Die optimatischen Gegner Caesars wurden von Pompeius angeführt; dieser hatte sich nach dem Tod des Crassus und der Iulia (Tochter Caesars, mit der er verheiratet war) wieder dem Senat angenähert. Man hatte ihn sogar zum *consul sine collega* (52) gemacht, als sich die Staatskrise zuspitzte.

Mehrere Siege waren nötig (48 gegen Pompeius bei Pharsalos), 46 bei Thapsos in Nordafrika gegen die neu formierten Pompejaner –Freitod Catos 46 in Utica- und 45 bei Munda in Südspanien), um die Alleinherrschaft durchzusetzen und zu sichern. Caesar war nun Diktator (ursprünglich ein zeitlich begrenztes Amt in Zeiten des Notstands), allerdings noch nicht auf Lebenszeit; den endgültigen Bruch mit den Traditionen der Republik hatte er noch nicht vollzogen; es herrschte vielmehr ein Schwebezustand, da über seine weiteren Pläne Unklarheit bestand (Abschaffung der republikanischen Institutionen, Errichtung eines hellenistisch oder altrömisch geprägten Königtums?). Andererseits versuchte der Diktator in einem Versöhnungsprogramm (*clementia Caesaris*) seine ehemaligen Gegner an den neuen Staat heranzuführen. So hatte er z. B. seinem späteren Mörder M. Brutus die Gegnerschaft im Bürgerkrieg verziehen und ihm sogar hohe Ämter verliehen.

Cicero, dem Caesar ebenfalls nichts nachtrug, und seine Freunde bemühten sich um die Begnadigung weiterer Gegner. In dieser Rede geht es um M. Marcellus, der in freiwilliger Verbannung auf Lesbos lebte und zu den erbittertsten Feinden Caesars zählte. Trotz starker Bedenken ließ sich Caesar schließlich dazu bewegen, Marcellus die Rückkehr nach Rom zu gestatten. Nun öffnete Cicero zum ersten Mal nach langer Zeit im Senat den Mund, um dem Diktator für die Begnadigung zu danken.

In dieser Rede vollzieht er eine Gratwanderung zwischen fast schon höfisch anmutender Schmeichelei (er lobt Caesars bisherige Taten) und der Forderung an den Diktator, die alte *res publica* wiederherzustellen – was Caesars Rücktritt implizierte.

Die Rede durchzieht ein Ton hoffnungsfroher Erwartung, das Rad der Geschichte zurückdrehen und die alte *res publica* neu erstehen lassen zu können. Doch die weiteren Ereignisse, und auch Äußerungen Caesars, zeigten, dass der nicht daran dachte, seine Diktatur niederzulegen, im Gegenteil: Anfang 44 ließ er sich die Diktatur auf Lebenszeit übertragen. Dies gab dann den Ausschlag für seine Ermordung am 15. März 44 („die Iden des März").

7) orationes Philippicae: Die Ermordung Caesars bedeutete nicht das Wiederaufleben der *res publica*; vielmehr setzten nun Kämpfe um die Vormachtstellung ein. Zunächst beherrschte M. Antonius, Caesars treuer Gefolgsmann, die Lage, nachdem er dessen Testament und eine Fülle schriftlich fixierter Verfügungen an sich gerissen hatte. Aber als Haupterbe war der Adoptivsohn Caesars, C. Octavius (der spätere Kaiser Augustus), eingesetzt.

Antonius verweigerte dem jungen Caesar die Herausgabe des Testaments, er selbst hatte seine Stellung durch die Statthalterschaft in Gallien für das Jahr 43 gefestigt. Als er dann auf einer Senatssitzung (1. Aug. 44) den Mördern Caesars drohte und zudem als zweiter Römer (nach Caesar) Münzen mit seinem Bild prägen ließ, hielt Cicero seine erste Rede gegen ihn (2. Sept. 44), um vor dessen Ambitionen zu warnen und die für 43 vorgesehenen Konsuln Hirtius und Pansa (alte Gefolgsleute Caesars) auf die *res publica* einzuschwören.

Antonius kündigte unter dem Eindruck dieser Rede Cicero die Freundschaft auf, indem er angetrunken im Senat erschien und Cicero u. a. als den Urheber der Ermordung Caesars bezeichnete. Er fühlte sich nun auch stark genug, gegen D. Brutus (Namensvetter des M. Brutus und Mitverschwörer) zu Felde zu ziehen; dieser hatte sich geweigert, seine endende Statthalterschaft in Gallien ihm, dem amtierenden Konsul, für den diese Provinz vorgesehen war, zu übergeben. D. Brutus ließ vielmehr verlauten, er wolle Gallien für „Senat und Volk von Rom" weiterhin verwalten. Antonius belagerte Brutus in Mutina (Modena), um ihn zur Herausgabe der Provinz zu zwingen.

Cicero brachte in dieser Situation, zumal der junge Caesar sich mit der Bitte um Hilfe an ihn gewandt hatte, eine große Koalition gegen Antonius zu Stande.

Unter der Führung der beiden Konsuln Hirtius und Pansa, unterstützt von der eigenmächtig zusammengestellten Privatarmee des Octavian, wurde D. Brutus entsetzt und Antonius zwei Mal geschlagen (April 43). Er zog sich nach Gallia Transalpina zu Lepidus zurück.

Der junge Caesar aber forderte, da die amtierenden Konsuln in dieser Schlacht gefallen waren, das Konsulat für sich. Als der Senat dies ablehnte – der junge Mann war immerhin erst 20 Jahre alt! -, ließ er seine republikanische Maske fallen: Er marschierte nach Rom und erzwang die Zustimmung des Senats.

Der junge Caesar hatte sich also ganz anders entwickelt, als Cicero in seinen Reden (3. – 5. Philippicae) vorausgesagt hatte; immer wieder hatte er ihn dort enthusiastisch gefeiert als uneigennützigen Retter des Staates, der ganz den Idealen der Republik verpflichtet sei.

Dieser Irrtum erwies sich für Cicero als tödlich: Im Oktober 43 trafen sich Lepidus, M. Antonius und Octavian und bildeten das 2. Triumvirat, das ihnen die diktatorische Vollmacht zur Neuordnung des Staates gab. Die Rache für die Ermordung Caesars war nun das erste Ziel; man erstellte Proskriptionslisten, und nun wurde klar, dass sich Cicero in seinen 14 Philippischen Reden, in denen er Antonius immer wieder scharf angegriffen und unflätig beleidigt hatte, wortwörtlich um seinen Kopf geredet hatte: Er wurde am 7. Dezember 43 in der Nähe seines Landguts bei Formiae von den Häschern des Antonius ermordet, sein Kopf und seine Hände bei den *rostra* (Rednerbühne) in Rom aufgestellt.

Die eigentlichen Häupter der Verschwörung, Brutus und Cassius, wurden in der Doppelschlacht von Philippi (42) von Antonius und dem jungen Caesar besiegt.

Wenn auch Cicero in einer Zeit des gewaltigen Umbruchs als Politiker auf tragische Weise gescheitert war, so lebte sein Ruhm als Redner, dessen „klassisches" Latein für viele Jahrhunderte vorbildlich war, und als Philosoph, der die griechische Gedankenwelt in Rom heimisch gemacht hatte, bis in die Neuzeit fort.

Register zur Formenlehre

Register zur Syntax

Eigennamen

Aegeus, i m.
Aegeus, griech. Aigeus; einer der Könige Athens aus der sagenhaften Zeit, Vater des Theseus*.

Alba Longa, ae f.
Stadt am Tiber, der Sage nach von dem Sohn des Aeneas, Iulus Ascanius, gegründet.

Antonius, i m.
Marcus Antonius *(82 –30 v. Chr.)*; Anhänger Caesars*, vertrat vor dem Beginn des Bürgerkriegs als Volkstribun seine Interessen in Rom. Im und nach dem Bürgerkrieg stieg er zu Caesars* wichtigstem Vertrauensmann auf. Nach der Ermordung des Diktators war Antonius darauf bedacht, seine Machtstellung auszubauen, musste sich aber mit dem jungen C. Octavius*, dem späteren Kaiser Augustus*, auseinandersetzen, der als Erbe seines Adoptivvaters ebenfalls eine besondere Machtstellung anstrebte. Nach der Niederlage bei Mutina (Frühjahr 43) gegen die von Cicero* zusammengeschweißte Koalition, die auch von Oktavian* unterstützt wurde, einigte er sich mit diesem und Lepidus* (Oktober 43 v. Chr.); es kam zum zweiten Triumvirat, das die Wiederherstellung der Ordnung und die Rache an den Caesarmördern zum Programm hatte; eines der ersten Opfer der nun folgenden Proskriptionen war Cicero*. Die Triumvirn teilten das Reich auf, doch es kam immer öfter zu Streitigkeiten zwischen ihnen, da Antonius in Ägypten offensichtlich der Königin Kleopatra* verfallen war und römische Interessen im Osten des Reiches nicht mehr wahrzunehmen schien. Oktavian* konnte ihn schließlich zum Staatsfeind erklären lassen und Krieg gegen Kleopatra* und ihn führen. Die Seeschlacht von Actium (31 v. Chr.) besiegelte den Untergang seiner beiden Gegner, die bald darauf in Alexandria Selbstmord begingen.

Apollo, inis m.
Apollo(n), griechischer Gott des Lichts, der Weisheit, Sohn des Zeus und Zwillingsbruder der Artemis; tötete den Python und übernahm das Orakel zu Delphi. Im Gegensatz zu Dionysos war er der Gott der Rationalität, der Klarheit. Gerade deswegen wurde er von Oktavian* zu seinem Schutzgott erkoren (Bau eines Tempels auf dem Palatin), auch, um den Kontrast zu dem „neuen Dionysos", als der sich Antonius* feiern ließ, zu unterstreichen. Apollo war weiterhin Heilgott, Gott der Pest und Gott der Musen.

Ariadna, ae f.
Ariadne, Tochter des Minos*; sie gab Theseus* einen Faden, damit er aus dem Labyrinth wieder herausfand. Auf der Rückfahrt nach Athen wurde sie von ihm auf der Insel Naxos zurückgelassen.

Athenae, arum f.
Athen; wichtigste Stadt Griechenlands, deren Blütezeit im 5. Jahrhundert v. Chr. lag; Zentrum der Politik, Kunst, Literatur, Philosophie: Perikles, Pheidias, Polyklet, Sophokles, Herodot, Thukydides, Sokrates, Platon u. a. Zentrum des Widerstands gegen die persische Invasion. Der Sieg über die Perser (478 v. Chr.) hatte die Gründung des Attischen Seebunds zur Folge, der von einem Verteidigungsbündnis gegen die Perser zum Herrschaftsinstrument über die Bundesgenossen ausartete.

Athenienses, ium m.
Die Athener; sie führten im 5. Jahrhundert v. Chr. die Demokratie ein. Jeder hatte –anders als in Rom- gleiches Stimmrecht. Besonders nach dem Tod des Perikles (429 v. Chr.) traten Demagogen auf, die, durch die Launen des Volkes bestimmt, politische Entscheidungen durchsetzten, die im Krieg gegen Sparta schadeten. Schriftsteller, Dichter und Philosophen lehnten die Demokratie ab. Nach dem Sieg Philipps II. von Makedonien über die Städte Griechenlands (338 v. Chr.) wurde diese Staatsform abgeschafft.

L

Augustus, i m.
Der Kaiser Augustus (*63 v. Chr. – 14 n. Chr.*); er konnte nach blutigen Bürgerkriegen als „Sohn" des vergöttlichten Iulius Caesar* eine Militärmonarchie gründen und den Frieden im Reich sichern. Unter dem Namen „Prinzipat" hatte er eine Herrschaftsform geschaffen, die seine überragende Stellung kaschierte und das Fortbestehen der alten res publica suggerierte. Bildende Kunst und Dichtung wurden in den Dienst einer, wenn auch zurückhaltenden, aber vielleicht dadurch um so wirksameren Propaganda gestellt. Die Dichter Horaz und Vergil feierten die Herrschaft des Augustus (27 v. Chr. – 14 n. Chr.) als die Rückkehr des Goldenen Zeitalters.

Brutus, i m.
Marcus Iunius Brutus (*85 – 42 v. Chr.*); einer der wichtigsten Caesarmörder; er kämpfte zunächst im Bürgerkrieg gegen Caesar*, wurde aber von ihm begnadigt und in seinen Freundeskreis aufgenommen. Von Cassius* bearbeitet, rang er sich schließlich zu dem Entschluss durch, Caesar* zu ermorden. Brutus ist wohl derjenige, bei dem man am ehesten idealistische Motive für den Mord annehmen kann. So verhinderte er, dass man auf derselben Senatssitzung auch Caesars treuesten Gefolgsmann, M. Antonius*, umbrachte. Dies wurde später von Cicero*, der in die Verschwörung nicht eingeweiht war, als Fehler kritisiert. Die Caesarmörder mussten tatsächlich bald erkennen, dass Antonius* sie aus dem politischen Geschehen verdrängte, und so gaben sie die Zügel übereilt aus der Hand, indem sie sich in den Osten des Reichs zurückzogen, um dort eine Machtbasis zu schaffen. Im Jahr 42 v. Chr. unterlagen die Heere des Brutus und Cassius* in einer Doppelschlacht den Triumvirn (M. Antonius*, C. Octavius* und Lepidus*) und begingen Selbstmord.

Caesar, is m.
Gaius Iulius Caesar (*100 – 44 v. Chr.*); der berühmte Feldherr, Schriftsteller und Politiker; sein Lebensweg war geprägt von ständigen Auseinandersetzungen mit dem Senat und Kriegen, die Rom einen großen Gebietsgewinn einbrachten (besonders Gallien). Berühmt ist sein Werk „De bello Gallico", in dem er seinen Eroberungskrieg als Verteidigung des römischen Reichs zu rechtfertigen sucht. In Rom wollte man ihn seines Kommandos über die Truppe entheben, da er zu mächtig zu werden schien. Dies löste den Bürgerkrieg aus, da Caesar sich in seiner Würde (*dignitas*) gekränkt fühlte und seine politische, vielleicht sogar physische Existenz bedroht sah. Es folgten die Kämpfe mit Pompeius* und der Senatspartei, aus denen er als Sieger hervorging. Weitere Kriege im gesamten Mittelmeerraum waren nötig, um die Gegner niederzuringen. Er konnte aber seine Vormachtstellung als Diktator nicht nutzen, um den Staat zu reformieren, sondern wurde am 15. März 44 als „Tyrann" ermordet; dies rief neue Bürgerkriege hervor, die auch Cicero* das Leben kosteten und die Etablierung der Monarchie durch Augustus* zur Folge hatten.

Cassius, i m.
C. Cassius Longinus (*42 v. Chr.* in der Schlacht von Philippi gefallen, *s. o. unter Brutus*); tüchtiger Feldherr, der sich als Legat des Crassus im Partherkrieg bewährt hatte. Er kämpfte auf Seiten des Pompeius* gegen Caesar*; nach der Schlacht von Pharsalus (48 v. Chr) wurde er, wie viele, von Caesar* begnadigt, erhielt aber keine besonderen Aufgaben. Dadurch entstand eine Distanz zu dem Diktator, die in Wut und Enttäuschung mündete und so den Plan einer Verschwörung in ihm entstehen ließ (*das Weitere s. unter Brutus*).

Catilina, ae m.
Lucius Sergius Catilina (*108 – 62 v. Chr.*); bereicherte sich während der Proskriptionen Sullas, hatte aber dennoch ständig Schulden. In der folgenden Zeit war er Prätor und versuchte danach vergeblich, Konsul zu werden. Er warb mit einem radikal – popularen Programm (Schuldentilgung), unterlag aber 64, obwohl von Crassus und Caesar* unterstützt, Cicero*. Als dieser auch seine Wahl für 62 vereitelt hatte, griff er zum Staatsstreich, der durch Cicero* aufgedeckt wurde (*s. a. zu Ciceros Reden, Anhang XLIII*). Im Frühjahr 62 wurde Catilina in der Schlacht bei Pistoria (Pistoia) geschlagen.

Cato, Catonis m.
Marcus Porcius Cato (*234 – 149 v. Chr.*); berühmt geworden für seine Strenge, mit der er seine Zeitgenossen auf den Weg zu den alten Sitten, durch die Rom groß geworden war, zurückführen wollte. Er nahm an den Kämpfen gegen Hannibal teil, hatte viele Ämter inne und trat gegen die zunehmende Hellenisierung Roms auf. 184 v. Chr. war er Zensor und ging er gegen korrupte Senatoren unnachsichtig vor, was ihm den Beinamen *Censorius* einbrachte. Er ist der erste Prosaschriftsteller Roms (Werke über den Landbau, die Urgeschichte Italiens u. a.); sein Stil, bewundert wegen seiner sentenzenhaften Kürze, beeinflusste spätere Autoren wie Sallust und Tacitus. Als konservativer Vertreter eines auf Gewinn ausgerichteten Unternehmertums trieb er ständig zum Krieg gegen Karthago, indem er angeblich jede seiner Reden mit der Forderung nach Zerstörung des Rivalen beendete: *Ceterum censeo Carthaginem esse delendam.*
Sein Urenkel Marcus Porcius Cato (*95 – 46 v. Chr.*) eiferte ihm in seiner Sittenstrenge nach und war der erbittertste Gegner Caesars*, von dem er sich nach der verlorenen Schlacht bei Thapsus nicht begnadigen lassen wollte und sich deshalb den Tod in Utica (46 v. Chr.) gab. Dieser Selbstmord schadete Caesar* und wurde zum Symbol des Widerstands gegen die Tyrannei, besonders in der Kaiserzeit.

Cicero, onis m.
Marcus Tullius Cicero (*106 – 43 v. Chr.*); der berühmte Redner, Politiker und Philosoph; er setzte mit seinem „klassischen" Latein, neben Caesar*, Maßstäbe bis in die beginnende Neuzeit (*weitere Ausführungen s. Anhang XLII ff.*).

Cicero (II), onis m.
Marcus Tullius Cicero; der Sohn des berühmten Cicero*, dem seine leichtfertige Lebensweise in Athen Sorgen machte; er entging 43 den Proskriptionen des zweiten Triumvirats, indem er sich zu Brutus* begab; auf seiner Seite nahm er an der Schlacht von Philippi teil, kehrte 39 nach Rom zurück und wurde von Octavian* (wohl aus Reue über die Ermordung des Vaters) begnadigt. Er ist der Marcus Tullius in diesem Lehrbuch.

Cleopatra, ae f. (Kleopatra)
Kleopatra VII (*69 – 30 v. Chr.*); regierte seit 51 mit ihrem Bruder über Ägypten; nach dessen Tod wurde sie von Ptolemaios XIV abgesetzt, konnte aber mit Hilfe Caesars*, dessen Geliebte sie 48 geworden war, ihren Thron zurückerobern. Es kam dann zu einem Aufstand der Einwohner Alexandrias, bei dem die berühmte Bibliothek in Flammen aufging und Caesar* fast sein Leben verloren hätte. Kleopatra gebar 47 einen Sohn (Kaisarion – der kleine Caesar), den sie zum Gottkönig erheben ließ. 46 – 44 hielt sie sich in Rom auf, was die Beliebtheit des Diktators nicht steigerte. Nach Caesars Ermordung kehrte sie nach Ägypten zurück und errichtete eine prunkvolle Alleinherrschaft, die Antonius* unterstützte. Sie vermählte sich mit ihm, unterstützte seine erfolglosen Aktionen gegen das Partherreich. Beide ließen sich als Götter (Isis und Dionysos) feiern. In Rom konnte Oktavian* dies als Abkehr vom Römertum und als Verrat deuten, zumal Antonius* seiner Gemahlin Teile des römischen Reiches im Osten geschenkt hatte. Es kam zur Schlacht bei Actium (31), während der Kleopatra die Flucht ergriff und Antonius ihr kopflos hinterherhetzte. Nach dem Selbstmord des Antonius* versuchte Kleopatra vergeblich, Oktavian* gegenüber die Selbstständigkeit Ägyptens zu behaupten; da ihr dies nicht gelang, ließ sie sich wahrscheinlich durch Giftschlangen umbringen.

Clodius, i m.
Publius Clodius Pulcher (*92 – 52 v. Chr.*); berüchtigt wegen seines Lebenswandels, wurde 62 wegen Religionsfrevels angeklagt (im *Bona- Dea – Skandal, s. a. unter Pro Sestio, Anhang XLIV*), aber freigesprochen. Feind Ciceros*, dessen Verbannung er als Volkstribun (im Zusammenspiel mit Caesar*) betrieb. Er verfolgte bald eine zunehmend radikalere populare Politik, beherrschte die Straße mit seinen Banden und wurde schließlich im Jahr 52 Opfer seines optimatischen Gegenspielers Milo.

Daedalus, i m.
Daedalus, griech. Daidalos, sagenhafter Künstler; weilte auf Kreta, wo er die Liebesvereinigung zwischen Pasiphae* und einem Stier durch eine besondere Konstruktion möglich machte; Erbauer des Labyrinths auf Kreta; besonders berühmt geworden als erster Mensch, der sich auf Flügeln durch die Lüfte bewegte; bei diesem ersten Flug der „Menschheitsgeschichte" stürzte sein Sohn Icarus ab.

Europa, ae f.
Europa, Tochter des Königs von Phönizien, Agenor; Zeus verliebte sich in sie und entführte sie in Gestalt eines Stiers nach Kreta, wo sie Mutter von Minos* u. a. wurde. Sie ist somit die Urmutter eines Kontinents geworden, dem sie ihren Namen gab.

Germani, orum m.
Die Germanen; sie waren die Angstgegner der Römer seit den Kriegen gegen die Kimbern und Teutonen, die C. Marius nur mit Mühe 102 und 101 v. Chr. besiegen konnte. Bei den Germanen handelte es sich nicht um ein einheitliches Volk, sondern um zahlreiche, oft miteinander verfeindete Stämme. Caesar* sah den Rhein als die natürliche Grenze zwischen Gallien und Germanien an. Augustus'* plante die Eroberung weiterer Teile Germaniens, doch sein Legat Quinctilius Varus geriet 9 n. Chr. mit seinen Truppen in einen Hinterhalt und wurde vernichtend geschlagen. Seit dieser Zeit beschränkten sich die römischen Kaiser auf eine Defensivpolitik in Germanien, es entstand der Limes. Die Völkerwanderung der Germanen leitete im vierten und fünften nachchristlichen Jahrhundert den Untergang des römischen Reiches ein; der letzte römische Kaiser Romulus Augustulus wurde von dem Germanen Odoaker 476 n. Chr. abgesetzt.

Graeci, orum m.
Die Griechen; zu ihnen nahmen die Römer eine zwiespältige Haltung ein. Im Laufe des zweiten vorchristlichen Jahrhunderts hatten sie Griechenland zur Provinz gemacht. Es strömten zahlreiche Sklaven nach Rom, die oft gebildeter als ihre römischen Herren waren. Ein Beispiel ist der Historiker Polybios, der als Geisel in der Mitte des betreffenden Jahrhunderts nach Rom gekommen war und den jüngeren Scipio (den späteren Zerstörer Karthagos) unterrichtete. Die Römer erkannten die geistige und kulturelle Überlegenheit der Griechen an. Zahlreiche Übernahmen aus der Architektur, den bildenden Künsten und der Literatur bestätigen dies. Hierbei waren sie nicht schlichte Nachahmer, sondern geschickte Umgestalter ihrer Vorbilder. Die Hellenisierung Roms zeigte sich auch in der Angleichung der ursprünglich als Wesenheiten empfundenen römischen Götter an die Olympier: So setzte man Iuppiter Zeus gleich usw. Auf der anderen Seite verachtete man die Griechen als Schwätzer, deren Philosophie der römischen Jugend nur Flausen in den Kopf setzen würde. Exponent der griechenfeindlichen Partei war M. Porcius Cato*, sein Gegenspieler der jüngere Scipio. Dieser hatte einen Freundeskreis gebildet, in dem er, wie die Griechen auf ihren Symposien, alle möglichen Probleme diskutierte. Geistiger Erbe dieses Scipionenkreises war Cicero*, dem es gelang, mit seinen Schriften die griechische Philosophie in Rom anzusiedeln.

Homerus, i m.
Homer; der berühmte Dichter am Anfang der abendländischen Literatur. Ihm werden die Epen Ilias und Odyssee zugeschrieben, die zum Maßstab aller antiken Epen wurde. Wenn auch nicht alles von ihm persönlich verfasst wurde, sondern auf mündlicher Tradition beruht, so ist doch sein Genie an der Komposition des mythischen Stoffes spürbar. Besonders in der Ilias wird das tragische Denken der Griechen fassbar: Die Menschen sind Spielbälle göttlicher Pläne und Launen. Der Untergang Trojas und der Tod der meisten Helden steht von vornherein fest, während die Menschen, in Verblendung verstrickt, Fehler begehen, die zu ihrem Untergang führen.

Iuno,
Iuno (griech. Hera); die Gemahlin Iuppiters* (griech. Zeus); Schutzgöttin der Ehe; erbost über die vielen Seitensprünge ihres Gatten. Sie bestrafte die Gespielinnen Iuppiters* oft (Semele, Leto, Kallisto

u. a.) oder verfolgte die Nachkommen (z. B. Hercules, griech. Herakles) mit ihrem Hass, dessen besonderes Opfer die Trojaner wurden: Da sie in einem Schönheitswettbewerb, bei dem der trojanische Prinz Paris Richter war, gegen die Liebesgöttin Venus (griech. Aphrodite) unterlag, forderte sie den Untergang Trojas und wollte verhindern, dass Aeneas nach Italien gelangte, um die Fundamente eines neuen Reichs zu legen. Schließlich rang sie Iuppiter* das Versprechen ab, den Namen „Trojaner" zu tilgen und die Nachkommen des Aeneas „Römer" zu nennen (*vgl. Vergil, Aeneis XII 791 ff.*).

Iuppiter, Iovis m.
Iuppiter (griech. Zeus); ursprünglich ein Wetter- und Kriegsgott, im Zuge der Hellenisierung mit Zeus gleichgesetzt. Seine zahlreichen außerehelichen Eskapaden mag man als einen Reflex auf die archaische Vorherrschaft des Weiblichen (Muttergottheit etc.) deuten. Immerhin gingen aus diesen Abenteuern zahlreiche Götter und Heroen hervor (Hermes, Herakles, Persephone, Apollon und Artemis, Athena, Perseus u. a.), die der Welt zum Segen gereichten.
Iuppiter hatte als Iuppiter Optimus Maximus auf dem Kapitol mit Iuno und Minerva den Haupttempel der römischen Staatsreligion.

Lepidus, i m.
Marcus Aemilius Lepidus (*90 – 12 v. Chr.*); ein Mann, der seinen Aufstieg Caesar* verdankte; als Prätor ließ er im Jahr 49 v. Chr. diesen zum Diktator ernennen, verwaltete dann Gallia Cisalpina und Hispania citerior, war 46 Caesars* Mitkonsul und leitete in Abwesenheit des Diktators die Geschäfte in Rom. Nach der Ermordung Caesars* schloss er sich M. Antonius* an und bildete dann im Oktober 43 mit ihm und Oktavian* das zweite Triumvirat, das gegen die Caesarmörder vorging (*s. a. unter Antonius*). 36 wurde er von Oktavian* politisch kaltgestellt, behielt aber die Würde des pontifex maximus bis an sein Lebensende.

Lucullus, i m.
L. Licinius Lucullus (*117 – 56 v. Chr.*; tüchtiger Politiker und Feldherr; einer der Vorgänger des Pompeius* im Krieg gegen Mithridates*, gegen den er vor seiner Ablösung große Erfolge, aber nicht den entscheidenden Sieg errungen hatte; berühmter ist Lucullus einem breiten Publikum durch seine Lebenskunst; er war Besitzer riesiger Fischteiche, Tierparks und prächtiger Villen; aus Kleinasien machte er die Kirsche in Europa heimisch und verbrachte sein Leben nach seiner Rückkehr nach Rom mit aufwendigen Gastmählern und Gelagen.

Minos, ois m.
Minos, sagenhafter König Kretas, Sohn der Europa* und des Zeus*, Namensgeber der minoischen Kultur; er ließ das Labyrinth von Daedalus* bauen, in dem der Minotaurus* versteckt wurde. Nach seinem Tod wurde er einer der drei Richter in der Unterwelt.

Minotaurus, i m.
Minotaurus; Mischwesen aus Stier und Mensch, wurde nach seiner Geburt durch Pasiphae* von Minos* in das von Daedalus* erbaute Labyrinth gesperrt, wo er sich von Menschenfleisch ernährte (die Athener* mussten zu diesem Zweck alle neun Jahre oder jährlich sieben Jungen und Mädchen als Tribut nach Kreta schicken), bis er von dem athenischen Königssohn Theseus* getötet wurde.

Mithridates, is m.
Mithridates VI Eupator (*132 – 63 v. Chr.*); stieß bei der Ausdehnung seines Königreichs Pontos mit den Römern in Kleinasien zusammen; es kam zu drei Mithridatischen Kriegen (89 – 84; 83 – 82 und 74 – 64). „Berühmtheit" erlangte Mithridates durch seinen Blutbefehl von Ephesos, dem zu Folge an einem einzigen Tag 80000 Römer ermordet wurden. Der Verlauf dieses Krieges, in dem er sogar Athen eroberte und sich als Befreier Griechenlands feiern ließ, war äußerst wechselreich, verschliss zahlreiche römische Feldherrn (u. a. auch Lucullus*) und konnte mit Mühe und Not durch Pompeius* siegreich beendet werden.

Octavius, i m. (Oktavian)

Gaius Octavius (*63 v. Chr. – 14 n. Chr.*); Oktavian, der spätere Kaiser Augustus*. Er war 44 v. Chr. von Caesar* adoptiert und zum Haupterben seines Vermögens bestimmt worden; nach dessen Ermordung betrieb eine Politik, die ihm sowohl die Rache an den Mördern ermöglichte als auch eine starke Vormachtstellung im Staat (als Triumvir) ermöglichte. Cicero* hatte sich in dem jungen Oktavian insofern geirrt, als er glaubte, ihn in seinem Kampf gegen M. Antonius*, der ihn schließlich das Leben kostete, instrumentalisieren zu können. Oktavian ließ sich nicht einspannen, sondern verfolgte seine eigene Politik. Nach der Gründung des zweiten Triumvirats und der Beseitigung der Caesarmörder kam es zunächst zur Teilung der Interessensphären; hierbei behielt Oktavian Italien, während Lepidus* Africa und Antonius* den Osten zugesprochen bekamen.

Nach und nach schaltete er seine Konkurrenten aus und wurde schließlich, nach dem Sieg von Actium, im Jahre 27 v. Chr. zum Augustus erhoben. In dieser Stellung wurde er, nach den auch von ihm selbst grausam geführten Bürgerkriegen, zum Friedenskaiser, der dem römischen Reich eine feste politische Grundlage gab, die für Jahrhunderte, wenn auch in Abwandlungen, Bestand haben sollte (*s. a. unter Augustus*).

Pasiphae, es f.

Pasiphae, Frau des Minos*; sie entbrannte in Liebe zu einem Stier, weil Minos die Götter bei einem Stieropfer betrogen hatte. Sie gebar den Minotaurus*, der in das Labyrinth eingeschlossen wurde.

Poeni, orum m.

Die Punier oder Karthager; der Sage nach wurde Karthago von Dido gegründet, die vor ihrem Bruder aus dem phönizischen Tyros geflohen war. Aeneas soll sich, auf seinen Irrfahrten in Afrika gelandet, in sie verliebt haben; da aber die Götter die Gründung des römischen Reiches geplant hatten, musste er Dido verlassen, die sich darauf den Tod gab (s. Vergil, Aeneis, IV).

Karthago wuchs zu einer mächtigen Handelsstadt, die das westliche Mittelmeer beherrschte. In drei Kriegen rang Rom die Rivalin nieder. Nach dem ersten Punischen Krieg (264 – 241 v. Chr.) gingen Sizilien*, Sardinien und Korsika verloren. Im zweiten Krieg (218 – 201) überschritt Hannibal, einer der größten Feldherrn der Antike, die Alpen, fügte den Römern* katastrophale Niederlagen zu, musste aber schließlich nach Africa zurückkehren, wo Scipio der Ältere mit einer Flotte gelandet war. In der Entscheidungsschlacht bei Zama unterlag Hannibal, Karthago wurde durch einen Knebelvertrag sämtlicher außenpolitischer Aktivitäten beraubt. Zum dritten Punischen Krieg kam es auch auf Grund der Kriegshetze des M. Porcius Cato*, der ständig dazu riet, Karthago zu zerstören. Nach der Zerstörung Karthagos (146 v. Chr.) war der letzte ernst zu nehmende Gegner im Mittelmeerraum ausgeschaltet, Rom war „Weltmacht" geworden. Das Datum 146 wird aber auch als Wendepunkt der römischen Geschichte gesehen: Mit dem Wegfall der Furcht vor einem äußeren Feind und dem Überfluss an Kriegsbeute setzte der von den römischen Historikern beklagte Sittenverfall ein (vgl. Sallust, Catil. X), der letztlich das Zeitalter der Bürgerkriege zur Folge hatte. Caesar* gab 46 v. Chr. den Befehl zum Wiederaufbau Karthagos; die Stadt wurde nun eine römische Stadt, die eine große Bedeutung bis zum Ende der Antike besaß. Das Punische wurde zwar durch das Lateinische verdrängt, erlosch wohl aber erst nach 400 n. Chr.

Pompeius, i m.

Gnaeus Pompeius Magnus (*106 – 48 v. Chr*); berühmter Feldherr und guter politischer Organisator; stieg in den Bürgerkriegen zwischen den Anhängern des Marius und Sulla auf; seine Karriere war geprägt von außerordentlichen Befehlsgewalten, unter Umgehung der normalen Ämterlaufbahn; er machte dem Sklavenaufstand unter Spartacus* ein Ende, beseitigte die Gefahr, die von den Seeräubern ausging, und beendete den Krieg gegen Mithridates*; Enttäuschung über den Senat führten ihn dazu, 60 v. Chr. mit Caesar* und Crassus das so genannte erste Triumvirat zu gründen. Nach dem Tod des Crassus und der Tochter Caesars*, Iulia, mit der er verheiratet gewesen war, näherte er sich wieder dem Senat an, dessen Truppen er in der Schlacht von Pharsalos (48 v. Chr.) gegen Caesar* führte. Nach Caesars* Sieg blieb ihm nur noch die Flucht nach Ägypten, wo der Tod auf ihn wartete.

Remus, i m.

Remus, Zwillingsbruder des Romulus*; der Sage nach wurden sie als Kinder vom König Alba Longas*, Amulius, ausgesetzt, der die unliebsame Nachkommenschaft beseitigen wollte. Eine Wölfin nahm sich ihrer an und säugte sie, bis sie von Hirten gefunden wurden, bei denen sie aufwuchsen.

Roma, ae f.

Rom; der Sage nach von Romulus* und Remus* gegründet. Der Gelehrte Varro (1. Jahrh. v. Chr.) errechnete das Gründungsdatum Roms, das 753 v. Chr. entspricht. Doch schon vorher gab es auf dem Palatin eine Besiedlung, so dass der Gründungsmythos eher den Abschluss einer Entwicklung (zur Stadt) als ihren Beginn widerspiegelt. Die Stadt wuchs rasch und sah sich bald in Kämpfe mit ihren Nachbarvölkern verwickelt. Der Mythos vom Raub der Sabinerinnen, den Romulus initiiert haben soll, um dem Frauenmangel in der Stadt abzuhelfen, erklärt den Verschmelzungsprozess zwischen Römern* und Sabinern*, die zunächst von zwei Königen regiert wurden. In der Frühzeit stand Rom unter dem Einfluss der Etrusker. Deshalb galt die Königszeit als Fremdherrschaft. Nach Vertreibung des letzten Königs, Tarquinius Superbus (510 v. Chr.), schaffte man die Alleinherrschaft ab und errichtete die Republik. Die Vergabe der Ämter war bestimmt vom Prinzip der Kollegialität, d. h. der gegenseitigen Kontrolle, und der Annuität, der zeitlichen Begrenzung der Macht auf ein Jahr. Die Zeit der Republik, in der Rom zunächst zur vorherrschenden Macht in Italien und dann im Mittelmeerraum wurde, währte bis 27 v. Chr., bis zur Errichtung des Prinzipats durch Augustus*. Rom war, ohne die städtebaulichen Voraussetzungen zu besitzen, zu einer Weltstadt mit vielleicht 800000 bis 900000 Einwohnern angewachsen. Häusereinstürze und Brände, Unfälle und Krawalle waren an der Tagesordnung. Es hatte sich ein Proletariat aus den arbeits- und besitzlosen ehemaligen Kleinbauern Italiens gebildet, ca. ein Drittel der Einwohner lebte von der Hand in den Mund, auf Spenden des Staates oder einiger Reicher angewiesen. Diese Plebs bildete für geschickte Demagogen ein leicht verfügbares Instrument zur Erzeugung politischen Drucks auf den Senat. Caesar* verringerte den Anteil der Arbeitslosen durch ihre Ansiedlung in den neuen Kolonien, aber endgültig abgeholfen wurde dem Missstand nicht, auch nicht unter den Kaisern, die sich die Bevölkerung durch Prachtbauten (Thermen, das Colosseum, Kaufhäuser mit billiger Ware) und „Brot" und „Spielen" gefügig hielt.

Nach dem Untergang des weströmischen Reiches zählte die vormalige Weltstadt nur noch wenige Tausend Einwohner. Doch die Idee eines ewigen Rom wurde durch die Kirche wachgehalten: Im frühen Mittelalter war Rom bereits wichtigstes Ziel der Pilger und konnte so zum Zentrum der Christenheit werden.

Romani, orum m.

Die Römer, Bewohner der Stadt Rom*. Sie wurden von den umgebenden Völkern als Barbaren angesehen, als zusammengelaufenes Hirten- und Bauernvolk, angereichert mit Asylanten aller Art. Um diesem schlechten Image entgegenzuwirken, wurde die Verbreitung der Mythen gefördert, in denen der besondere Ursprung der Römer propagiert wird. Der Höhepunkt ist in Vergils Aeneis erreicht: Aeneas, Sohn der Venus, entkommt dem Untergang Trojas, gelangt nach Italien und kann dort den Plan der Götter erfüllen: Die Grundlagen des Weltreiches werden gelegt, und die gens Iulia, die sich auf den Aeneassohn Iulus Ascanius zurückgeführt, wird die Geschicke der Welt leiten.

Gleichzeitig schafft Vergil mit Aeneas den Urrömer, der sich durch die Tugenden auszeichnet, die den Aufstieg Roms zur Weltmacht ermöglichten: Frömmigkeit, Tapferkeit, Leidensfähigkeit und Gerechtigkeit – ein Ideal, dem die Adligen zumindest nach außen immer entsprechen wollten.

So konnten die Römer sich in der antiken Welt als ein bedeutendes Volk präsentieren, das auf Grund seiner Herkunft, der Unterstützung durch die Götter und seiner besonderen Eigenschaften zur Herrschaft über andere prädestiniert war.

Romulus, i m.

Romulus, sagenhafter Gründer und erster König Roms; Namensgeber der Stadt Rom; erschlug bei der Errichtung der Stadtgrenze seinen Bruder Remus* im Streit. Spätere Generationen sahen diesen

Brudermord als Erbsünde an, die für die im ersten Jahrhundert v. Chr. andauernden Bürgerkriege verantwortlich sei.

Sabini, orum m.
Die Sabiner; Nachbarn der Römer* in der Frühzeit, verschmolzen wohl bald mit ihnen zu einem Staat und stellten dem Romulus* ihren König Titus Tatius, der den Rachezug wegen der geraubten Töchter geführt haben soll, an die Seite.

Theseus, i m.
Theseus; Sohn des Aegeus*, befreite Athen von den grausigen Tributen an Minos*, indem er, unterstützt von der Königstochter Ariadne* den Minotaurus* tötete; später König von Athen.

Sicilia, ae f.
Sizilien; größte Insel im Mittelmeer, war seit dem 7. Jahrh. v. Chr. von den Griechen* besiedelt worden (Messina, Taormina, Naxos, Catania, Syrakus u. a.). Doch auch die Punier* hatten nach dieser Insel gegriffen und sich im Westen festgesetzt. Syrakus war die größte Polis der Griechen, deren Herrscher zeitweilig den Einfluss der Punier eindämmen und ihrerseits ihr Einflussgebiet bis nach Süditalien ausdehnen konnten. 264 ließ sich Rom* in die Streitigkeiten auf der Insel verstricken und konnte Sizilien am Ende des ersten Punischen Krieges zur ersten Provinz machen, die fortan von Proprätoren (Statthaltern) verwaltet wurde.

Spartacus, i m.
Spartacus; aus Thrakien stammend; er brach aus der Gladiatorenschule in Capua mit einigen Anhängern aus und organisierte den größten Sklavenaufstand gegen Rom (74 – 71 v. Chr.). Nach großen Erfolgen über Roms Legionen gab es im auf 60000 Menschen angewachsenen Sklavenheer Streit und eine Aufspaltung, die letztlich die Niederlage des Spartacus gegen Crassus und Pompeius* zur Folge hatte. Die Überlebenden ließ Crassus zur Abschreckung an der Via Appia kreuzigen. Der Aufstand des Spartacus erklärt die lange Statthalterschaft des Verres* in Sizilien: Die Beamten sollten an Ort und Stelle bleiben, da Notstand herrschte.

Verres, is m.
Gaius Verres (*ca. 115 – 43 v. Chr.*) war offensichtlich ein windiger Charakter, der vor Verrat und politischem Seitenwechsel nicht zurückschreckte. Die Bereicherung an allem Greifbaren war wohl sein vornehmstes Lebensziel. So war er schon als Proquästor in Griechenland und Kleinasien verfahren, bis er Statthalter von Sizilien* wurde. In den drei Jahren 73 – 71 muss er diese Insel tatsächlich so ausgeplündert und schikaniert haben, dass seine Niederlage im Repetundenprozess, den Cicero* gegen ihn führte, abzusehen war (*s. a. Anhang XLII*).

Die Römer hatten nur wenige Vornamen zu vergeben; daher lohnt es sich, auch im Hinblick auf die mündliche Prüfung, ihre Abkürzungen zu verstehen:

A.	Aulus	L.	Lucius	Ser.	Servius
App.	Appius	M.	Marcus	Sex.	Sextus
C.	Gaius	M.'	Manius	Sp.	Spurius
Cn.	Gnaeus	P.	Publius	T.	Titus
D.	Decimus	Q.	Quintus	Ti(b).	Tiberius

LÖSUNGEN ZU DEN ÜBUNGEN:

Lektion 2

1) Ergänzen Sie die fehlenden Endungen in dem Lückentext:

Pueri Itali**am** in tabul**a** vide**nt**. Itali**a** patri**a** Roman**orum** est. Magister puer**is** cunct**as** provinci**as** monstr**are** cogit**at**. Sed pueri attent**i** non su**nt**. Roman**i** domin**i** multa**rum** terra**rum** era**nt**. Sed German**os** timeb**ant**, quod German**i** Roman**os** saepe superab**ant**.

2) Verwandeln Sie in die angegebenen Formen:

a) habitare → *habitas* → *habito* → *habitabam* → *habitabant* → *habitant* → *habitas*

b) habere → *habes* → *habeo* → *habebam* → *habebant* → *habent* → *habes*

c) esse → *es* → *sum* → *eram* → *erant* → *sunt* → *es*

d) posse → *potes* → *possum* → *poteram* → *poterant* → *possunt* → *potes*

e) scire → *scis* → *scio* → *sciebam* → *sciebant* → *sciunt* → *scis*

3) Bestimmen Sie die folgenden Substantive nach Kasus, Numerus und Geschlecht:

a) domina = Nom., Abl. u. Vok. Sg.   b) servae = Gen. u. Dat. Sg.; Nom. u. Vok. Pl.
c) proelii = Gen. Sg.   d) proelia = Nom. u. Akk. Pl. (Vok. Pl.)

4) Setzen Sie die Formen in den jeweils anderen Numerus:

a) insul**as** magn**as**   b) castell**o**

c) adversari**um** fer**um**   d) saecul**orum** nostr**orum**

e) saecul**a** nostr**a**   f) vir**i** fer**i**

g) insula / **arum** / **is** magna / **arum** / **is**   h) vir**o** fer**o**

Lektion 3

Bilden Sie von den folgenden Formen das jeweilige Imperfekt und dann das Perfekt:

Präsens	Imperfekt	Perfekt
vocamus	*vocabamus*	*vocavimus*
possumus	*poteramus*	*potuimus*
possunt	*poterant*	*potuerunt*
sunt	*erant*	*fuerunt*
sumus	*eramus*	*fuimus*
vocatis	*vocabatis*	*vocavistis*
habetis	*habebatis*	*habuistis*
habeo	*habebam*	*habui*
potestis	*poteratis*	*potuistis*
habent	*habebant*	*habuerunt*
finis	*finiebas*	*finivisti*
finiunt	*finiebant*	*finiverunt*

Lektion 4

1) *Ergänzen Sie die passende Endung:*

a) scel**eris**   magni

b) temp**oribus**   praeteritis

c) scel**eri / ere** magno

d) temp**orum**   praeteritorum

e) facin**us**   magnum

f) facin**oris**   magni

2) *Vervollständigen Sie bitte diese Tabelle:*

vexare	dicere	habere	facere	esse
vexamus	*dicimus*	*habemus*	*facimus*	*sumus*
vexabatis	*dicebatis*	*habebatis*	*faciebatis*	*eratis*
vexaverunt	*dixerunt*	*habuerunt*	*fecerunt*	*fuerunt*
vexant	*dicunt*	*habent*	*faciunt*	*sunt*
vexavistis	*dixistis*	*habuistis*	*fecistis*	*fuistis*
vexavi	*dixi*	*habui*	*feci*	*fui*
vexas	*dicis*	*habes*	*facis*	*es*
vexabamus	*dicebamus*	*habebamus*	*faciebamus*	*eramus*
vexavit	*dixit*	*habuit*	*fecit*	*fuit*

venire	ire	Übersetzung
a) veni !	i!	geh!, verschwinde!
b) veniebant	ibant	sie gingen
c) vēni	ii	ich bin gegangen (ging)
d) veniunt	eunt	sie gehen
e) veniebam	ibam	ich ging
f) venistis	(i)istis	ihr seid gegangen
g) venerunt	ierunt	sie sind gegangen

Lektion 5

1) Ordnen Sie die Adjektive den Substantiven formal zu:

imperatores	clari / claros
imperatori	claro
imperatorum	clarorum
imperatoribus	claris
imperator	clarus
imperatore	claro
imperator	clare
imperatorem	clarum
imperatoris	clari
imperatores	clari / claros

2) Vervollständigen Sie bitte die Tabelle:

rogare	monere	dare	posse	redire
rogabo	monebo	dabo	potero	redibo
rogas	**mones**	das	potes	redis
rogatis	monetis	**datis**	potestis	reditis
rogant	monent	dant	**possunt**	redeunt
rogabis	monebis	dabis	poteris	**redibis**
rogavit	monuit	dedit	**potuit**	rediit
rogabunt	monebunt	**dabunt**	poterunt	redibunt
rogabamus	monebamus	dabamus	poteramus	redibamus
rogavistis	monuistis	dedistis	potuistis	red(i)istis

Ergänzen Sie bitte den Lückentext und übersetzen Sie:

1) Romulus et Remus av**um** su**um** Albam Longam reduxerunt.
2) Tum autem fratr**um /ibus** magna controversia erat.
3) Romulus rogav**it**: „Quis nostr**um** popul**o** imperab**it**?
   Cu**i** populus pareb**it**? Quis rex Romano**rum** er**it**?"
4) Itaque av**es** consul**uerunt**.
5) Quamquam Remus primus (*als erster*) aves vid**it**, Romulus rex fu**it**,
   nam ei (*ihm*) duodecim av**es** appar**uerunt**.
6) Itaque rex fu**it** et cum Rem**o** fratr**e** novum oppid**um** aedific**are**
   stude**bat**.
7) Sed Remus fratr**i** invideb**at** et Romulum irris**it**.
8) „Adversari**os** istis mur**is** arcere non pote**ris**!"
9) Postquam fossa**m** transsiluit, Romul**us** irat**us** fratr**em** gladi**o** necav**it**.

Lektion 6

Übersetzen Sie folgende Sätze:
1) *Wir wissen, dass Remus der Bruder des Romulus gewesen ist (war).*
2) *Remus aber bedauerte es, dass Romulus allein die neue Stadt gegründet hatte.*
3) *Wir wissen auch, dass Romulus seinen Bruder Remus getötet hat.*
4) *Polydorus erzählt, dass viele Menschen unterschiedlichen Charakters in Rom*
   zusammengeströmt seien (zusammenströmten).
5) *Wir hören auch, dass den Römern eine einzige Sache zum glücklichen Leben fehlt.*
6) *Der König Romulus hörte, dass den Römern zum glücklichen Leben Frauen fehlten.*
7) *Romulus bedauerte es, dass bisher keine Frauen nach Rom gekommen waren.*
8) *Daher erkannte er, dass die Römer eine List anwenden mussten (müssten).*

Lektion 8

Verwandeln Sie bitte folgende Formen in das Futur I:

PRÄSENS	FUTUR I	PRÄSENS	FUTUR I
delectatur	*delectabitur*	delectat	*delectabit*
rideris	*rideberis*	rides	*ridebis*
reprehenduntur	*reprehendentur*	reprehendunt	*reprehendent*
monemini	*monebimini*	monetis	*monebitis*
conspiceris	*conspiciēris*	conspicis	*conspicies*
videris	*videberis*	vides	*videbis*
audior	*audiar*	audio	*audiam*
audimur	*audiemini*	audimus	*audiemus*
diceris	*dicēris*	dicis	*dices*
reprehendor	*reprehendar*	reprehendo	*reprehendam*

Lektion 10

1)   Ergänzen Sie in den folgenden Sätzen das Relativpronomen:

1)   Polydorus servus, **a quo** pueri semper delectantur, novam narrationem incipit.
2)   Minos, **quem** Minotaurus valde terruit, labyrinthum aedificari iussit.
3)   Pasiphae, **cui** taurus placebat, a Daedalo auxilium petivit.
4)   Athenienses, **quorum** liberi Minotauro immolari debebant, doloribus vexabantur.
5)   Omnia, **quae** Polydorus pueris de Creta narraverat, atrocia fuerunt.

2)   Ergänzen Sie die passenden Endungen:

1)   illa animal**ia**   2) ill**ius / i** viri   3) turrim ingent**em**

4)   cum ill**o** homin**e**   5) nave celer**i**   6) cum host**e** crudel**i**

7)   regum crudel**ium**   8) virum crudel**em**   9) a viro crudel**i**

3)   Übersetzen Sie die Partizip-Bezirke mit adverbialen Nebensätzen:

1)   *Weil Daedalus von Mitleid bewegt worden war, half er der Frau des Minos.*
2)   *Obwohl Daedalus von Mitleid bewegt worden war, half er der Frau des Minos nicht.*
3)   *Minos befahl, dass man Minotaurus, nachdem / obwohl er von seiner Frau geboren worden war, in das Labyrinth bringe (ließ... bringen).*
4)   *Wenn die Athener von Minotaurus befreit werden / worden sind, werden sie ein glückliches Leben führen können. --- Nachdem / Weil die Athener von Minotaurus befreit worden waren, konnten sie ein glückliches Leben führen.*
5)   *Polydorus führt die Jungen, nachdem / wenn sie von (seinen) Erzählungen erfreut worden sind, gerne in die Schule.*

Lektion 11

1)   Ergänzen Sie die Endungen der Partizipien und übersetzen Sie:

1)   Pueri domum advenient**es** matrem irat**am** viderunt.
     Als die Jungen zu Hause ankamen, sahen sie die erzürnte Mutter.
2)   Mater eos iam diu exspect**ans** exclamavit: „Quid tam diu egistis domum eunt**es**?"
     Weil die Mutter sie schon lange erwartete, rief sie aus: „Was habt ihr so lange getrieben, während ihr nach Hause gingt?"
3)   Pueri responderunt: „Nobis fabulas Graecas audire cupient**ibus** Polydorus multa de antiquis temporibus narravit. Et eo tam bene narrant**e** non sensimus tempus domum ire affuisse."
     Die Jungen antworteten: „Weil wir griechische Geschichten hören wollten, erzählte Polydorus uns vieles über die alten Zeiten. Und weil er so gut erzählte, haben wir nicht gemerkt, dass es Zeit war, nach Hause zu gehen."

4) Mater ad haec verba dixit: „Hoc Polydoro virgis caes**o** contenta ero. Nunc intrate tandem!"

Die Mutter sagte auf diese Worte: „Wenn dieser Polydorus mit Ruten geschlagen worden ist, werde ich zufrieden sein. Nun kommt endlich herein!"

2)   Ordnen Sie die Adjektive den entsprechenden Substantiven zu:

1)	hostium		h)	laetorum
2)	fabulae		d)	incredibilis
3)	virum		a)	felicem
4)	cum rege		b)	felici
5)	legum		g)	atrocium
6)	dominarum		c)	crudelium
7)	liberis		e)	celeribus
8)	cum homine		f)	grato

3)   Ergänzen Sie die Tabelle:

amare	terrere	rapere	subigere	deponere
amari	*terreri*	*rapi*	*subigi*	*deponi*
amatur	*terretur*	*rapitur*	*subigitur*	*deponitur*
amavisse	*terruisse*	*rapuisse*	*subegisse*	*deposuisse*
amabimini	*terrebimini*	*rapiemini*	*subigemini*	*deponemini*
amati erant	*territi erant*	*rapti erant*	*subacti erant*	*depositi erant*
amaveras	*terrueras*	*rapueras*	*subegeras*	*deposueras*

4)   Bestimmen und übersetzen Sie folgende Formen:

1)	cupient	= 3. Pl. Fut. I Akt. sie werden begehren, wünschen (von cupere)
2)	cupienti	= Dat. Sg. m., f., n. des Part. Präs. Akt. einem, der wünscht
3)	regem	= Akk. Sg. von rex, regis m. der König: den König
4)	reges (3)	= 1) u. 2) Nom. und Akk. Pl. : die Könige, 3) 2. Sg. Fut. I Akt. du wirst lenken (von regere)
5)	regam (2)	= 1) 1.Sg. Konj. Präs. Akt. du sollst / mögest lenken, 2) 1. Sg. Fut. I Akt. du wirst lenken, leiten
6)	regis (2)	= 1) Gen. Sg. von rex: des Königs, 2) 2. Sg. Ind. Präs. Akt. du lenkst
7)	recti (4)	= 1 – 3) Gen. Sg. m. u. n. des Part. Perf. Pass.: eines, der geleitet worden ist, 4) Nom. Pl. m. des Part. Perf. Pass.: (Leute), die geleitet worden sind
8)	regi (2)	= 1)Dat. Sg.: dem König, 2) Inf. Präs. Pass. geleitet werden
9)	regent	= 3. Pl. Fut. I Akt.: sie werden leiten
10)	regentem	= Akk. Sg. m., f. des Part. Präs. Akt.: einen, der leitet (etc.)

11) rege (2)   = 1) Abl. Sg.: durch den König, 2) Imperativ Sg.: leite!
12) regibus (2)   = 1) Dat. Pl. den Königen, 2) Abl. Pl. durch die Könige

5) Verwandeln Sie die vorgegebenen Formen in die folgenden Tempora:

Präsens	Imperfekt	Perfekt	Futur I	Plusquampf.
raperis	rapiebaris	raptus, a, um es	rapieris	raptus, a, um es
subigunt	subigebant	subegerunt	subigent	subegerant
movetur	movebatur	motus, a, um est	movebitur	motus, a, um erat
instruuntur	instruebantur	instructi, ae, a sunt	instruentur	instructi, ae, a erant
doces	docebas	docuisti	docebis	docueras
provolas	provolabas	provolavisti	provolabis	provolaveras
habemini	habebamini	habiti, ae, a estis	habebimini	habiti, ae, a eratis
regimus	regebamus	reximus	regemus	rexeramus
amatis	amabatis	amavistis	amabitis	amaveratis
incendis	incendebas	incendisti	incendes	incenderas
coniungor	coniungebar	coniunctus, a, um sum	coniungar	coniunctus, a, um eram
addo	addebam	addidi	addemus	addideram

6) Polydorus beherrscht das Lateinische nicht perfekt: Welche Fehler finden Sie?

1) diligi - _diliga_ - deligo - diliges - _diliger_ - deligeris - diligunt - diligent - deligi
2) maris - mari - _marem_ - mare - _marum_ - _mara_ - maribus - maria - _mares_
3) salutem - saluta - saluto - saluti - _salutam_ - salute - salutas - salutis - _salutos_
4) incredibile - _incredibilo_ - increbili - incredibilia - incredibiles - incredibilis
5) coniungi - _possi_ - _posso_ - ama - _possa_ - potueras - accipi - accepi - posse

1)   *Bilden Sie von folgenden Formen die entsprechende Form des Konjunktivs Präsens:*

a)	voco	→ *vocem*	b)	condor	→ *condar*
c)	capio	→ *capiam*	d)	audiris	→ *audiaris*
e)	ades	→ *adsis*	f)	dicimini	→ *dicamini*
g)	occupatur	→ *occupetur*	h)	abhorrent	→ *abhorreant*
i)	defendunt	→ *defendant*	j)	dimittit	→ *dimittat*

2)   *Bilden Sie bitte von folgenden Adjektiven die Adverbien:*

a)	pulcher	→ *pulchre*	b)	bonus	→ *bene*
c)	certus	→ *certe*	d)	severus	→ *severe*
e)	celer	→ *celeriter*	f)	sapiens	→ *sapienter*
g)	iustus	→ *iuste*	h)	crudelis	→ *crudeliter*

3)   *Ergänzen Sie die Lücken bei den Pronomina:*

a)	h**uius** animalis	b)	qu**ae**dam animalia
c)	qu**orun**dam animalium	d)	qu**en**dam hominem
e)	h**orum** hominum	f)	h**arum** curarum
g)	ill**a** verba	h)	h**aec** verba
i)	**i**dem vinum	j)	**eun**dem imperatorem
k)	**i**dem rex	l)	**ii / eos**dem reges
m)	qu**an**dam reginam	n)	**eius**dem regis
o)	ill**ius** regis	p)	ill**i** regi
q)	ill**orum** civium	r)	ill**is** temporibus
s)	h**unc** civem	t)	h**anc** sitim

Lektion 13

Ergänzen Sie die fehlenden Formen in der Tabelle:

servare	vincere	amittere	dare	punire	delere
servabit →	vincet	amittet	dabit	puniet	delebit
servaverunt	**vicerunt**	amiserunt	dederunt	puniverunt	deleverunt
servari	vinci	**amitti**	dari	puniri	deleri
servetis	vincatis	amittatis	**detis**	puniatis	deleatis
servetur	vincatur	amittatur	detur	**puniatur**	deleatur
servarent	vincerent	amitterent	darent	punirent	**delerent**
servavissetis	vicissetis	amisissetis	dedissetis	**punivissetis**	delevissetis
servatum esset	victum esset	amissum esset	**datum esset**	punitum esset	deletum esset
servabimus	vincemus	**amittemus**	dabimus	puniemus	delebimus
servarentur	**vincerentur**	amitterentur	darentur	punirentur	delerentur
serva	vince	amitte	da	puni	dele

Lektion 15

Steigern Sie folgende Adjektive und bilden Sie jeweils die Adverbien zu diesen Formen:

ADJEKTIV	KOMPARATIV	SUPERLATIV	ADVERB
1) audax	audacior, -ius	audacissimus, a, um	audacius; audacissime
2) atrox	atrocior, -ius	atrocissimus, a, um	atrocius; atrocissime
3) celer	celerior, -ius	celerrimus, a, um	celerius; celerrime
4) brevis	brevior, -ius	brevissimus, a, um	brevius; brevissime
5) facilis	facilior, -ius	facillimus, a, um	facilius; facillime
6) scelestus	scelestior, -ius	scelestissimus, a, um	scelestius; scelestissime
7) crudelis	crudelior, -ius	crudelissimus, a, um	crudelius; crudelissime
8) miser	miserior, -ius	miserrimus, a, um	miserius; miserrime
9) prudens	prudentior, -ius	prudentissimus, a, um	prudentius; prudentissime
10) ferox	ferocior, -ius	ferocissimus, a, um	ferocius; ferocissime

Lektion 16

1) *Bilden Sie von folgenden Verben das Partizip Futur Aktiv:*

a) rogare → *rogaturus, a, um*   b) ponere →   *positurus, a, um*
c) mittere → *missurus, a, um*   d) facere →   *facturus, a, um*
e) legere → *lecturus, a, um*   f) addere →   *additurus, a, um*
g) cogere → *coacturus, a, um*   h) iubere →   *iussurus, a, um*
i) frangere → *fracturus, a, um*   j) fallere →   *decepturus, a, um*

2) *Ergänzen Sie die fehlenden Endungen:*

a) nostri exerci**tus / us**   b) nostrae man**us / ui / us**
c) exercitum ingent**em**   d) dom**orum** nostr**arum**
f) impet**uum** magnorum   g) exerci**tibus** magnis
h) impet**us** magnos   i) dom**os** magn**as**

3) *Bestimmen und übersetzen Sie folgende Formen von velle, nolle, malle:*

a) malam   = 1. Sg. Fut. I, ich werde lieber wollen
b) mallem   = 1. Sg. Konj. Imperf., ich würde lieber wollen
c) malim   = 1. Sg. Konj. Präs., ich möge / soll lieber wollen
d) malui   = 1. Sg. Ind. Perf., ich habe lieber gewollt
e) malis   = 2. Sg. Konj. Präs., du mögest lieber wollen
f) males   = 2. Sg. Fut. I, du wirst lieber wollen
g) nolint   = 3. Pl. Konj. Präs., sie mögen nicht wollen
h) velitis = 2. Pl. Konj. Präs., ihr möget wollen
i) vultis   = 2. Pl. Ind. Präs., ihr wollt
j) mavis   = 2. Sg. Ind. Präs., du willst lieber

Lektion 17

1) *Bestimmen und übersetzen Sie folgende Formen:*

1) fert   = 3. Sg. Ind. Präs. Akt., er, sie, es trägt
2) feret   = 3. Sg. Fut. I Akt., er, sie, es wird tragen
3) ferret   = 3. Sg. Konj. Imperf. Akt., er, sie, es würde tragen
4) ferremur = 1. Pl. Konj. Imperf. Pass., wir würden getragen werden
5) feramus   = 1. Pl. Konj. Präs. Akt., wir mögen tragen
6) feremini = 2. Pl. Fut. I Passiv, ihr werdet getragen werden
7) ferunt   = 3. Pl. Ind. Präs. Akt., sie tragen

8)	ferris	= 2. Sg. Ind. Präs. Pass., du wirst getragen
9)	ferentis	= Gen. Sg. m., f., n. des Part. Präs. Akt., eines, der trägt (etc.)
10)	ferendi	= Gen. Sg. des Gerundiums, des Tragens

2) _Bilden Sie von diesen Formen, so weit möglich, jeweils die des Perfektstamms:_

1)	fert → *tulit*		2)	feret → *tulerit*
3)	ferret → *tulisset*		4)	ferremur → *lati, ae, a essemus*
5)	feramus → *tulerimus*		6)	feremini → *lati, ae, a eritis*
7)	ferunt → *tulerunt*		8)	ferris → *latus, a, um es*

Übersetzung der Übungssätze im Anhang

Sätze zu den Partizipialkonstruktionen (Anhang XIV)

1) Lucius verließ uns, wobei er nichts sagte (ohne etwas zu sagen).
2) Caesar kehrte nach Italien zurück, nachdem (er) fünf Legionen in Gallien zurückgelassen worden waren (zurückgelassen hatte).
3) Wenn wir nach Wissen streben, werden wir uns Reichtum erwerben.
4) Obwohl Frieden geschlossen war, fingen die Feinde plötzlich an, das Lager der Römer zu bestürmen, aber sie konnten es nicht erobern, obwohl (nur) wenige unserer Leute es verteidigten.
5) Die Augen vieler werden dich, Catilina, ohne dass du es bemerkst, beobachten.
6) Einem verlogenen Menschen pflegen wir nicht zu glauben, nicht einmal dann, wenn er die Wahrheit (Wahres) sagt.
7) Hannibal musste Italien verlassen, weil er von den Seinen zurückgerufen worden war.
8) Die Römer hörten nicht auf, Hannibal zu fürchten, obwohl er doch von Scipio völlig besiegt worden war.
9) Obwohl Caesar getötet worden war, konnten die Verschwörer die Freiheit des Staates nicht wiederherstellen (Obwohl die V. Caesar getötet hatten, konnten sie…).
10) Die Feinde besetzten die Stadt schnell, weil niemand Widerstand leistete (ohne dass jemand Widerstand leistete).
11) Wenn / Da du dich weigerst, werde ich diesen Menschen da verteidigen.

Sätze zum Genitiv (Anhang XVIII)

1) Das Landhaus des Marcus Tullius ist groß.
2) Mucia ist die Herrin der (über) Sklaven und Sklavinnen.
3) Die Denkmäler der Stadt Rom erwecken noch heute in uns Bewunderung (*wörtl.:* gereichen uns zu Bewunderung).
4) Durch die Tüchtigkeit weniger Männer ist das Reich der Römer groß geworden.
5) Es ist die Aufgabe eines guten Redners, seine Mitbürger das Richtige und Wahre zu lehren.

6) Es ist die Aufgabe eines guten Konsuls, für den Staat gut zu sorgen.
7) Es ist ein Zeichen von Dummheit, bei derselben Angelegenheit zwei Mal einen Fehler zu begehen.
8) Der Tempel, der auf dem Palatin lag, gehörte Apoll.
9) Der Begriff „Diktatur" war den Römern verhasst (*wörtl.: gereichte den R. zum Hass*).
10) Die Furcht der Feinde war so groß, dass sie möglichst schnell flüchteten.
11) Die Römer hatten immer Furcht vor den Germanen.
12) Es gab keine Hoffnung auf Rettung.
13) Catilina war nach Alleinherrschaft gierig.
14) Cicero war von gewaltiger Beredsamkeit.
15) Der Marsch zu den Sequanern betrug wenige Tage.
16) Was für einen (welchen) Entschluss sollen wir fassen?
17) Wer von euch kann einen guten Entschluss fassen?
18) Der Vorrat an Getreide reichte für wenige Tage.
19) Die zurückgelassenen Soldaten boten dem Lager ausreichend Schutz.
20) Catilina bereute seine Verbrechen nicht.
21) Die Genossen Catilinas wurden der Verschwörung angeklagt und zum Tode verurteilt.
22) Es lag dem Konsul Cicero daran, Catilina aus der Stadt zu vertreiben.
23) Es liegt besonders in meinem / deinem / seinem / unserem / eurem Interesse, dass Frieden herrscht.

Sätze zum Dativ (Anhang XX)

1) Catilina bemühte sich darum, dem Staat zu schaden.
2) Die Römer wollten besiegte Völker schonen.
3) Orgetorix überredete die Helvetier, ihr Gebiet zu verlassen.
4) Ein guter Lenker des Staats muss für alle Bürger wohltätig sein (*wörtl: muss allen Bürgern zum Heil gereichen*).
5) Die Taten Caesars riefen bei den Römern große Bewunderung hervor (*wörtl. s. o.*).
6) Caesar ließ T. Labienus zum Schutz für das Lager zurück.
7) Orgetorix besaß bei den Helvetiern großes Ansehen.
8) Die römischen Soldaten mussten eine Brücke bauen.
9) Vercingetorix suchte einen für das Lager geeigneten Ort aus.
10) Caesar schickte seinen in Bedrängnis geratenen Leuten die Reiterei zu Hilfe.
11) Kaufleute hatten keinen Zugang zu den Nerviern.
12) Clytaemnestra machte Agamemnon zum Vorwurf, dass er die Tochter geopfert habe.
13) Viele Menschen besitzen Habsucht, aber die Klugheit fehlt ihnen.
14) Die Römer gehorchten Tarquinius unwillig.

Sätze zum Ablativ (Anhang XXII)

1) Der Soldat verteidigte sich tapfer mit dem Schwert, wurde aber von einer Lanze verwundet.
2) Der Feldherr wurde von großem Schmerz erfüllt, weil seine Soldaten, obwohl sie mit höchster Einsatzbereitschaft kämpften, in einer äußerst heftigen Schlacht besiegt wur-

den.

3) Die Stadt Zama liegt einen Marsch von fünf Tagen von Karthago entfernt.

4) Nachdem L. Sulla sich der Herrschaft bemächtigt hatte, beraubte er viele Gegner nicht nur der Ehrenstellungen und Güter, sondern auch ihres Lebens.

5) L. Brutus befreite den Staat von der Königsherrschaft des Tarquinius Superbus; aber das römische Volk war niemals von Furcht vor den Königen frei.

6) Niemand war für Cicero verhängnisvoller als M. Antonius.

7) Catilina, ein Mann aus vornehmer Familie, war von großer Kühnheit und einem schlechten Charakter.

8) Caesar übertraf alle Feldherrn an Kühnheit und Schnelligkeit.

9) Nicht zu Recht, sondern durch seine eigene Schuld war Cicero von Clodius aus Rom verbannt worden.

10) Obwohl Scaeva an vielen Verwundungen litt, übertraf er alle Gefährten so sehr an Tapferkeit, dass er nahezu allein die Feinde von den Mauern des Lagers abwehrte.

11) Zu alten Zeiten wurden Sklaven zu einem geringen Preis gekauft, aber griechische Sklaven waren um die Hälfte teurer als die übrigen, da sie diese an Bildung übertrafen.

12) Die Räuber pflegten, wenn / weil sie von der Gier nach Beute getrieben waren (aus Gier nach Beute), aus ihren Schlupfwinkeln zu kommen, um die Städte Kleinasiens zu plündern.

13) Bei Tagesanbruch stellte Caesar die Schlachtreihe an einem geeigneten Ort auf.

14) An einem alten Baum hängen oft die schönsten Früchte.

15) Der Fluss Rhein entspringt in den Alpen.

16) Viele Senatoren standen zu Beginn des Bürgerkriegs auf Seiten des Pompeius.

17) Caesar behielt im Gedächtnis (erinnerte sich), dass sich die Helvetier viele Jahre zuvor nicht der Gewalttaten enthalten hatten.

18) Die Piraten suchte ihre Rettung in blitzschneller Flucht.

19) Da die Einwohner der belagerten Stadt von Hunger geschwächt und Furcht dazu gezwungen waren, baten sie den Feldherrn der Feinde um Frieden.

Beispielsätze für den Konjunktiv im Nebensatz (Anhang XXVI)

1a) Sollte etwas unklar gesagt worden sein, dann magst du am Inhalt (der Worte) zweifeln.

1b) Wenn die Hilfstruppen kämen, würden wir die Feinde besiegen. – Wenn die Hilfstruppen nicht gekommen wären, hätten uns die Feinde besiegt.

2a) Wir wünschen, dass ihr möglichst schnell zu uns kommt. – Wir fürchten, dass ihr zu spät kommt.

2b) Die Helvetier stellten den Sequanern Geiseln, damit sie ohne Übergriff (durch ihr Gebiet) zogen. – Caesar beanspruchte eine Frist zum Nachdenken, bis (damit unterdessen) die Soldaten, die er angefordert hatte, zusammenkämen (zusammenkommen könnten). – Caesar griff die Feinde an, bevor sie (damit sie nicht erst) eine Schlachtreihe aufstellen konnten.

2c) Sage mir, was du tust / getan hast. – Ich wusste nicht, was du tatest / getan hattest. - Ich zweifle nicht daran, dass man den Unglücklichen helfen muss.

2d) Wir klagen die Natur, dass / weil sie uns (unserer Meinung nach) ein (nur) kurzes

Leben gibt. – Immer klagten die Menschen die Natur an, dass / weil sie ihnen (ihrer Meinung nach) ein (so) kurzes Leben gab. - Ich klage dich an, dass / weil du mir (meiner Meinung nach) Unrecht getan hast. Ich habe dich angeklagt, dass / weil du mir (meiner Meinung nach) ein großes Unrecht getan hattest.

2e) Die Helvetier schickten Gesandte, die um Frieden bitten sollten. – Wer ist würdig, über andere zu herrschen? – Ich Dummkopf, der (weil) ich jene Gefahr nicht gesehen habe! – Wen gibt es, der nicht mit wohlwollender Sympathie die Erinnerung an die berühmten Männer der Vorzeit pflegt, die er doch (obwohl er sie) niemals gesehen hat? – Ich bin nicht derjenige, der sich von Todesgefahr erschrecken lässt. – Die Germanen, die (weil sie) sahen, dass ihre Leute getötet wurden, stürzten sich aus ihrem Lager. – Niemand ist so dumm, der nicht (dass er nicht) sieht, dass eine Verschwörung angestiftet worden ist. – Es fanden sich zwei Ritter, die bereit waren, Cicero zu töten.

Beispiele für Relativsätze mit adverbialem Nebensinn (Anhang XXX)

1) Caesar ließ Soldaten an der Küste zurück, die die Schiffe schützen sollten. *(finaler Nebensinn)*

2) Wen von uns gibt es, der leugnet, dass der Konsul Cicero den Staat gerettet hat? *(konsekutiver Nebensinn)*

3) Der Diktator Caesar wurde von den Verschwörern, die (weil sie) die Alleinherrschaft fürchteten, getötet. *(kausaler Nebensinn)*

4) Cicero vertrieb Catilina, der (weil er) eine Verschwörung angestiftet hatte, aus der Stadt. *(kausaler Nebensinn)*

5) Catilina war nicht einer, der sich von der Todesgefahr erschrecken ließ. *(konsekutiver Nebensinn)*

6) Catilina fand viele junge Leute, die tapfer und zuverlässig waren. *(konsekutiver Nebensinn)*

7) Die Germanen, die doch (obwohl sie) die Freiheit liebten, gehorchten zunächst den Gesetzen, die ihnen von den Römern auferlegt worden waren. *(konzessiver Nebensinn)*

8) Wen gibt es, der nicht mit wohlwollender Sympathie die Erinnerung an die berühmten Männer der Vorzeit pflegt, die er doch (obwohl er sie) niemals gesehen hat? *(konsekutiver Nebensinn / konzessiver Nebensinn)*

9) Derjenige, der bescheiden gehorcht, ist würdig, einmal zu herrschen. (entweder *finaler* oder *konsekutiver Nebensinn*)

10) Derjenige, der sah, wie (dass) jenes Zusammenströmen in der Stadt geschah, würde sagen, dass die Stadt erobert worden sei. *(konsekutiver* oder *konditionaler Nebensinn)*

11) Kein Scharfsinn menschlichen Geists ist so groß, dass er in den Himmel vordringen kann. *(konsekutiver Nebensinn)*

12) Du hast, Catilina, einige Leute ausgewählt, die du in Rom zurückließest (und solche), die du mit dir (aus Rom) hinausführtest. *(konsekutiver Nebensinn)*

13) Was ist unverschämter als Tarquinius, der Krieg mit denen führte, die seine Arroganz nicht ertragen hatten? *(kausaler Nebensinn / konzessiver Nebensinn)*

14) Ich Dummkopf. der ich dies nicht vorher gesehen habe! *(kausaler Nebensinn)*